基督城海边

基督城

新西兰

基督城海边

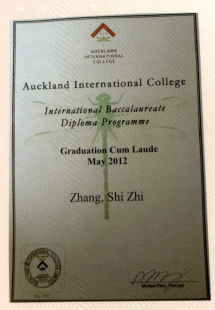

高中毕业证书

高中毕业后环北岛旅游

十七岁少女

禄口机场送行2012

茉莉花

女儿油画

女儿的书法作品

女儿书法作品

AIC学校宿舍

和AIC同学们植树活动留影

AIC

刚上港大第一年

汶川支教

大学毕业

大学毕业

汶川支教

大学暑假实习

南林君谈留学心理

南林君奥克兰

南林君奥克兰

静待花开:好妈妈学会陪伴

南林君 著

东南大学出版社
SOUTHEAST UNIVERSITY PRESS
·南京·

图书在版编目(CIP)数据

静待花开:好妈妈学会陪伴 / 南林君著. —南京：东南大学出版社,2020.4
 ISBN 978-7-5641-8822-1

Ⅰ. ①静… Ⅱ. ①南… Ⅲ. ①青少年教育-家庭教育 Ⅳ. ①G782

中国版本图书馆 CIP 数据核字(2020)第 017225 号

静待花开:好妈妈学会陪伴 Jingdai Huakai:Haomama Xuehui Peiban

著　　者	南林君
责任编辑	张丽萍
出版发行	东南大学出版社
出 版 人	江建中
社　　址	南京市四牌楼 2 号
邮　　编	210096
网　　址	http://www.seupress.com
电子邮箱	press@seupress.com

经　　销	全国各地新华书店
印　　刷	南京玉河印刷厂
开　　本	700 mm×1000 mm　1/16
印　　张	17.25
字　　数	328 千字
版　　次	2020 年 4 月第 1 版
印　　次	2020 年 4 月第 1 次印刷
书　　号	ISBN 978-7-5641-8822-1
定　　价	48.00 元

(本社图书若有印装质量问题,请直接与营销部联系。电话:025-83791830)

谨以此书
献给我亲爱的父母和我的宝贝女儿

前言

教育的真谛

2008年到2012年,我独自一人陪伴女儿去新西兰留学四年,她从一个14岁青涩的中学生成长为一个充满热情的18岁的大学生。

2012年8月,女儿一个人去香港大学读书五年,并从大一开始利用每个假期做义工和实习,2017年7月,她以二级甲等的成绩完成了港大社会学和教育学双专业本科。接着她找到了工作,在香港做了一名教师,同时又继续在港大读研。

2012年底,我和女儿应邀参加了中央电视台一档有关教育的对话栏目,其主题是探讨国内的现行教育改革,作为"第一个吃螃蟹的人",我和女儿被邀请做嘉宾,探讨出国留学的意义。

2013年,根据我博文记录文章而整编的《静待花开——从中等生到港大才女》由东南大学出版社出版,引发社会热议和好评。该书主要记录了我陪伴女儿赴新西兰留学的经历,首发后销售一空,被称为很实用的小留学生的留学手册。

应广大读者要求,今年再版《静待花开》,我在这本修订本中保留了第一版中有关教育的内容,又增加了一些我回国后从事心理咨询后接触的一些家庭教育咨询个案,这是我非常想要和读者探讨的部分。

非常感谢诸多好友和读者的肯定和支持,也要感谢好友张丽萍编辑的支持和帮助,这本《静待花开——好妈妈学会陪伴》才出现在这里。

我的房间里有一面镜子,我常常会和镜中的自己对话,对着镜中的自己思考。这面镜子常常提醒我,如何冷静而不歪曲地呈现真实的一切。

女儿,也是我的镜子。

在女儿的成长过程中,我学会了什么是真正的陪伴。

我首先是一位女性,其次是一位母亲,我的职业是国家二级心理咨询师、儿童情商高级指导师、生命完整疗愈师。这一切构成了一个从内到外的我,然而我知道这远远不足以描述出一个错综复杂的自我。

原来的我,并不懂得教育的真谛,我是伴随着女儿的成长而成长的,这本书的面世首先应当感谢我的女儿,自从她出现在我的生命里,她就成为了一面镜子,她用各种方式让我看到最真实的自己,让我不得不做出各种改变。这面镜子让我看到,正如世界上没有两片完全一样的叶子,每一个生命个体都是独一无二的,在成长的道路上,每个人都有属于自己最好的安排,他们拥有各自精彩的人生。这本书所写的一切,是我自己和女儿的成长过程,以及因各种因缘而来到我这里,让我见证的共同成长的家长及孩子们的故事。无一例外,他们都是我的镜子。

当我越来越深入地观察每一面"镜子",我越来越发现:教育,一定是"心与心"的连接。它永远发生在灵魂的最深处,而绝非简单的知识的给予、道德的约束。

我在这本书里分享的,是自己的小小体悟。这些体悟,绝大部分是通过我的女儿学到的,还有一部分是通过自我感悟学到的,也有一部分是通过我做咨询这个行业,从我的来访者身上学到的。

所以我要感谢他们,如果说这里面有值得大家借鉴的地方,对我来说将是十分幸福的事。每个生命成长的经历都各不相同,我希望这本书中的真实和爱,能够被有缘的你看到,若能引发你的一点思考,那将是宇宙给我最丰盛的礼物。

你若是愿意,欢迎你走进我的世界,我们一同来探索,什么是教育?教育的真谛是什么?

教育一定是关乎生命的,所以,我认为在教育领域中,人人都有可能成为一名教育者。事实上,只要你成为父母,你就无时无地不在教育着你的孩子——不管你是否愿意,不管你是否合格。

同时,只要你真正懂得如何去爱孩子,如何和自己的孩子在一起,尊重他,陪伴他,你就是一位合格的家长。

教育,贯穿我们的生命,它自始至终,每时每刻都呈现着,发生着。我们每个人都在时刻影响着别人,也时刻被别人影响着。

所以,即使是一位不识丁的农村妇女,也有可能教育出出类拔萃的孩子;即使是一位博士后父母,也很有可能教育出失败的孩子。这里面的奥妙,全在于自我生命的觉醒和成长。

教育和父母的文化程度没有关系,教育和内在的生命能量有关。如果一对受过高等教育的夫妻,自己的内心不够圆满,充满了恐惧和不安,那么他们空有最先进的教育理念,也终究是"依葫芦画瓢",很难教育出成功的孩子。

正如纪伯伦所言:无人能够启悟你们,除了那半醒着躺在你们悟性晓光中的东西。走在圣殿阴影下,行于其追随者中的导师,传授的不是他的智慧,而是他的信念和爱。如果他的确睿智,就不会命令你们进入他智慧的堂奥,而是引导你们走向自己心灵的门户。

我希望通过这本书,使你了解到一个真相——你自己就是教育家,你有权利、有责任、有能力教育好自己的孩子。当然,要达到这个目的,你首先要教育好自己,你要走上一条自我成长的道路。也许这条路荆棘密布,但这却是一条世界上最稳定、最可靠、最不会令你后悔的路。

教育不是理论,不是知识,不是束缚,教育是你生命中最本来的那个东西,是鲜活和灵动的。你需要有勇气、耐心地探索到它,重新和它连接在一起,然后你便会散发出光和爱,你会不知不觉用你的语言、表情、行为,影响着你身边的每一个人,尤其是你的孩子。

所以,活出爱的人,就会散发出爱。活出教育的人,就会自然而然地教育。大音希声,大道无言。

大自然就是一个不动声色的教育家,可惜没有人懂得聆听它的声音。我们的头脑被太多的东西所掌控,所填满,我们的内心充满了垃圾,这些垃圾是焦虑、恐惧、担心、紧张。

这本书就是想让你看到这一切真相,透过孩子这面镜子,了解到当我们的孩子出现问题时这些"问题"的根源。感谢你的陪伴和探索,一起走入这面镜子,成为一个懂得陪伴孩子成长的好妈妈。

他序

教育"有为法"和"无为法"

马尚田
资深媒体人
国际经典情商教育系统讲师

《静待花开》再版,我很高兴!德不孤,必有邻,林君知音不少。

几年前,林君出版《静待花开》,我就眼前一亮。这一教育理念非常朴素,却难能可贵之极!教育,急不得。越是快时代,越要有耐心。教育子女,本就是慢工出细活的学问。

但,如果仅就这一层面理解"静待花开",或者以为静待花开就是"什么都不管",显然大大低估甚至误解了这一教育理念。

作为一位"陪读妈妈",林君的"光荣事迹",就是把女儿释之从一位国内中等生培养成港大才女。那时,林君带着14岁的女儿释之去新西兰就读,一住四年。克服无数困难,终于修成"正果",将女儿送进世界一流高等学府。

《静待花开》记述的,正是这一貌似光鲜实则艰辛的过程。在这本书里,读者会清晰地看到整个脉络,留学新西兰不是去镀金,去享福,实则酸甜苦辣,种种艰难。海外留学和陪读生活中会遇到的困难,我们能想到的和想不到的,都有。

在此过程中,释之留学新西兰的案例,在中央电视台被讨论得热火朝天,现场嘉宾见仁见智,吵得不亦乐乎。支持者有之,反对者有之,羡慕嫉妒者有之。

在此过程中,有些妈妈受到林君事迹的鼓舞,纷纷效仿,也带着子女从国内去新西兰留学,但画猫画虎难画骨,终于解决不了太多现实问题,又带着孩子回国,效仿失败。

越是如此,越能看出林君的静气。给孩子选择合适的教育方式,用心细心;选定教育模式之后,一以贯之。不动摇,不漂移。

联系林君的教育实践，以我目光所及，静待花开至少涵盖这样三个重要的教育理论：

第一、多元智能论。每个孩子根器不同，慧根有异。尊重个体差异，有些花开得快些，有些花要慢些。必须因材施教，选择适合的教育方式。就像爱因斯坦所说，"每个人生而为天才。但是用爬树来衡量鱼的话，那这条鱼一生都会相信自己是个蠢材。"

释之在国内是中等生，在以学分论英雄的环境里压力山大。新西兰的求学环境没有学分排名压力，老师给孩子留的作业根据孩子的特点各个不同，颇有因材施教的意思。另外，释之琴棋书画的国学才艺大受肯定，这些在国内不占学分的才艺成了加分项，给孩子找到别一分自信。

第二、静待花开完全符合正念养育理念，是正念七原则的具体体现，非评价、非用力追求、耐心、初心、信任、接纳和放下。

林君怎么诠释"静待花开"这个概念呢？她说："我能够做到的，唯有满怀爱意的呵护以及陪伴，还有耐心的等待。也许，在我的内心，真正了解孩子的那个时刻，我们的心意才真正相通，花儿也会在无声无息间绽放。"

第三、静待花开，培养孩子情商能力，自我觉察、自我管理和自我激励。能力，必须靠自己亲自动手习得。家长再强，也无法代替孩子成长。最好的选择，扶上马，送一程，挥挥手。

在林君的着意培养之下，释之非常懂事，善解人意，特别自立。从选大学开始，一切事情都自己打理，妈妈完全不用操心了。

今天再看林君的教育成果，我觉得有必要提醒大家，运用"静待花开"理念，要注意教育"有为法"到"无为法"。

所谓教育"有为法"，静待花开不是放手不管，前提是给孩子一个适合的教育环境。在此基础之上，静待花开，让孩子健康成长。孟母三迁，不也是如此吗？

那次意外事件，也许并非特例，在一些体制学校以这样或那样的形式上演着。教室房檐下有一个燕窝，每有燕妈妈飞回，小燕子就会啾啾鸣叫，孩子们就会东张西望。老师怎么做的呢？找了一根竹竿，一下子把燕窝捅了下去。老师理直气壮，马上就要中考了，你们还不用心学习，以后考不上好学校怎么办？

小燕子全都摔死了，很多孩子也哭了。当孩子流着泪向林君诉说此事的时候，林君意识到，孩子小小的心灵受伤了，赶紧给孩子补上生命教育一课。这种只重视学分却不重视生命的体制教育，是否适合女儿？和女儿商议之后，母女俩选择了海外留学生活。

此事，还有更宏大的背景。这些年来，子女教育问题成为社会热点。随着国内中产阶层崛起，富裕起来的人群对教育有了更多元的需求，很多人把孩子送出国去，甚至因为孩子教育而移民也并不新鲜。

陪读妈妈、移民爸爸慢慢多了，我们的教育模式日渐多元。很多国内的孩子走出去，很多国外教育机构走进来，教育选择呈现更多的可能性。甚至家庭式教育也不乏成功案例，童话大王郑渊洁对儿子郑亚旗亲自培养，不上体制学校，孩子也可以成人成才。就是这位郑渊洁，最近说了，"一个好的教育者应该用50种教育方式去教育一个孩子，而不是用一种方法教育50个孩子。"

这是好事！条条大路通罗马，当很多家长被学区房价格逼得上蹿下跳的时候，发展民间多元教育模式对缓解教育资源不对等未尝不是破解方法。

所谓教育"无为法"，就是静待花开，克制拔苗助长的冲动，以接纳、耐心、放下等正念养育原则，培养孩子的自我觉察能力和自我管理能力。

《种树郭橐驼传》说的，也是这个道理。郭橐驼，种树是个行家，凡他种的树，高大茂盛，结的果实也多。人们请教，郭先生，敢问窍门是什么？郭先生就说了，没什么窍门，栽树时要像对待子女一样细心，栽好后别管它，放在一边。这是顺应树木的天性，来实现其自身的习性罢了。

你看，绝不能越俎代庖，更不能拔苗助长，和"静待花开"的教育原理实在有异曲同工之妙。

"千丈岩前倚杖藜，有为须极到无为"，林君的书，是体现教育"有为法"和"无为法"的生动教材。在此，我郑重向诸位家长推荐这本书，为了我们的孩子，少走弯路。是为序。

2019 年 10 月 2 日

目 录

第一章 好妈妈不是天生的 / 1

1. 女儿的诞生 / 2
   *写给准父母的话——如何做好孕期准备工作?
2. 爱孩子还是害孩子 / 3
3. 不愿上幼儿园怎么办 / 7
   *写给家长的话——孩子不愿意上幼儿园怎么办?
4. 中规中矩的女儿 / 11
5. 学拼音引发的焦虑 / 13
   *写给家长的话——如何对待孩子焦虑引起的抠手指?
6. 可以逼女儿学跳舞吗 / 18
7. 带着女儿逃离名校 / 19
   *写给家长的话——家长如何陪伴中等生?
8. 爸爸去哪儿了 / 25
   *写给家长的话——夫妻双方如何共同养育孩子?

第二章 多点经历是好事 / 27

1. 到底要不要寄宿 / 28
   *写给家长的话——家长要不要给孩子择校?
2. 同意女儿做"小留学生" / 31
   *写给家长的话——家长如何引导孩子做决定?
3. 少女间的友谊 / 34
   *写给家长的话——如何面对孩子的友情?
4. 女儿学习弹吉他 / 36
   *写给家长的话——如何增加孩子的学习兴趣?
5. 迷路的妈妈和女儿 / 37

6. 生病了 / 39

　　＊写给家长的话——如何面对生病的孩子？

7. 蚂蚁蜂蜜水 / 41

8. 来爬树吧 / 43

　　＊写给家长的话——如何发现生活中的美好？

9. 生命中总有第一次 / 44

第三章　学会找快乐的妈妈 / 47

1. 海外捐款 / 48
2. 搬运工和清洁工 / 49
3. 爱劳动最光荣 / 52
4. 端午节的粽子 / 54

　　＊写给家长的话——如何引导孩子从劳动中获得乐趣？

5. 爱偷懒的妈妈 / 55
6. 放手才能做自己 / 57
7. 梦中的玫瑰园 / 59
8. 女儿同学的生日会 / 60
9. 妈妈生病了 / 61
10. 夜半来访的蜘蛛 / 62

第四章　苦中作乐是本事 / 65

1. 如何与青春期孩子谈"性" / 66

　　＊写给家长的话——如何面对孩子青春期的性教育？

2. 快乐的"铲屎官" / 67
3. 陪女儿做运动 / 69
4. 坏事总能变好事 / 70
5. 小留学生的苦与乐 / 72
6. 妈妈学会同理心 / 73
7. 学习是一辈子的事 / 74
8. 如何学好语文 / 76
9. 苦中作乐是本事 / 78

第五章　挖掘你的宝藏 / 81

1. 突然开始改变的女儿 / 82
2. 女儿跳级考入新校 / 83

＊写给家长的话——如何抓住机遇？
3. 在奥克兰租房 / 84
4. 蜗居的智慧 / 86
　　＊写给家长的话——如何面对困境？
5. 写给女儿的话 / 87
6. 青春期的少男少女 / 90
　　＊写给家长的话——如何应对青春初期的孩子？
7. 你怕自己的孩子吗 / 92
8. 知道不等于相信 / 94
9. 由女儿的考试想到的 / 95
　　＊写给家长的话——如何面对孩子的考试？
10. 逛街的冲突 / 98

第六章　妈妈请你相信我 / 101
1. 我要把世界变软 / 102
2. 妈妈请你相信我 / 103
3. 我是一条美人鱼 / 105
4. 堆沙丘的少年 / 107
5. 遛狗想到的 / 110
6. 妈妈学会慢下来 / 112
7. 做我的妈妈好吗 / 114
8. 妈妈自己要改变 / 117
9. 妈妈别心急 / 119
10. 我是勇士 / 121
　　＊写给家长的话——如何培养孩子的生命主控权？

第七章　化担心为祝福 / 125
1. 让我看看你的眼睛 / 126
2. 妈妈是天使 / 128
3. 早恋的孩子 / 130
4. 妈妈的心思 / 131
5. 鼓励孩子最重要 / 133
6. 你家的系统是怎样的 / 134
7. 建立良好的家庭秩序 / 135

8. 不做完美的父母 / 136
9. 恐怖的蟑螂 / 138
   *写给家长的话——如何面对孩子的恐惧心?
10. 化担心为祝福 / 141

第八章 为生命喝彩 / 143

1. 女儿十六岁了 / 144
2. 发脾气的女儿 / 147
3. 叛逆的女儿 / 149
4. 我是我的主人 / 151
   *写给家长的话——如何面对青春叛逆期的冲突?
5. 妈妈的信任 / 153
6. 女儿的生日礼物 / 155
7. 又起争执 / 157
   *写给家长的话——如何做到真正的陪伴?
8. 什么才是真爱 / 160
9. 启发孩子的学习兴趣 / 161

第九章 负起自己的责任 / 165

1. 做义工的女儿 / 166
   *写给家长的话——如何面对犯错的孩子?
2. 并不轻松的高三 / 168
3. 学着自己申请大学 / 171
4. 女儿的不安 / 174
5. 被港大录取了 / 176
6. 一边搬家一边高考 / 177
   *写给家长的话——如何选择心仪的大学?
7. 孩子是一面镜子 / 179
8. 女儿的台湾自由行 / 181
   *写给家长的话——如何学会抓住和放手?
9. 好一朵美丽的茉莉花 / 183

第十章 我是我的主人 / 187

1. 女儿长大了 / 188
2. 和女儿的争执 / 189

3. 要去非洲的女儿 / 190

4. 做个"自私"的妈妈 / 192

5. 对女儿发火了 / 194

6. 拒绝妈妈的说教 / 196

7. 青春期遭遇"更年期" / 198

8. 打扫情绪战场 / 201

   ＊写给家长的话——如何控制自己的情绪？

9. 善良和同情心 / 203

第十一章 做一个会陪伴的好妈妈 / 205

1. 家长该不该管孩子 / 206

2. 收获赞美的女儿 / 209

3. 价值观的树立 / 210

4. 自控力的养成 / 212

5. 培养孩子的责任心 / 214

6. 女儿丢了钱包 / 216

7. 一波三折的交换生 / 219

8. 脱离了妈妈手掌心的女儿 / 222

9. 什么是成功的教育 / 223

第十二章 来信答疑 / 227

1. 如何帮助面临挑战的孩子？/ 228

2. 怎样对待不爱打招呼的孩子？/ 230

3. 孩子考试退步怎么办？/ 232

4. 如何对待不思进取的孩子？/ 237

5. 如何对待负面情绪较多的孩子？/ 238

6. 孩子不敢当众发言怎么办？/ 240

7. 孩子全身都是缺点怎么办？/ 241

附 / 245

1. 孩子睡前祈祷文 / 246

2. 生日祈祷文 / 248

第一章 好妈妈不是天生的

1. 女儿的诞生

女儿的到来纯属意外之喜,因为原本不想刚一结婚就生孩子,谁知道结婚三个月我就怀孕了。女儿的到来显然让爸爸措手不及,然而对于得知怀孕的我来说,却充满了莫名的喜悦。刹那间让我觉得世界上的一切都不能和肚子里这个弱小的、正在萌芽的生命相比。其实那时我才刚刚24岁,我不懂的东西太多,需要学习的东西也太多。

幸运的是,结婚前我一直和自己的妈妈生活在一起,我们感情非常好。要知道,在一个孩子的成长过程中,母亲的影响是多么巨大,而这股母爱能量的传递,根本无需说教,会直接渗透。

我的妈妈非常善良、勤劳,在我儿时的记忆里,她一直为家人忙碌着。除了上班之外,还要伺候老人、洗衣、做饭、给全家人做衣服、织毛衣、养鸡……在我的脑海里,妈妈是无所不能的,她对于全家人都充满了母爱的照顾,并不知不觉地渗入到了我的生命之中。

由此可见,任何一个不被人注意的生活环境,都时刻渗透着"教育"。

而所谓"教育",就是侵蚀,就是影响,就是信念的建立。

不知为何,我总在冥冥中认定我肚子里的一定是女儿,我知道自己和她心意相通,这种天然的连接,绝非肉体而是心灵。

我感受着女儿在体内一天天的成长,伴随着各种憧憬,这个小生命无疑成为了我当时所有幸福的源头。我按时去医院产检,和女儿说话,轻声唱歌给她听,写孕期日记,从未有过的充实和幸福充斥着我。

我清晰地记得23年前女儿刚出生的样子,经过一昼夜的剧痛和撕裂,我终于成为了一名年轻的妈妈。令我惊讶的是,第二天当护士把包在襁褓里的女儿交到我的手上时,怀里的女儿居然睁开眼睛,对着我甜甜地笑了。不哭反笑的女儿,显然打破了我头脑里最常规的预期,我简直怀疑自己是看花眼了。然而女儿的笑容是那么真实,那么甜美、悠长,令我无法怀疑,随即内心涌起无限爱意。我相信这就是我们所说的真爱,那一瞬间,是我第一次体会到什么是真正的喜悦,这种难以言状的喜悦从心底喷涌而出,久久萦绕在我的心头。我们就这样对视了良久,她安静地躺在我的怀里,一声不哭。她的笑容让我的心莫名地颤动起来,我忘却了身上所有的痛,我的心好像开花了一样,充满了无以名状的喜悦和神圣。至今回想起来,依旧是那么刻骨铭心。我知道,从看见女儿的那一分钟起,我们将紧紧相连,彼此相属,永不分离。

从怀孕开始,我就认定女儿是上天赐给我的礼物,我发誓会用整个生命来爱她,守护她,我愿意将自己的一切奉献给她。在尿布和奶瓶之间,我丝毫没有半点厌倦,反而怀着巨大的热情恪守一个母亲的职责。

写给准父母的话

如何做好孕期准备工作?

* 在孕期保持最良好正向的心态迎接孩子的到来。
* 每天保持平和的情绪有助于胎儿的发育。
* 适当听一些胎教音乐,或者平缓轻松的古典音乐,可以让孩子大脑发育得更好。
* 切忌动怒、生气,注意身体安全。
* 可以经常抚摸腹部,和孩子轻声说话。
* 让爸爸经常对着妈妈的肚子和孩子说话,这样孩子生下来就会很习惯父亲的声音。
* 每天抽几分钟时间安静下来,做几分钟爱的冥想、爱的祈祷和祝福(祈祷词见附录),传递给孩子安全感和正能量。

2. 爱孩子还是害孩子

上天创造万物时总是阴阳和合,女人天生就是母亲,无需学习,自动上岗。当我第一次看到女儿的胎心报告,听到女儿有韵律的心跳声时,我觉得自己是世界上最伟大的人。走在马路上,看着身边的一切,都会不由自主地笑出来,一切都仿佛镶上了一层玫瑰色的花边,甜蜜而幸福。看着不断隆起的小腹,感觉着身体内在的变化,触碰女儿隆起的小拳头、小脚丫,觉得自己一跃成为另一个生命的主宰,那种无以言表的喜悦和不安,深深地笼罩着我。然而也正因为如此,使得我的女儿在出生后,被我的掌控欲深深地伤害过。可在当时,我却一无所知。

我是家里排行最小的,从小就有一个哥哥、两个姐姐管着我。父母的管束就不必说了,严厉得很。这导致我的性格天生比较"软",总是唯唯诺诺,因为年龄最小,我没有权利管任何人,从来都是别人管我。在我二十多年的生命中,好像我最需要的行为就是"听话"。虽然我内心其实并不愿意,也有过几次激烈的反抗,但长期以来家庭能量的渗透,会让一个生命不知不觉接受了它的印记。我的印记就是做一个好人,做一个善良的好人,在家听家长的话,工作了听领导的话,规规矩矩做人、做事。无论我的内在是否这么想,我在生活中,早已习惯于各种服从。

慢慢地,我变成了一个很奇怪的矛盾体,一方面被长辈们驯服,一方面天性中又有一种反抗的力量。

如今回顾过去,我能看到自己身上有很多缺陷和盲点,但在二十多年前,我还是一个天真无邪的年轻妈妈时,一点都不知道这一切,我只是凭着自己的想法来做事,只是做自己认为正确的事,这就是人们常说的"无明"吧,是的,那个时候,我就是一种"无明"状态。

实际上,人们的头脑中,往往都会选择对的来坚持,我们的大脑总会自动过滤我们认为不对的东西。于是,我的自以为是,我所有坚持的东西,都给我带来了今天的生活。

随着我们的成长,如果认真地回看自己走过的路,就知道有多少弯路是和自己小时候的信念息息相关了。这也是我在日后教育女儿过程中,屡次伤害她的地方,我的自我成长,其实无非是发现并极力避免这种"无明"行为。

我后来才明白,如果父母只知道用自己的方式爱孩子,却不知道怎样做才是真正的爱孩子,那他(她)的爱很可能害了孩子。

女儿在离开家去香港大学读书之前,曾和我有过一段推心置腹的对话,在那场长达几个小时的离别谈话中,女儿终于吐露了埋藏心底的话——妈妈,其实我没有一个幸福的童年。

女儿的语气努力控制得平稳又平淡,她的表情也努力做到云淡风轻,但细心的我还是听到声音里夹杂着的那一丝不甘和伤感,也能看到她略微有些颤抖的嘴唇。我看不出她的情绪有多么巨大的反应,她并没有声嘶力竭或者大哭大闹,然而正是这样才让我更加难过,因为我知道这句话肯定在她的心里反复浮现了无数遍,直到那天说了出来。

在那个夏日的午后,我的女儿,只是装作不经意地说了这样一句话——妈妈,其实我没有一个幸福的童年。这句轻描淡写的话如同晴天霹雳一般在我耳边震荡,我仿佛被击中了,尴尬无比,继而是无以名状的痛苦。我不得不承认,女儿毫不留情的话语让我感到羞愧和震惊,在我看来,这句话等于就是直接宣判——你不是一个合格的母亲,你没有给我一个幸福的童年。

这个"判决"无疑让我倍感失败和沮丧,让我原本的骄傲荡然无存,想必在这世上恐怕没有哪个父母愿意听到来自孩子这样的"判决"。前一分钟还在沾沾自喜,给女儿唠叨去读大学要注意哪些事项的我,后一分钟不由自主地开始为自己辩解,我拼命为女儿幸福的童年寻找注脚,试图让十八岁的女儿放下这个莫名其妙的"判决"。

——妈妈每天按时接送你,每天早上提前起来帮你弄早饭,不论风吹雨打都送你学习书法,十八年来,我牺牲了自己的事业,我放弃了一切,关心你,爱你,可是宝贝你……

——这些都不足以让我感到幸福,妈妈。

女儿强迫自己继续保持冷静的语气,但我还是能听到声音里的无奈和起伏。

——你曾经因为我三岁时不肯刷牙,把我一个人关到黑屋子里,无论我怎么哀求你都不开门。

——你曾经因为我四岁时夜里不敢自己睡觉,半夜站在你的床头而打过我,让我罚站。

——你曾经因为我一年级做不好数学题,责打过我,骂我笨死了。

——你曾经因为我语文作业字写得太烂,半夜把我从床上拉起来,撕我的本子让我重写。

——你曾经因为我不肯主动叫来到家里的客人,说我没礼貌,打过我。

——爸爸工作忙很少在家,我几乎从来没有享受过一家三口出去玩儿的乐趣,我好像是单亲家庭的孩子,你知道我心里有多难过吗?

——再说,我不需要你为了我牺牲自己的事业、工作以及幸福,你这样做这样说,我会有很强烈的负罪感,你知道吗?

女儿的眼泪终于不可遏制地掉了下来。她的每一个强忍的抽搐和滚落下来的泪珠,都好像鞭子一样抽打在我的心上。

……我彻底语塞了。因为女儿说的一切都是真的。

那个时候,我的确是一个不懂得如何爱女儿的妈妈,我用自认为正确的方法对待她,我希望她能够变得聪明又懂事、美丽又大方,我希望她变得活泼开朗、人见人爱。

我最喜欢教她的一首儿歌是《我要做个好小孩》:"我要做个好小孩,身体清洁性情爽快,无论走到哪里,使得人人爱,使得人人爱。"我梦想我的女儿就是一个人见人爱的小公主,一个集美貌与才华于一身、集一切最美好性格于一身的小姑娘。

但显然事实并非如此。

当年,我用所知的一切标准来衡量她,要求她,塑造她,制服她。我也曾经牺牲过自己的工作来全日陪伴她。可是,我怎知日后的她会变得胆小又怕事,紧张又焦虑,自卑又弱小。我怎知我对女儿盲目的爱,我对女儿的"不接纳",反而让她幼小的心灵遭受了巨大的痛苦。

其实,我明明知道女儿是一个多么温顺善良的孩子,她的天性有多么的纯洁和光明,我也知道女儿身上具备了哪些不可多得的特质,她的生命的本质是多么明亮美丽,她拥有多么干净的心灵和美好的品行。

但是那时的我全然忽视了那些天性中的美好,整天纠结于那些我看到的缺点,并且把它们一一扩大,以至于引发我自己内心的恐惧,仿佛这些缺点日后会让我的女儿成为一个十恶不赦的坏人。

这份恐惧,使得我整日生活在暴躁和不安之中。现在想想,那时候的我,是多么的面目可憎,令女儿厌烦却又无力反抗啊。

于是,在那个温暖的午后,在那个我即将送十八岁女儿去港大读书的前一天下午,我终于放弃了辩解,除了尴尬而局促不安地看着女儿,我竟然无法说出一句完整的话来。

八月的阳光,透过巨大的玻璃窗洒在我和女儿身上,空气中弥漫着一种看不见的不安、局促,还有小心翼翼。

——嗨!妈妈,这都是过去的事了。我没有怪你的意思,我知道你不是有心这样做,我只是想告诉你,我觉得自己的童年不够幸福。

女儿大度地打破了僵局,她闪着晶亮的眼睛看着我,让我无法回避。

……

——但是,我还是爱你的,我不怪你,妈妈!

女儿一把搂住了我。仿佛得到了大赦一般,我艰难地做了一个深呼吸,充满希望地看着女儿,但内心仍毫无底气。

——那么,你知道妈妈所做的一切,在我那时的能力范围之内,都是最好的么?

——我知道啦!女儿帮我擦干眼泪,亲了亲我的脸颊。我仿佛得到了宽恕一般,长长舒了一口气。

时过境迁,斯时斯景,连同空气中的味道,都永远停留在我的脑海中。

的确,现在回想起来,我做过的错事实在太多,那些打着爱孩子、为了孩子好的幌子而责骂孩子、惩罚孩子、过分约束孩子的事情,我基本上都做过,而且有过之而无不及。因为往往越是"爱"心巨大,能力巨大的父母,越会成为伤害孩子的凶手,自己却全然不知。

我女儿的变化,完全得益于我日后透过她和我的对抗、纠结,不断反省,学会尊重和接纳这个独一无二的生命;得益于我在和女儿共同磨合过程中,不断放下自我,感受对方的感受;得益于我学会不仅仅成为孩子的母亲,而且是朋友。

然而,并不是所有的孩子都会理智、冷静地和父母交流,并不是所有的父母都会有意识开始自我修炼和学习成长,于是,我们常常看到的是:父母声嘶力竭,孩子关上心门。

这种对原生家庭的不满情绪,长期压抑在孩子的心中,造成孩子成年后的"二次伤害",他们会不知不觉以此来继续自己的小家庭生活,甚至导致更大的悲剧。

我们能够看到,整个家庭是一个系统,系统中有一种能量,能量都是在传递的。我对女儿的种种,和我小时候的家庭教育有关,习惯的模式丝毫不差地延续到我自己的身上,对此毫无觉察的我,一边抱怨着自己的父亲,一边又丝毫不差地将我父亲的教育手段一一落实到女儿的身上。

直到后来,走上了心灵成长的道路,我才开始反省自己,我才看到自己身上的问题,经过多次反复的痛苦挣扎,我才斩断了这个恶性循环的能量链条。

3. 不愿上幼儿园怎么办

女儿自出生以来一切如常,感冒都没有几次,我避免了和其他家长一样惊心动魄地送医院的过程,印象里好像就为退烧输过一次液。这不得不让我感谢上天的垂怜,要知道,她爸爸工作非常繁忙,根本顾不了家。

然而,凡事一定是公平的,小时候很"好带"的女儿,在上幼儿园的时候,闹起了巨大的情绪,让我始料未及。从此我才知道,什么叫作耗费心血。

女儿是5月份出生,9月份上幼儿园的时候,已经是3岁零4个月了。作为一个正常的幼儿园入学年龄,毫无疑问她可以愉快地上幼儿园了。我们托人找关系,进入了南京市最好的幼儿园,那可是大家挤破头才能进入的。然而,我还没有从可以如愿入园的喜悦中缓过神来,女儿的"问题"就出现了——女儿的入园哭泣,将我推入了一筹莫展的境地。

虽然我早已做好了心理准备,但女儿上幼儿园的抗拒和痛苦,还是让我进入了非常焦虑的边缘。

面对女儿日复一日的哭闹,我无比崩溃,甚至开始怀疑:她是不是有什么问题?为什么别的孩子很容易就适应了幼儿园的集体生活,但自己的女儿却始终格格不入?

我那时完全不懂得儿童心理,不懂得什么是分离焦虑,什么叫心理安慰。虽然我心疼女儿,但是对此没有任何认知和经验,所以难免心生不满和焦虑。

每次送她去幼儿园就是一场斗智斗勇的大战,从清晨开始,女儿就认真思索如何躲避上幼儿园的"厄运"。她时而坚决表明立场,时而可怜巴巴地哀求我,时而不肯穿衣服起床,时而哭泣,时而扭动身体大闹。凡此种种,女儿的目的只有一个,那就是:"求求你,妈妈,我今天可不可以不上幼儿园?"

当时的我,面对她的种种行为,心里充满了不解、痛苦、烦恼,我不懂得探索女儿不肯去幼儿园的真正原因,看不到她这种行为背后呼求帮助的需求。我只想看到一个结果——就是让她闭嘴、听话,乖乖和别人一样上幼儿园。

班主任老师摇头对我说:"为什么别的孩子哭几天就好了,你的孩子能哭这么久?"

我总是不好意思地对老师说,真对不起啊,肯定是我们没有教育好。那时的我,还不明白每个孩子都是不同的,我总是试图让女儿遵守一个约定俗成的统一标准,我总以为那样才是好的,我很不想看到女儿的哭闹,我完全不懂得接纳女儿的情绪。

但女儿才不管大人们心里想的那一套,幼小的她完全不懂得掩饰,她不顾一切地在教室门口大哭大闹,捍卫自己"不想上幼儿园"的权利。

记得她最"过分"的一次,是站在幼儿园门口就是不肯进去,我蹲在她身边苦劝无效,两人在门口僵持了两个多小时,直到中午时间,老师不得不到门口"连蒙带骗"地领走了她。

这样的日子,显然对女儿而言是无比痛苦的。当然我的情绪也好不到哪里去,以至于每天早上起床,因为要送女儿上幼儿园,整个人的心情都变得不再美好,这成了一个无比痛苦、让我很想逃避的事。现在回想起来,三岁多的女儿,当时一定更加无奈和沮丧吧,然而,她除了能用有限的方式来"反抗"之外,还能做什么呢?

直到后来,我才知道强行送孩子入园的方式对孩子的心灵会造成很大的伤害。但那时的女儿,已经进入小学生活了。

其实,小孩子都需要父母陪伴,当孩子自己没有完全融入一个新环境的时候,老师最好不要强行让家长离开,尤其是一些像我女儿这样天性胆小、内心敏感的孩子。国外的幼儿园会要求家长跟随上课一段时间,为的就是让孩子更加具备安全感。

但遗憾的是,我的女儿就在这一次次强行入园中,失去了安全感,她每一次都感觉到妈妈对她的"抛弃"。

女儿长大后对我说,当初你让我上的"最好的"幼儿园,对我来说简直就是地狱一样的可怕,我真弄不明白你们怎么从来不站在孩子的角度想问题呢?

我至今还记得每一次去幼儿园接她的时候,她都是眼里噙着眼泪,嘴巴里包着一团饭菜,一边哭泣一边使劲儿地往下咽。一被揽入怀中,她就用小手紧紧抓着我,大多数的时候,则是像猴子一样,微微颤抖的身躯紧紧地贴在我的身上,生怕我消失似的,直到我慢慢地拍她后背,轻声和她说话,安抚她,让她觉得妈妈真的回来了,她才慢慢平复心情。

带给我非常大转变的事终于发生了。有一天,年轻、漂亮的班主任对我说:"今天你的女儿上课一直哭,影响了别的小朋友,我们只好把她一个人放在办公室了。"

也许是老师当时无所谓的态度令我感觉很不满,也许是平时知道女儿最害怕独自一人,我突然特别不忍心。在那个当下,我的心被强烈地撼动了,我毕竟深深爱着女儿,那个时候我突然强烈地感受到她的无助。她才四岁,那么弱小,那么胆怯,那么孤立无援。而我,她最信赖的妈妈,却一直想办法"改造"她,强迫她孤零零地面对这一切。

女儿这面镜子照到了我的残忍。

我转身跑进了老师的办公室,在一个"巨大的"课桌旁边,我看到瘦小的女儿正站在那里发抖。她低着头,抽泣着,但又不敢哭出来。因为天色有点暗,办公室没有开灯,感觉比较阴冷,穿着一件薄薄衣衫的女儿,在整个空旷的房间里,显得那么孤单和无助。

那一刻我的内心受到了震荡,仿佛一声巨大的响声在我的头上炸裂:我都做了什么?我抱起了瑟瑟发抖的女儿,她看到我顿时委屈地大哭起来,我不断地抚摸她的后背,让她的抽泣慢慢平复——也就是从那一刻开始,对女儿的情绪我突然能够感同身受,我想要站在女儿这一边,我想要放弃自己所谓的标准和立场。

从第二天开始,我不再逼着女儿一定要按时去幼儿园,我变得很轻松,女儿也变得很轻松。女儿圈在我的怀里,我开始倾听她诉说幼儿园的好多事,有些事她和我提过,我都不以为然,觉得都是小事,其实一路听下来才知道,对于一个小孩子来说,这些似乎都是天大的事情。比如,谁谁欺负她了,谁谁经常动不动就抢走她正在玩的玩具,谁谁又推她了,让她摔跤。这些"小事",造成了胆小的女儿对幼儿园充满了恐惧。我甚至听到,女儿为了做一个不让老师讨厌的"好孩子",连大便都不敢举手报告。我才发现,原来女儿真的从来都不在幼儿园上"大号"。

其实上厕所是人们最基本的需求,作为家长如果发现自己的孩子硬是憋着回家上厕所,那一定要重视起来,这是一个孩子心理紧张和不安的信号。

过去,我总是想当然地要求女儿热爱上幼儿园,我很少去关注她的感受,我看到的总是她的"不乖",却不知道她小小的心灵承受了那么多不安。正因如此,她才变得越来越懦弱、胆小,越来越不愿意上幼儿园。当她没有力量面对,而妈妈又没有支持她的时候,她只想躲起来,只想缩回到"家"这个温暖的壳里,只有在家里,她才做回她自己。

从那以后,人们会经常看到一位妈妈,在幼儿园门口蹲下来,抱着她个头小小的女儿,耐心地给她擦眼泪、擦鼻涕,耐心地陪着她走进幼儿园。

好在老师早已习惯,我也不再顾及别人的目光。在那段时间里,我的眼睛里只有我的女儿,我只想安抚她,让她有勇气走进自己的班级。

奇迹出现了,当我不再要求女儿的时候,女儿反而越来越轻松,也越来越愿意去上幼儿园了。

当女儿挥着小手,笑着和我说"妈妈再见!早点来接我!"的时候,我才知道,作为母亲,每一个当下要做到的,都是和你的孩子站在一起,要深深地理解她,支持她,不要让她觉得你抛弃了她。

写给家长的话

孩子不愿意上幼儿园怎么办?

* 家人首先一定要接纳孩子的"畏难"情绪,不爱上幼儿园,是有很多原因的,作为家长,要耐心聆听,安慰孩子,找出最主要的原因,然后循循善诱,找出解决方法,帮助孩子战胜困难。

* 切忌打骂和训斥孩子,耐心给孩子讲上幼儿园的道理,如果有条件,可以陪伴孩子一会儿,让他感觉到妈妈时刻都在。

> * 可以和老师商量一下,给孩子带一样平时非常熟悉的小玩具、小毯子,并且告诉孩子,你带着这个去上学,想妈妈的时候,就抱抱它,这样就好像妈妈一直在陪伴你。
>
> * 孩子不愿上幼儿园,很大程度是和父母有分离恐惧,他们会认为一天看不见妈妈,是不是被抛弃了。这时候要理解他们的认知,每次去接孩子的时候,要表现得很开心,可以一起做做游戏。
>
> * 发现孩子抗拒上幼儿园,或有在幼儿园被欺负的现象,一定要给予足够重视,了解清楚并且加以改善,切忌不闻不问。

4. 中规中矩的女儿

女儿打小就中规中矩,我发现她在遵守规则方面犹如天助一般,无论他人如何诱导,环境如何恶劣,她很少做犯规之举,我不禁相信有"天性"一说。

记得她上幼儿园时,有一次我去接她,很多小朋友都不愿立即回家,而是拉着大人的手,要求再玩一会儿滑滑梯之类的户外游戏。女儿则静静地站在一边看着,流露出眼馋的神情,我见她看得入神,便怂恿她也加入这些孩子中间,然而只有四岁多的女儿居然很坚定地对我说:"老师不让玩儿,他们这样做是不对的,妈妈你怎么能这样做呢?"女儿的自制力可见一斑。

这真是令我又喜又忧。

喜的是,女儿自制力惊人,小小年纪就能克制诱惑;忧的是,女儿太听话会不会失去自我?

我固执地想让女儿变得更好,但其实我自己都不知道什么是"更好"。好像如果我不好好改造女儿,我就不是一个负责任的好妈妈似的。

我不知道正在看书的你,会不会和我当年一样,面对这个降临在生命中的小天使,你有多么巨大的爱给她,你就会有多么巨大的期待,多么巨大的想像力,多么巨大的意愿度来改造他(她),无论他(她)怎样做,你都会能找到一个小瑕疵来纠正她,你总想让他(她)变得"更好""更完美""更有竞争力""更成功""更幸福",你最喜欢用的词语就是"应该"。

"你应该这样……"

"不，你不应该那样……"

在各种应该和不应该堆砌的信念中，你唯独没有想过这样一个事实，每一个生命的本质都是"独立而不改"，每一个孩子都是带着自己独特的印记和使命前来的，她的诞生是带着爱和光而来的，我们只有陪伴，却不可改造，这才是生命的真谛。

当时的我完全不懂，只是按照自己的想法，盲目地用自认为行之有效的各种方法来"爱"女儿。

你可能和我一样，看了很多教育方面的专著，试图让自己成为一个"出色的""负责任的"母亲。然而，众多专家的说法，让年轻而好学的我完全不知所措，我看的书越多，越迷茫。

有专家说要顺其天性，有专家又说要合理引导、上规矩；有专家说要圈养，有专家又说散养的好处；有专家说孩子坚决不能打，有专家又说可以打。

面对眼前的女儿，我完全进入了一个新的学习领域。女儿变成了妈妈的小白鼠，可想而知她的不知所措，可是，这些方法却有一个世界上最好听的名字，那就是"爱"。

有多少父母，以爱之名，用庞大的热情在改造自己的孩子，用"爱"来做各种交换，酿成大错。在我后来成为心理咨询师之后，才越来越看清这一切的真相。

如果此刻我再有一个孩子，我将按照他的样子来教育他，我将完全不会再被各种专家的思想所诱导，我会真正和我的孩子在一起，抛弃所有自认为正确的观点和标准，只是认真地观察他，陪伴他，理解他，尊重他，无条件地接纳他，爱他。

直到多年后的某一天，我惊讶地发现，我被女儿改变了，女儿也发生了翻天覆地的变化。我同时也看到了生命的完整，事物的一体两面，原来，我们的一切都和大自然一样，都在平衡之中不断地协调和变化。

女儿的性格偏内向，这个性格既给女儿带来了一些局限，但在无形中也为她带来了一些好处。所以，我特别想劝告一些试图改变自己孩子天性的父母，安心陪伴自己的孩子，接纳他的天性吧。

在整个生命过程中，最重要的并不是当下的"正确"，而是日后的自在。生命不是完美的，而是完整的，它充满了变数和奇迹，我们究其一生能够探索的，其实是无限神奇的生命奥秘。

女儿刚刚进入到新的工作岗位，同时也拿到了香港大学研究生的录取信，作为她的母亲，看着她的生命在不断提升和变化，回顾过去种种，无限感慨。作为一个心灵工作者和教育工作者，我常常陷入更多的深思，我们究竟怎样才算得上教育好了自己的孩子？究竟是我们在教育他们，还是他们在教育我们？

其实，人生的每一个阶段，都有令父母纠结和焦虑的问题，既然问题层出不穷，那么，作为家长需要"修炼"的不仅仅是方法，而是内心对于问题的看法和觉察。

5. 学拼音引发的焦虑

女儿从幼儿园毕业之后，又进入了一所非常优秀的小学，不必多说，这所小学的进入，也是我们到处求人才上去的。女儿进入的班级，一共六十名学生，第一天放学我接她回来，她一反早上兴高采烈的神情，蔫蔫地对我说："妈妈，我今天好累啊。"我问她："今天上学有趣吗？你们都做了什么？"她说："今天一天都在训练坐姿，老师说小学生要学会端正坐好，不能发出声音，但是，总有一两个男生坐不住，只要他们一发出声音，那一组同学都得陪着他们练坐姿。妈妈，你知道吗？我们今天整整一节课都抱臂坐好。"

我看着她弱小的身子，明亮的眼睛，突然非常心疼。一个刚刚从幼儿园进入小学的孩子，就要在课堂上一动不动地坐45分钟，假如别人动了一下，那一组同学就要陪着再坐45分钟，这是怎样的严苛规定啊。女儿天生胆小，最怕老师的批评，所以她的一举一动，都会十分认真，我预感到她将来的学习生涯，会令她变得越来越谨小慎微。

除了上课要立规矩之外，女儿也开始了非常严格的学习。因为她从未上过幼小衔接班，所以她面对一年级的汉语拼音，简直如同天书，不知所措。

这无疑是我的责任，因为我当时强烈反对提前学习，我接受的观点是讲究顺其自然，按照孩子的愿望来教育孩子，所以当幼儿园同学家长趋之若鹜地带着孩子学汉语拼音的时候，我完全不为所动。

残酷的事实，终于在第一次考试之后到来了——女儿考了90分（按照班主任的标准，95分以上为及格，95分以下被界定为不及格）。我看着老师的评语——请家长多花心思辅导，内心突然很难过，不知该如何是好。

女儿在香港大学读的是教育学和心理学，记得她在大四的时候，和我语音过一次，那时她正在写一篇有关儿童教育的论文，正好回忆起自己苦不堪言的小学一年级的学习经历，女儿恍然大悟地对我说："妈妈，我应该是轻微读写障碍。"

我听了很诧异,后知后觉地恶补了一些读写障碍的鉴别标准,再回忆起女儿十几年前的读书经历,不得不承认,她的确是比别的孩子在认读和书写方面更困难。因为我当初害怕女儿提前学会了拼音,便不能集中注意力上课,所以我坚决没有让她上幼小衔接班,自然也不会在家里教给她拼音之类的内容。

不知为什么,当时的我总是顽固地认定我的女儿非常聪明,将来学习起来一定毫不费劲儿——我总是用自己的经验来判断我的女儿,却根本不顾事实,这种自以为是的顽固给女儿的自信带来了巨大的伤害。

女儿因为汉语拼音"不及格",无法跟上全班学习拼音的速度,挨了很多批评,花费了太多的时间,也因此失去了很多信心。现在想来,我如果早知道她学习能力不是很强,早一点放下作为母亲那些可怜的自尊心和想当然,我应该会很愿意提前辅导她学认拼音,而不是让她跟随着一大堆基本上都学会拼音的孩子,妄图用短短一个月时间就把拼音学过关。

记得那时候,女儿经常把 b 写成 d,把 p 写成 q,她的数字有时候也是颠倒的,但这一切完全没有引起我的重视,我对此唯一的解释就是还没有熟练,不用心,我认为只要多加练习,应该就会很快过关,于是我更加拼命地训练她。

女儿非常乖巧,对于我的训练从不反抗,她用极其顽强的毅力配合我。我和女儿每天晚上用尽各种方法来强迫记背拼音,我至今还记得自己当年把拼音写在硬卡片上,女儿坐在小板凳上一边哭一边读的情景。而我,时而压抑着愤怒而不解的情绪,表现得很"耐心";时而崩溃爆发,冲着她一顿大喊大叫,令女儿哭泣不止。

那个时期的晚饭后学习,相信对于女儿来说,简直如同噩梦一般,但她从未拒绝。那些普通孩子学起来很容易的拼音,让幼小的女儿一次又一次泣不成声,我却懵然不知。其实女儿已经开始对自己失去信心了,急于求成的紧迫感让我爆发了最可怕的一面。

女儿几乎每天都有拼音考试,每一次的拼音考试,她总是很难达到老师的及格线,每逢这时,女儿都会非常沮丧,回来之后又开始大量练习。说真的,她的确是一个非常要好和自觉的孩子,但是,也正是因为她的过分追求完美,不,应该是我当初过分追求完美,让她受了很多不必要的痛苦。很多年之后,她不得不花相当一段长的时间来疗愈自己。

在此提醒各位家长,当你发现你的孩子在幼儿园大班认读有困难的时候,你需要带孩子去专业机构做一个检测。如果真的有读写障碍,你需要使用专业的方法来进行补充教学,这样可以保证你不会因此错怪孩子,也不会打击孩子的自信。

每个人都不可能是完美无缺的,我们自己也是一样,我清晰地看到自己在她成长过程中犯下的错误,有些甚至是不可弥补的过错。然而,我在无奈中,又不得不告诉自己,这就是生命的过程——夹杂着无奈和希望。我们无法极尽周全地安排好一切,我们不是上帝,我们无法完美,我们只能拥有完整的生命,我们只是一个同样带着不同原生家庭印记长大的孩子,有着各自的烙印和局限,概莫能免。

有谁不被打上各种烙印呢?

狗尾巴也要阳光。在整个儿童时期,我都看到女儿的自我要求一直非常高,她从小自律、胆小、严谨、完美主义倾向。这种"完美型人格"使得她每当做不好一件事的时候,最惯常的反应就是:我不做了! 我知道这是我不知不觉要求她追求完美而导致的结果,她因为害怕失败和不完美,所以干脆就不做了。

当时的我,不懂得教育是需要适合每个个体的,以为最好的学校,一定是大家都趋之若鹜的学校 。

女儿"幸运地"进入了这样一个"最好的"学校,她在这样的环境中,"不声不响"地上到了小学五年级。

她那时候成绩不好,日记经常写错别字,数学也常常拿七八十分,用现在的标准来看,就是班上中等偏下的学生。但因为她太老实、太安静,学习态度还算可以,老师并没有多批评她,自然也不会多喜爱她。

她内心经常紧张,害怕考试,虽然她常常梦想成为全班前三名,却屡次追赶无果,为此心中更加难过和自卑。

我给她请了钢琴老师,她学了一阵子就坚决不学了,谜底直到她成年后才揭开。她告诉我原来是她觉得自己的手指被抠得很难看,她不敢把手指伸出来弹钢琴,她怕老师笑话她。现在回想起来,当时的她,应该是非常自卑的,完全不懂得接纳自己。

但当时我全然不知,反而为了她学习钢琴"半途而废"又责骂了她一顿。女儿没有申辩,她内心那份对自己要求完美的尊严,让她不愿说出实情,无论我怎样劝说,她都不肯再弹钢琴了。好在我并非太强迫女儿,她实在不愿学,我只能作罢。

现在细想一下,小学那个时期,应该是女儿经历的比较痛苦的一个阶段了。她的十根手指全部被她啃咬得光秃秃,甚至流出了鲜血。我花了很长时间来"对付"这十根血肉模糊的手指,却无济于事。这是一个孩子心理非常焦虑、紧张不安的表现,我每天用胶布贴上,试图让她不再啃咬,结果还是不行。我有时无奈地威胁她,天天检查,忍不住就实行惩罚,效果自然更糟糕。女儿似乎也知道咬指甲不好,但她就是改不了,经常面对我的质问,战战兢兢地把小手藏在背后,可怜巴巴地掉眼泪。

我开始想办法治疗女儿的手指。每天晚上临睡前,帮她把小手细心地洗干净之后,耐心地涂上滋润霜,我一个指头一个指头地轻轻按摩,一边按摩一边心疼地轻轻吹气,最后的动作是,把她的小手放在我的大手里捂一会儿,再把每个指头都亲一口,告诉她,妈妈很爱你,心疼你,你最好了。

慢慢地,女儿的手指竟然自动痊愈了。

也就是从那个阶段,我开始学习心理学和教育学,我在不断成长和反思。

我能感受到女儿的自卑,虽然我当时找不到女儿自卑的根源,但我还是想要努力改变她的心态。

我写了一封信给女儿的班主任,在信中我用非常委婉的语气表达了"一位中等生家长的渴望"。我这样写道:如果说老师是太阳,孩子们就是花朵,我多么希望阳光可以洒满花园中的每一个花朵,哪怕是不起眼的狗尾巴花。

可见我当时已经主动将女儿划为"狗尾巴花"的行列了。

感谢老师接受了我的请求,第二天很和蔼地摸了女儿的头,仅仅是这样一个小动作,就已经让女儿开心了好几天。当天放学回家就一路高歌,并且很兴奋地对我说:"妈妈你知道吗?今天李老师竟然摸了我的头,并且还对我笑了。"

我的心里充满了苦涩和甜蜜,她并不知道她在信里,被妈妈描述成了狗尾巴花,但我写的那封信,令她的确得到了老师的"额外关注",而这份关注和爱,不亚于沙漠上的一滴清泉,暂时令她干涸的心灵得以滋润。

现在很多家长都喜欢给孩子择名校,其实在孩子的启蒙阶段,最好的教育就是爱的教育,最好的老师就是有爱的老师。所以千万不要一味去选择什么"名校",而要根据自己孩子的情况,找到一个富有爱心、耐心的启蒙老师,能够将阳光洒满整个花园,包括不起眼的"狗尾巴花",这是最关键的。因为在幼小心灵尚未完全具备力量的时候,它可以带给孩子巨大的自信,那将是可以陪伴孩子一生的财富。

写给家长的话

如何对待孩子焦虑引起的抠手指?

我曾经会不自觉地抠手,以至于手指尖不堪入目。女儿上小学的阶段也会抠手指,我还发现身边的朋友或者朋友的孩子,都会不自觉地抠手指,很多妈妈想了很多方法也不奏效。这里和大家分享一个方法,可以快速摆脱抠手指的习惯。

第一,一定要非常认真地洗手,尤其是抠破的地方,有些父母面对抠得很可怕的手指,会有意避开不好好洗或者根本都不会认真观察,甚至表现得很气愤和厌恶,这非常错误。妈妈一定要非常仔细地帮孩子洗干净小手,有倒刺的地方,要很细心地用指甲钳把倒刺剪掉,切忌一边洗一边剪一边抱怨:哎呀,你看你这个手指好恶心,你抠成这样真不好!

洗过之后,把手指细心地擦干,认真地观察每个手指,家长可以带着孩子看,看看好的手指和被抠破的手指,要特别细心地观察,这时候一种对手指的心疼和怜悯会油然而生。

第二,洗干净后,抹上润手膏,每一个手指都单独抹一下。然后将被抠的手指放在掌心中轻轻握住,心里默默的对它说:我爱你,谢谢你,请原谅,对不起,我会好好保护你。(每个手指分别进行)如果孩子小,妈妈可以指导她做,也可以用妈妈的手掌心包裹住孩子的那个手指,带领孩子对它做一个呵护,之后也可以亲亲手指。

第三,被抠得很严重的手指,晚上临睡前要用干净的医药用棉细心地把它包好,然后用医用胶布缠一下,告诉自己给它一个好好休息和重生的机会。第二天可以拿掉,过一段时间你就会发现手指很快长好了。

第四,每天晚上在床上临睡前五分钟或十分钟,默念:我接纳并爱我的一切,包括我的一切不完美。(这有助于缓解大脑里对自己的评判和紧张情绪,从而缓解抠手的频率,家长可以用心帮孩子念,能量是可以传递的。)

有的家长会说,孩子抠手是因为紧张和焦虑,是因为功课和老师的压力,所以是不是应该学会接纳功课和老师而不是只接纳自己。其实孩子之所以不接纳外部环境,是因为没有接纳自己而引发的,所以接纳自己是源头,是根本。

第五,每天早上起床洗脸的时候,要认真看着镜子里的自己,说出一个到三个欣赏自己的词语。例如:我的眼睛很漂亮!我很强壮!我笑起来很动人!等等,并且在当天经常重复这些词语。

如果孩子小,家长要善于指导和主动地赞赏孩子。

第六,经常重复步骤二这个动作,同时对被抠的手指在心里轻轻说:我和你是一体的,你的每一个细胞都非常健康,你会很快复原,变得光洁漂亮,我爱你!

6. 可以逼女儿学跳舞吗

女儿上幼儿园的时候，我愚蠢地犯了一个错误，我认为会跳舞的女孩子将来身材会很好，动作也会很协调，所以我不顾女儿的不乐意，自作主张帮她报了舞蹈班。我完全忽视了女儿其实并没有这方面的兴趣和特长，事后我发觉女儿确实不是跳舞的料，她的动作总是比同学们慢半拍，还常常做错，每当这时，难免会受到老师的批评和来自同学们的嘲笑。我作为旁观者，并没有帮助她转化这些沮丧的情绪，反而也在喋喋不休地怪她怎么连个简单的动作都做不好。也许就是从那个时候开始，她害怕犯错，也被种下了"我不行"的种子吧。

这应该是导致心理自卑的一个因素，当时我却一点都不知道，甚至觉得越是不会，就越要好好学。这想法其实不错，但落实到行动上显然缺少了一些回旋的余地，所以越是严厉地要求女儿学，女儿受到的打击越大。

坚持了一个学期，女儿坚决不愿意再上舞蹈课，我好说歹说就是不行，无奈只能远离舞蹈。但我当时的内心是很失望的，现在回想起来，我的那份失望的心情有一部分是因为自己小时候热爱舞蹈却没有机会跳舞而引发的，同时我的失望情绪难免给女儿带来了心中的小小内疚和难过。我当时若是大度地说一句：没关系啦，你想学就学，不想学咱们就不学，妈妈支持你！对她的影响一定就会正面许多。

从那之后，女儿再也没有跳过舞。一直到女儿上了中学，她对于舞蹈都有着一种既爱又恨的情结。私下在家里的时候，她可以很愉悦地"手舞足蹈"，可是一到正式舞蹈的场合里，她一定是四肢僵硬，形如木偶。跳舞对她来说，似乎不是乐趣，而是受罪。

我是多么希望看到女儿随着音乐翩翩起舞的样子啊！但除了她去新西兰的那一年学过一阵子的交际舞，高中时期排练了一个《茉莉花》之外，我再也没有见过她跳舞。

即便是在新西兰学跳舞的期间，我发现我也不是一个很好的陪伴者。在整个跳舞的过程中，我如临大敌、目不斜视地观察着她的一举一动，除了我自己没有上场之外，我的每一道目光，每一根神经，都被她牵着走。我愣是把原本可以轻松愉悦的跳舞时光，弄成了剑拔弩张的计较失误点评。

一来二去，女儿又一次兴趣索然了。

而我经过这么久的成长,才明白任何一个生命都有其独立性,所谓的尊重就是减少对其的掌控,让其在一个自由和受保护的空间里成长。

当我放下自己对女儿的掌控后,奇迹发生了。

我欣喜地发现,长大后的女儿开始自然而然随着音乐的节奏扭动腰肢,她会很自如地摆动臀部,享受舞蹈的愉悦,她不拒绝和我一起去体验肚皮舞,回来后她也能很轻易地完成整个动作,这令我非常惊讶。

那个原来完全不会、不愿、害怕跳舞被嘲笑的小姑娘不见了。我看到的是一个很开朗很阳光。虽然没有学习过舞蹈却可以随时自然随着音乐摇摆的美丽自信的女孩子。

当女儿对着我扭动身体,跟随音乐一阵乱跳的时候,我开心又心痛。我不知道自己为什么到现在才明白这个真谛,每个人的天性都不一样,做父母的若能看到孩子的天性并且加以保护,那该多好。

相反,如果孩子得不到尊重,天性总是被压抑,她的内心就会充满了否定、焦虑、恐怖、不安,她的身体就会很僵化,不会自如摆动。

这就是"身心灵合一"的道理,一切都是同步的,能量一直是自内而外散发的,疗愈着我们的身心。

女儿随着年岁的增长,内心开启,自然而然地会"跳舞"就是一个典型的例子。生命是流动的,所以,请千万不要给自己的孩子贴一个固化的标签,让他们内在的能量流动起来吧。

7. 带着女儿逃离名校

2000年,女儿从幼儿园毕业,不能免俗的我和周围绝大多数家长们一样,盲目跟风选择名校,终于想尽方法让女儿上了当地最好的小学之一。

事实证明,这种完全不顾自己孩子特点,一味追求名校的择校观念是多么可怕。

但在当时,我还沾沾自喜,觉得自己总算又做了一件伟大母亲能做的事,把孩子送进最好的学校读书,难道不是所有爱孩子的家长最正确的选择吗?

事实证明并非如此。

名校管理非常严格，女儿因为幼儿园的经历，比较在意老师的表扬，也很渴望能经常得到老师的鼓励。

女儿对于学校的认知，一开始来源于妈妈口中的描述，那是相当的美好和愉快。第一天她高高兴兴上学，却低眉顺眼地回家来，原因是一年级新生要学习上学的纪律，小朋友们都要练习端正坐好，不许动，因为一个男生坐不住屁股不断扭动，他所在的那一组同学，就要陪着一起罚坐，女儿正好是其中之一。我知道女儿是极其敏感和老实的孩子，她一定永远坐得端端正正，大气都不敢喘，但是第一天的"抱臂坐好"练习，让女儿上学的巨大热情一下子跌到了谷底，她觉得上学一点儿也不好玩。

欧美国家的学校都有预备班的设置，孩子们每天大部分时间都在玩耍中度过，老师也会和颜悦色，循循善诱，目的就是引发孩子对学校的兴趣，减少孩子在新环境中的陌生感，让孩子在愉快的心情中做好读书的心理准备。

在中国也有小学的学前班，一般在幼儿园的大班期间或者社会办班培训，这些学前班的内容大体相同，基本上都会培训孩子练习课堂纪律，学会如何规规矩矩地坐好，提前学习拼音和数字10以内加减法，主要目的就是让孩子上了小学之后能够习惯这样的学习方式。

其实，这种方式非常不可取，这并不是在顺应孩子的天性。但整个社会都在这么做，每一个家长都觉得如果不让孩子提前训练好，他将无法胜任一年级的学习。这是整个教育的误区。

学习本身是一件愉快的事，强调纪律是有必要的，但也要尊重孩子的天性，尊重规律，否则会让原本就有些胆怯的孩子对上学的热情跌入谷底。

对于女儿来说，她宁肯沉浸在童话的王国里，也比整天上学做作业强百倍。

那个年代并没有游戏泛滥，所以女儿还没有把情绪发泄在玩游戏、刷抖音上。但现在很多孩子对学校、对老师、对家长表示不满，多是通过沉溺于游戏而呈现的。

我记得女儿二年级的时候，我去学校接她，可能是因为订正试卷不过关，女儿和几位同学被老师留了下来，面向黑板站立。我一路找到教室，恰好看到她小身板在颤抖，一边听着老师的训斥，一边用手指抠着黑板下沿。我不知道她当时的内心在想什么，但我知道她一定很着急回家，着急想见到妈妈。

老师见到我之后，简单说了几句话介绍情况，便让我领走了女儿，女儿垂头丧气地被我牵着小手走出黄昏中的教室。我猜想她心里一定难过极了，觉得羞愧极了。一时之间，我竟不知道该如何安慰我的孩子。

女儿看我一言不发，认为我在生她的气，她并不知道我当时心里已经痛楚万分,这个景象让我突然联想起女儿小时候在幼儿园办公室的一幕——它们何其相似。

她站在那里受罚的背影,分明是向我无声地宣告:瞧瞧看,你做了什么?这就是你一手创造的产物。我压抑着心痛,不动声色地拉着女儿走出教室,走在长长的走廊中。我当时的心情很复杂,与其说我对老师的留堂面壁罚站有意见,倒不如说我对自己失望到了极点,我看到了自己教育的失败,我看到自己的无能为力。

女儿不停地小声抽泣着,她的眼泪不断地涌出来,眼神里满是乞求和委屈的神情。她一边抽泣一边紧紧地抓着我的手,同时不停地仰起头看我的脸色,一边用另外一只手不停地抹去不断流出的泪水。我知道她担心我责怪她被老师留堂,内心又很渴望得到我的安慰。我永远也忘不了女儿那无助的眼神,这眼神时刻提醒我,让我心里默默发誓从此以后永远不能因为她学习不好而训斥和惩罚她。

我毫不犹豫地抱起了女儿,轻轻地在耳边对她说:没事儿,妈妈不怪你。就这一句话,女儿哭得更凶了,她满心的委屈仿佛一下子找到了宣泄口,她紧紧贴着我大声痛哭了好久。

当时的我,已经是一家教育类杂志社的编辑和记者了。因为职业的关系,对于教育开始有了自己独立的思考,我越来越发现自己身上的诸多问题。面对孩子的教育,我开始认真思考,也终于不再迷信权威,人云亦云了。

从那以后,我强迫自己放手,让女儿自己决定很多事。我开始带着女儿四处旅游,走进大自然。我愿意在周末花一个下午的时间陪着她在池塘里捉蝌蚪,看野花,我们愉快地消磨着时间,而不是命令她读书写作业,复习迎考。

我内在崇尚自由的天性终于和女儿一起开始逐渐萌发,我的淡定使得女儿也松了一口气。她原来急躁和偏执的个性,也开始变得平和起来,担心犯错而想要逃避的心态,也开始改变。

但是,儿时的记忆是多么的顽强。那些让女儿感到压迫和焦虑的感受,那些被训斥时的羞愧和无助,总是盘踞在她脑海里的一个隐藏的空间里,一旦遇到相应的刺激,就会跑出来,不停地影响着她的情绪。

这使得她在很长的一段时间里,变得非常"听话"。因为胆怯,害怕失败,所以容易自责,容易否定自己。因为怕犯错而得不到大人的喜欢,她就放弃自我,用一副乖乖女的形象呈现在大家面前,这是最安全也是最不易发现"隐忧"的形象。作为家长,我们完全不知道孩子内心在想什么。

这个期间我开始从事公益的儿童经典诵读推广工作,每周六和周日都义务教孩子们诵读经典,同时我考取了二级心理咨询师的证书。在和孩子们及家长们相处的过程中，我开始了深刻反思，开始看到因为自己的不清醒带给女儿的种种束缚。

随着学校里功课一天天紧张，女儿的考试成绩越来越差，四年级的时候，数学有一次考了68分，但我从来不会因为成绩不好而责骂她，我只是奇怪为何女儿整天不吭气，郁郁寡欢。

紧接着我发现，女儿的厌学情绪越来越严重，有一次她甚至通过装病来摆脱上学。

虽然我对她的装病心知肚明，我还是很乐意地配合她给老师写了假条，不过我承认那一刻我的心彻底被触动了。

我问自己，这就是我一心想教育好的女儿吗？让她上最好的幼儿园、最好的小学，最后的结果又是怎样呢？这真的是我想要的结果吗？我不停地拷问自己。

我知道，在我的头脑里，还存在着多年来养成的习惯，我总不自觉地拿女儿和别人做比较，我很难承认自己做错了。

我很难下决心把女儿从一所重点小学转到一所普通小学，因为面子，我也怕受到周围人的质疑和批评。

然而，每当我看到女儿习惯和别的同学相比时那黯淡的眼神；看到女儿认真去上学，却越来越厌倦上学的种种表现；看到老师越严格地要求她，她的挫败感就越深，也越痛苦；看到我的安抚已经很难起到作用；看到她常常把发回来的试卷藏起来，或者揉成一团放在书包里，并不主动拿给我看；看到她无法原谅自己失误的样子，常常发呆，且闷闷不乐的神情时，我知道我必须要做一个选择了。

我决定立即改变这一切。我下决心给女儿转学，这一次的转学，是我整个教育理念转变的关键点，也是女儿人生路上的第一个转折点。我对女儿教育从转学这件事开始趋向理智，我开始认真思考，什么是真正的教育，什么是真正的爱。

女儿六年级开学后没几天，我做出了一个现在看来是无比英明的决定，当时却让所有人都惊呆了的举动——我征求了女儿的意见，并且用最迅速的方式为女儿转了学，我把女儿从离家将近四十分钟车程的全市名校转到了从家里走路十分钟不到的最普通小学。

我还记得当我告诉女儿决定转学的想法时，女儿欣喜的表情，但她同时又忧心忡忡地问我："怎么转呢？"小小的她已经开始不自觉地担心这担心那了。

我干净利索地说了一句："放心，妈妈会办妥的。"然后就送她去原来的学校上了最后一天学，回家之后开始思索如何办理转学。

从普通小学转入重点小学实在是犹如登天般困难，但你可曾尝试过从重点小学转入普通小学的速度？我花了半天的时间考察了我家附近的两所学校，主动找到校长谈了转学的意图（为了保护女儿的自尊心，我在校长面前将自己的女儿大大地夸奖了一番）。毕竟是名校出来的学生，加上女儿又有书法特长，我的王婆卖瓜，让新学校的校长大开绿灯。得到了校长的同意之后，我立刻赶回原来的学校，在旧学校校长和老师们惊讶的目光中，我花了不到半天的时间，就办好了一切转学手续。

我知道自己正在做一件非常"冒险"的事，但走出校门的那一刻我无比轻松，我相信自己的决定是正确的，我坚信女儿通过转换环境能够变得更加快乐。我知道这一切都需要时间的验证，但是我有信心和耐心陪伴女儿度过接下来的日子。

我决定从此以后做一个真实的母亲，不因为外界干扰而动摇，只关注孩子本身。

我的坚持很快有了成效，事实上，女儿从去新学校上学的第一天开始，她就变得很兴奋和开心。

当然这里面也有原来路途遥远的因素，名校距离我新搬的家非常远，女儿不得不每天天不亮就要爬起来，回家的时候天都黑了。这所新换的学校离我们家步行20分钟不到，开车仅仅5分钟，节省了大把路上的时间，女儿终于可以不用起早贪黑了。

到了新学校之后，女儿脱离了过去的环境，开始重新审视自己。她好像突然醒过来一样，发现自己原来还有那么多优点，在这个淳朴的集体里，女儿终于露出了久违的笑脸。她开始变得开朗起来，交了几位好朋友；她开始热爱上学并且认真学习，当然，她毫无疑问地享受到了老师对她的喜爱。我惊讶地发现，女儿好像变了一个人，她甚至在学校参与竞选了大队委，也竞选成为了班级的副班长。

她突然对于写作有了热忱，老师要求每天写一篇日记，她每天用最端正的字迹，写了整整一年，篇篇都精彩无比，课堂作文也常常被当作范文朗读和刊登，这在以前的学校简直不可想象。

从小学六年级开始，女儿好像突然进入了另外一个状态，她对周围的一切充满了兴趣，成绩也飞速上升，数学经常拿到满分。我心里完全明白，她原来成绩之所以不好，并不是不会，而是失去了对学习的兴趣，放弃了自己。

感谢这所普通的学校，虽然这是一所名不见经传的小学，却使得笑容神奇般地回到了女儿的脸庞，她的心灵在小学最后一年里得到了最好的保护和充分的尊重，我非常感谢女儿的六年级班主任于老师，是她的温暖和欣赏让孩子得到了滋养。

我知道，女儿还是原来的女儿，只不过她被打开了心扉，她被唤醒了自己内在的原动力。女儿终于觉得自己不再是一朵无人喝彩的小野花了,她终于相信自己也是可以开花的。

这次转学让我明白了一个浅显的道理,其实名校并不重要,重要的是要找到好的老师,找到那个能认识并且激发孩子内在光芒的老师。

女儿这朵花,终于开始结出了生命中第一个花苞。

我虽然做了一件让家人朋友都大跌眼镜的事情,但我相信正是从那时候起,我开始拿到了进入女儿内心世界的门票,我自己也开始真正了解我的女儿。

八年后,女儿考取香港大学,她参加原来那所重点小学同学聚会的时候,收获了老师和同学们的惊讶和赞叹。是啊,谁能想到当初那个渴望得到一些阳光的"狗尾巴草"会变化如此之大呢?女儿小学五年级之前,一直是班级里毫不起眼的小女生,一开始老师甚至叫不出她的名字。她就像路边的小草,外表卑微,内心渴望阳光。通过这段经历,我体会到,任何一位家长,任何一位教育工作者,倘若能够真正看到一个生命成长的轨迹,不判断,不评价,不贴标签,用爱和耐心来陪伴孩子成长,那么一定会收获到最好的回馈。

我知道女儿很优秀,她从不炫耀,从不攀比,从不和别人争抢什么,她也从来不试图引人注意。她就好像一朵小花,默默无闻,安安静静地看着周围的世界。

我们该怎样尊重面前的一个又一个生命? 如何能够看到他们的本质,而不要被表象所迷惑? 静待花开,这是一个永恒的课题。

写给家长的话

家长如何陪伴中等生?

* 不要因为孩子表现平平就忽视对他(她)的心灵呵护。每个孩子都是上帝给父母最美好的礼物,每个孩子的内在都拥有无数潜力,表现平平不能说明任何问题,家长需要关注的是孩子的内在而不是外在。

* 中等生孩子也有潜力可挖,关键在于家长的引导。中等生并非将来毫无建树,孩子的每一个阶段都需要家长的认真引导和呵护,切忌责骂孩子,不要用恨铁不成钢的口气和孩子说话。

* 多和孩子交流,发现自卑心理要及时引导、纠正。孩子的自卑因素很大程度来自于家庭,过于严苛的教育容易导致自卑。家长不要去拿自己的孩子和别人做比较,也不要配合孩子做这样的事情,要始终告诉自己的孩子,在妈妈眼里,你是独特的,是独一无二的。

　　* 家长平时多观察、多鼓励、多支持孩子。对孩子的爱并不仅仅局限于穿暖吃饱,更多的则是关心孩子内心的需要,多和孩子做一些平等、民主的交流,让孩子愿意和自己说心里话,切忌动不动就批评孩子,鼓励孩子多为自己做决定。

　　* 培养孩子的好习惯和好品行最重要。好习惯和好品行是伴随孩子一生的宝贵财富,成绩只能反映某个阶段的学习状态,切勿混淆,更不要因为成绩不突出而谴责孩子,要耐心找到原因,做家长的要有容忍度,不能过于爱面子。

　　* 成绩没考好不要紧,家长切忌打骂和嘲笑孩子,要耐心帮助孩子分析原因,找到根结。有时候成绩不好并非学习方面的问题,更多的有可能是心理因素。

　　* 永远不要拿自己的孩子和别人的孩子相比,要让他(她)知道,无论成绩怎样他(她)都是你最爱的宝贝,独一无二的完美礼物。

8. 爸爸去哪儿了

　　前面已经介绍过了,我和先生结婚之后,他工作非常繁忙。随着经济的发展,他工作越来越忙碌,我不得不为了家庭从工作单位抽身,形成了"男主外,女主内"的结构。

　　渐渐地,我们变成了现在所说的"隐性单亲家庭"的状态。做爸爸的忙于挣钱养家,自然无法顾及孩子的教育,整个家庭的衣食住行全部落在了我这个妈妈身上。

　　我经常一个人接送女儿上学、放学,带女儿看病,陪女儿上书法班,陪女儿做游戏,给女儿讲故事,哄女儿睡觉,带女儿上公园。

　　对于女儿来说,爸爸,似乎成了一个遥远而陌生的称呼。

　　在目前的中国,有很多和我一样的家庭,父亲们总是疲于奔波,不停地应酬、挣钱,对于孩子来说,他最亲近和熟悉的人,只是妈妈或者是爷爷、奶奶、外公、外婆,但这样对于整个家庭系统来说,是不平衡的。

　　女儿经常问我:妈妈,爸爸去哪儿了?

　　在漫长的过程里,我想了很多方法来弥补女儿父爱的缺失,但屈指可数的家庭旅行,难得一次的家庭聚餐,久违的父亲还是让女儿对于异性产生了很大的疏远感。

还好,每一天无论多晚,晚归的父亲都会来到女儿的床前,使劲儿地亲亲他的小宝贝,这些对女儿和我来说,又是无比欣慰的。

我不知道多少人因为工作忙而无法照顾到家庭,在我的家里,已经习惯了爸爸工作忙,习惯了女儿和妈妈两个人睡觉,两个人起来上学,习惯于爸爸不能参加孩子的家长会,爸爸无法辅导孩子学习,爸爸没有时间牵着手送女儿上学,爸爸不能天天陪女儿做游戏、讲故事,这对于女儿来说,是多么遗憾啊!

爸爸去哪儿了?现在已经成了一个普遍的社会现象。女儿很无奈,我也很无奈。

我只能告诉女儿,你爸爸很爱你,他工作忙,没办法陪伴你。这句话,陪了女儿十八年,直到她成人,直到她考上了大学,她始终没有像其他孩子一样,和爸爸很亲近、很亲密地在一起待过。

这些,也是我至今想起来非常遗憾的,不过,在平常我和女儿讨论的时候,还是尽量把这部分做了非常具有爱的正向转化,所以女儿对爸爸并未产生怨恨,她依然很爱自己的爸爸。

孩子的成长是不可逆的,任何一方的缺失都会在孩子幼小的心灵上留下创伤。当我们成为父母的时候,我们就要尽量承担起父母的职责。而父母的职责并不仅仅是给予孩子丰厚的物质条件,更多的还有陪伴。现在看到越来越多的父亲开始重视孩子的心理成长,重视孩子的教育,宁可放弃高薪,也愿意陪伴孩子成长,让人倍感欣慰。

写给家长的话

夫妻双方如何共同养育孩子?

* 养育孩子需要夫妻同心同德,不要把教育孩子的责任放在一方身上,这样对于孩子的心理发展不利。

* 长期在父爱或母爱缺失中成长的孩子,容易失去安全感,所以尽可能多地陪伴孩子的成长。

* 遇到不得已单亲或隐性单亲的情况时,养育孩子的一方一定要稳定情绪,不抱怨,不怨恨,在孩子面前,给另外一方以尊严和支持,这样孩子的心目中会有父亲或者母亲的位置,不会缺失这份爱。

* 夫妻切忌在孩子面前争吵,互相贬损。孩子的教育最大的关键,在于夫妻关系和睦,家庭系统一定要平衡。

第二章　多点经历是好事

1. 到底要不要寄宿

我是一个非常贴心的母亲，也曾经是一位事无巨细、过分关注孩子的妈妈，这使得女儿养成了依赖我的习惯。以前我对此并没有什么感觉，直到我发现女儿太过于黏我，她几乎什么事都想要听听我的看法，我开始警惕了。

我是多么希望她能够借6年级自信的东风，尽快独立，像别的孩子一样风风火火，独立自主，大展才华啊。

事实证明，我又错了。

头脑中总是挥之不去的期待，让我再一次对女儿"拔苗助长"。

小升初择校，我放弃了让她就读身边中学的想法，而是带着她驱车三百多公里，考察了外地一家外国语学校之后定下来的。之所以定下这所学校，原因非常简单，因为这所学校的老师明确和我表示学校里不学奥数。

在女儿上学期间，正是奥数风生水起的时候，同学们从二年级就开始补习奥数，偏偏女儿一点这方面的细胞也没有，丝毫不为所动。我一点不在意，从来没有给她补习过奥数，结果在小升初的过程中，女儿因为没有奥数的特长，被南京本地的学校毫不留情地拒绝了。

我还记得当时陪着女儿考试的时候，一群家长焦急地等在学校门口，我遇到女儿过去学校的同学家长，她听说我从来都不给女儿补习奥数，非常气愤地对我说：你真是一个不负责任的妈妈。

我被这位妈妈当众抢白了一顿，颇有些不舒服，想争辩几句又觉得不知从何说起，毕竟信念不一样，最终我还是把话给吞进肚子里去了。

为了寻找不上奥数的好学校，我多方考察，终于通过朋友的介绍，将女儿送进了这所外校。

之所以说我又错了，是我刚尝到了甜头就忘记了初心，我失去了耐心，这份耐心是对女儿的陪伴，而不是按照自己一厢情愿的标准来要求她如何。

耐心是智慧的一种形式。耐心表示我们了解也接受某些事物只能依照它自己的速度呈现，一个孩子可能会把蛹打开以方便蝴蝶出来，但蝴蝶并无法因此而受益。任何一位成人都知道，蝴蝶只能依照自己的速度破茧而出，而这样的历程是无法加速的。

（摘自《正念疗愈力》，作者：乔·卡巴金博士，翻译者：胡君梅）

在孩子尚未准备好的时候，做家长的千万不要一厢情愿地强迫她如何。虽然这次择校看起来是尊重了女儿的意见，但我忽视了她那时还不够成熟，对自己的意志力估计不足，她原来以为可以熬过去离家的日子，谁知道她高估了自己的忍耐力，低估了对家的依恋。

女儿住宿生涯开展得并不顺利，结果经常想家，疯狂想家，这种情景仿佛是小时候幼儿园的再现，只不过她现在长大了，学会了忍耐，却很不开心。每次回家都是一次心灵上的安慰，每次去学校的时候，都会哭着走。

我感觉她小时候那种在幼儿园的感觉又一次回来了，儿时上幼儿园被母亲冷漠地推进去的那种孤独的情绪，又一次占据了12岁的她。虽然形式不同，但情绪如出一辙。

还好当时的我，已经不是当初的"坏妈妈"了。虽然我一次又一次告诉女儿要坚持，我一封又一封地给她写信鼓励她，但我的内心还是冷静地分析了一下她的性格——偏内向，有点不太合群，自卑。才刚刚12岁的她，从一个无比温暖、每天陪伴着她的妈妈身边突然离开，从心理到生理上的不习惯是正常的，想家更是正常。

我开始更加深刻地反省自己的教育方式，也开始对孩子的沮丧情绪产生了理解和接纳。

偏巧在此时，女儿的学校出事了，她的同班同学因为吃零食被老师没收，一时想不开从5楼一跃而下。鲜活的生命惨痛坠落，让家长伤心欲绝，同学们也一片惊慌，女儿的班级陡然陷入了一片混乱之中，班主任请假不上班了，课业被迫中断。

这种"内忧外患"，成为女儿转学回来的最佳理由。于是这个学期结束之后，我欣然同意让女儿回到南京，进入了家门口附近一所省级重点寄宿中学。

在回来读书之前，我和女儿有一次非常正式的谈话，我认真地聆听了她选择回来读书的理由，并且一一加以分析。最后不仅遂了她的心愿，而且我也在谈话中更加了解了女儿的内心世界，也才知道，原来她一直在"孤军奋战"。

她那时正好是最理想主义、最纯粹的时期，怀揣着少女的清高和孤傲，内心干净单纯，又不免有些胆怯，这使得她总是游离于集体之外。因为从小受到的传统教育和她阅读的大量书籍，让她对于学校少数同学的世俗、爆粗口、早恋等行为不能忍受，她更看不起那些因为父母有钱而攀比的同学。

在那个阶段，她还没有长高，对于身材和相貌的自卑，更让她对自己实行了自我边缘化，她总是孤独地来往于家和学校之间，自己会写诗直抒胸臆，活在自己的世界里。

原来并不仅仅是想家让她无法忍受外地的生活，我后来才知道她有一次被几个同学堵在从食堂回宿舍的路上，被狠狠地骂了一顿，原因是她不喜欢别人说脏话，那几个"大姐大"干脆将她围起来，每个人都把她骂了个够。这算是比较轻微的校园欺凌了，当时女儿并没有告诉我，她选择了沉默。

我知道女儿在慢慢长大，在用自己的眼光看世界，少女的她开始具备自己的思想，但她的简单和追求美好的极端性使她不能融入这个集体里，她曾对我说过，她是出淤泥而不染。问题是，荷花是出于淤泥而不染，她却厌恶淤泥。我花了一段时间才让她了解到什么是自己的边界和别人的边界。

女儿如愿转学回来了。因为进入的是名校，可想而知不可避免地有了繁重的功课，军事化的管理，按部就班的晚自习、周考、月考，平时的补课，永不停歇的班级排名，让人喘不过气来，但能经常回家的女儿还是很满意，也快乐了许多。

只有我知道，这种单纯以成绩说话的教育，始终难以让孩子的心灵得到最大的呵护和成长。不过这是后话了，我相信她在学校的那段经历也是难忘的。

写给家长的话

家长要不要给孩子择校？

* 小学是基础教育，最好找一所离家近一些的学校，家长最重要的是培养孩子的自理能力和良好的学习习惯，不要一味地盯着成绩看，以免打击孩子的自信。

* 和老师进行良好的交流沟通，但切忌因为老师对孩子的批评一味地责骂孩子，而是要聆听孩子的解释，然后做出合理的判断。

* 保护孩子的自信，建立他(她)的求学意识。

* 建议这个时期一定要让孩子养成看课外书的良好习惯，当然也可以读些古文经典，孩子会终身受益。

* 孩子每一个阶段的成长，心理发展至关重要，家长切不可忽视，尤其是在

> 他们最脆弱的时候,极其容易出现失控或极端的行为。家长要细心观察,及时疏通,以免悔之晚矣。
>
> * 初中开始需要择校,是因为青春期的到来,使孩子对朋友的选择变得无比重要。这个时期的交友要非常谨慎,所以要择校,择校要看校风,最好是有浓厚学习风气的学校,这个时期的孩子需要一些学术上的"小压力"。

2. 同意女儿做"小留学生"

促使女儿萌发出国念头,令我产生带她出国读书的想法,是缘于有一次女儿回家的描述——有一次上课的时候,因为房檐下的一窝小燕子叽叽喳喳,同学们没有办法集中思想听课,老师一气之下拿来竹竿,毫不留情地捅掉了燕子窝。

在老师的眼里,几只嗷嗷待哺的小燕子的生命,自然远远没有考试重要。

这让平日里连蚂蚁都不会踩的女儿深感震惊,她回来之后伤心地向我诉说了这一幕。我很难过,不知道该如何劝慰她,我能了解老师的想法,站在她的角度看是没有错的,但我更希望的是女儿能够懂得生命的价值。

毫无疑问,在老师传授学生知识和引发内心仁慈良善的层面上,我认为重要的是后者而非前者。一直以来,我们太注重知识的给予而往往忽视了内在生命力的培养,这种千篇一律的教育,让我们的孩子越来越注重机械化的读书,标准化的试题,我们越来越看重成绩和结果,令孩子们在与大自然的连接上,越来越失去灵性。

出国留学是女儿主动提出来的,我知道她内心其实早就想逃离这种枯燥无味的学习生活。很明显,她对于学习的乐趣一天不如一天,不过是勉强压抑着自己的抗拒来完成老师规定的作业罢了。虽然是强迫自己学习,她的成绩也还算稳定,游离在学校年级排名的中等水平。我担心这样下去,会让她失去了学习的动力,失去了内在的灵性。

所以当她在初二结束的时候提出来想出国留学的时候,我内心窃喜,觉得似乎找到了一条另外的道路。女儿也许抱着一种"逃离"的想法,我心里一直很想让她去国外看看,但即便如此,我也不能完全"听命"于她。在我们正式决定出国之前,我与她爸爸和她进行了严肃的谈话。

首先，我们让她说出想出国的五个理由。

她的回答是：

（1）出国之后读书压力小；

（2）国外没有这么多题海；

（3）不会有人虐待小动物；

（4）可以学好外语；

（5）可以锻炼自己的能力。

显然这些答案是她绞尽脑汁想出来的，我知道以她当时想逃离的状态，总会为自己出国找出很多理由的。

我开始一一针对这些理由进行剖析。

（1）出国之后压力不会小，因为要学习英文；

（2）虽然没有题海，却要背很多的单词；

（3）的确不会有人虐待小动物（这条我表示赞同），但也要看到国外并非处处鲜花；

（4）学好外语你需要做出哪些努力，请罗列出来；

（5）虽然可以锻炼自己的能力，但也要看到和妈妈单独在海外生活的不易，你都做好了哪些准备？如果去了国外举目无亲，你能想到会有什么困难？你会如何面对？

随着谈话的深入，她才明白原来逃避不是目的，在世界上任何一个角落生存，都会遇到各种问题，自己目前想摆脱的困境，也许到了另外一个地方会转换成为另一种困境。只有自己从内在做好各种准备，才能无往而不胜。

在我们仔细和她谈了两个周末之后，我感觉她对于出国留学这件事考虑得比较成熟了，于是同意并且开始办理各种手续。

我告诉女儿，我们要去的地方只有一位妈妈的好朋友，不能总是依靠别人，一切的一切，都要靠我们自己打拼，自己解决。虽然我知道说起来容易，她答应起来也很容易，但真正面对的时候，却并不那么容易。但也许正是因为有这些事前的沟通和预防针，面对之后的各种磨练，女儿一直保持着乐观的态度，很少抱怨。

写给家长的话

家长如何引导孩子做决定?

* 做任何有关孩子的决定前,一定要征求他(她)的意见

也许你会认为他(她)还太小,不懂事,做不了主,所以不屑于征求孩子的意见,但你千万不要忘记,谁是这件事的主体。即使孩子不懂事,你善意地征求意见,也会令他(她)倍感受尊重,从而增加自身的责任感和自信心。

* 做任何有关孩子的决定时,一定不要完全听从他(她)的意见

有的家长说自己很民主,一切让孩子做主,结果幼小的孩子并不明白责任的重大,他们的眼界、阅历、能力都不如成人,说白了,他们是需要监护的非成年人,他们的答案是朝令夕改的,也会情绪化,所以,家长千万不能一味地顺从孩子的意见,而是要做理性的分析。

* 不要让孩子做超越他(她)年龄的选择题

让一个四岁的孩子选择吃什么味道的糖果是很明智的做法,但让一个十岁的孩子选择自己到什么学校读书则未必明智。道理很简单,超出自己能力范围的选择,当事人永远无法为此承担责任。所以,作为家长要协助孩子在关键时候做出正确的选择,而不能任凭孩子的一己之快。

* 做决定之前,要把利弊说清楚

有的家长会用各种利益来"引诱"孩子就范,他们抛出的条件都非常具有诱惑力,但这些并不全是事实。诚实的家长应该站在中立的立场,和孩子理性地分析,从而得出结论,掩盖困难、夸大好处的行为是十分幼稚的,这些仿佛定时炸弹一样,会在你没有预料到的时候,突然爆炸。毫无心理准备的孩子,一时之间无法承受以前并不了解的结果时,往往反应会十分激烈,甚至全盘放弃当初的决定。

* 决定一旦做出,并非不可更改

家长在和孩子做决定的时候,要明白这个决定只是基于当下的各种条件而生成的,并非一成不变、永不更改。有的家长好面子,有的家长一根筋,明明发现情况不对,还是不肯放弃原来的决定,还美其名曰:不能放弃,要坚持。殊不知,坚持了不该坚持的,就是一大错误。家长要让孩子明白一个道理,任何决定都可以更改,但需要明确和值得接受的理由——这样孩子才会有勇气做决定。一个不能有任何错误的决定,对一个孩子来说压力太大,久而久之,怕承担错误后果的孩子,就不会再轻易做决定了。

◎第二章 多点经历是好事

3. 少女间的友谊

十四岁的女儿到了国外很开心,但一开始也有烦恼。

她的好朋友正上初三呢,加上时差的关系,基本上是无法联系的。

而我就不同,好朋友天天在单位挂着QQ,电脑一开就可以随时聊天。

整天面对一个妈妈的女儿想好朋友了,她的烦恼我无法解决,于是劝她给好友写信,这样虽然慢,但总算有个联系。

信发走了,又产生了新的问题。她一直收不到回音,所以也不知道对方是否收到了,于是还是无法沟通。这时我才发现靠写信也不够,女儿需要的是情感上的交流。

有一天女儿好不容易打通了好友的电话,国内学校的午睡前,新西兰的下午四点多。女儿兴奋不已,将我赶到另外的房间,说防止我偷听,这个年纪的孩子还是喜欢有自己的隐私的。

大概5分钟后,女儿恋恋不舍地挂了电话,说对方已经收到信了,但是没有时间写回信,也没有时间上邮局寄。

那个好朋友是女儿同宿舍的女孩子,一个把学习成绩当成生命的孩子。5分钟的通话里,女儿来不及说自己在这里的一切,而是做了好听众,听了对方刚刚考完的期中考试的各科成绩,以及在年级中的排名,就匆匆挂了电话。

女儿有点意犹未尽。

——那就周六再打到她家。

——周六下午她要上补习班,不在家。

——那么周日。

——周日上午她也要去补习,不在家。

那么,我无语了。

——下午呢?

——你明明知道她下午就要回校了!我不可能找到她了!!

女儿的眼泪终于落了下来。

我心里也很难过,小心翼翼地安慰她。

——那只有平时在学校午睡的时候了,午睡前不是有10分钟的自由时间么?

——可是,电话别人也要用啊。等到别人不用的时候,老师就说要挂掉了,再说,她那么用功,中午有时都不回宿舍,待在教室做作业呢!

女儿渴望维系友谊的希望终于不可避免地破灭了。

我知道对一个14岁的女孩子来说,友谊意味着什么。

她的一切,她在这里的所有感受,都梦想着和好友分享,可是好友永远在学习,在补习,在考试,在做作业。

她们已经不在一个时空里了。

女儿的烦恼在于,这里的一切,她无法和国内的好友分享,看来她的确需要在国外寻找自己的好朋友了,但是——好朋友在哪里呢?

我深深地知道,在女儿交到朋友前,我就是她最好的朋友,陪伴她感受身边的一切,经历所有的喜怒哀乐,品味每一刻的酸甜苦辣,是我这个妈妈必须接受的任务。

然而妈妈不能代替所有的角色,好在这个苦恼随着她的长大,逐渐消失了。她在新西兰交到了几个同样是国际留学生的中国女孩做好朋友,毕竟在同一个时空中,友谊相对比较容易维系。

有一次我的来访者,也提出了这样的困惑。她是一位20岁的加拿大留学生,正在上大一,成绩非常优异,但她无法忍受没有朋友的孤独和寂寞,她迫切想在身边找到好朋友,但总是无法成功,以至于她一直"日夜颠倒"地和原来国内的高中同学保持着密切联系。

然而,"远水解不了近渴",长期的孤独、封闭,让她变得敏感、多疑,进而害怕与人交往,慢慢地就抑郁了。

人是社会性动物,无法脱离关系而独立生存,这就使得我们需要从小培养孩子学习如何"交朋友"的正确方法。有的孩子性格开朗,情商高,很容易在陌生的环境结交到适合自己的好朋友,有的孩子却非常胆怯,不太容易找到好朋友。遇到后者这个情况的时候,作为长辈千万不能着急,要循循善诱,帮助孩子建立自信,培养开朗的性格,让孩子学会交朋友,使他们更容易融入陌生的环境。

写给家长的话

如何面对孩子的友情?

* 面对青春期的孩子,要学会掌握他们的心理,学会共情。
* 和孩子之间做到无话不谈虽然很难,但要彼此达成融洽关系并不难,用心聆听自己的孩子,胜过千遍批评。

> * 无论在哪里生活,父母都要学习和孩子共同创造富有乐趣的生活。
> * 尊重孩子的友谊,为处于青春期的孩子创造交友的好机会。
> * 和孩子交流有关友谊的话题,探讨友谊的真谛,引导孩子拥有属于自己的良好友谊关系。
> * 家长可以帮助孩子创造各种新鲜的机会来体验生活,从中得到乐趣。

4. 女儿学习弹吉他

蓝天,白云,微风,野花香,绿草地,临近黄昏的夕阳,秋天的落叶,吉他的优美旋律——这些都是女儿第一堂吉他课上我体验到的。

女儿第一次上课,从学校到吉他老师的家,开车不过短短 10 分钟,可由于我们不认识路,所以还是多绕了几分钟。一到老师那里,女儿就被和蔼的老师领进房间学琴了。

我则坐在门外的木头桌上发呆,一切美得很不真实。

房子是木头做成的,很大的一栋,一副田园风情,外墙漆成乳白色,屋顶漆成奶黄色,房子周围是精心种植的花,后院是绿色的草坪,时不时有猫慵懒地散步过去。

一张用整块木头搭成的桌子摆放在室外,很原始、自然的那种,配上两条厚重的木头凳子,我索性坐在上面写起日记来。木头桌上空荡荡的,只有一个放着各种石头的盘子——透明的、浑圆的、有花纹的,各种颜色和形状的石头摆放在桌上,倒和磨得很旧的桌椅十分相配。

我内心一阵激动,感觉到此刻的景色正是我很久以来内心中非常渴望的,而现在却真实地呈现在了我的面前。

女儿坐在老师对面聆听着老师讲课,时而羞涩地笑着,又抬头注视着老师的手法,在老师的指导下拨动着琴弦。我从玻璃门外看过去,穿着学校长裙的女儿越发像个大姑娘了,乌黑的头发,明媚的脸庞,修长的手指,认真的态度。哎呀,是不是天下父母都那么喜欢观察自己的孩子,而且还那么喜欢夸赞自己的孩子呢?

慢慢地,我的耳边开始传来了吉他的声音——熟捻的是老师弹出来的,稚嫩而胆怯的是女儿的。我很容易就分辨出来,可是拨动我心弦的却还是后者。我知道,

第一节课实在太过简单,特别简单的指法,特别简单的旋律,但吉他就有这种美好的感觉,不像小提琴初学的时候发出的声音像拉锯,吉他却不是,即便是单调的音节,也能发出美妙的声音。尤其是在这样一个场景下,尤其是在隔着玻璃门的女儿的第一次拨动琴弦的指下。

空气中于是弥漫着最简单、质朴的音节,配合着秋日的微风。

半个小时的上课时间很快过去了。

回家的路上,女儿坐在车里告诉我说:妈妈,我感觉好极了。

我对她说:妈妈的感觉也好极了。

写给家长的话

如何增加孩子的学习兴趣?

* 学习不仅仅是书本和课堂上的知识的给予,家长的视野开阔,孩子的视野才能开阔。

* 有趣的学习是每个孩子都喜欢的,没有不爱读书的孩子,只有不会教育的老师。

* 寻找自己孩子最热爱的兴趣,充分调动他(她)的积极性,哪怕是功课繁忙,考试临近,也要抽空让孩子感受一下自己的乐趣,这会让他(她)的心灵减压。

* 保持对学校和老师的正面评价,即使孩子对老师有强烈的抱怨和反感,在孩子面前尽量不要强烈地抨击权威,既要有平等意识,也要有尊重别人的意识。假如老师真的有不妥之处,可以从理性角度来分析,但千万不要反应过度,乱贴标签。切忌感情用事,嘲笑和抗拒老师对自己的孩子一点儿好处也没有。

* 孩子是身、心、灵的合一,要重视孩子的心灵,让他们时刻感受到大自然的美好,学会欣赏身边的一切,学会从大自然中寻找美,用爱来看待一切,用洁净的心来承载一切。

5. 迷路的妈妈和女儿

——妈妈,我找不到路了!

这句话从小到大我经常说,等我有了女儿之后,变成我经常听到她对我说。

迷路,成了我和女儿共同的特点,一个无法逾越的障碍。

在国内生活的时候,我经常迷路,可能有些女生方向感确实非常差,东南西北我往往都分不清,转个弯就不知自己在哪里了。

这个可怕的缺陷毫无悬念地遗传给了女儿,并且在女儿身上"发扬光大"。

我和女儿在基督城的很多时间是在到处闲逛,我美其名曰"认认路",但实际上我发现无论我如何走,很多路我依旧无法认识。

在有一次接女儿放学的路上,我上了一个平日里很熟悉的大巴,然而随着巴士开的越来越久,我的脑中就越来越奇怪——这是哪儿呀?

当巴士最终停在一片空旷的海滩时,我终于不得不承认——我迷路了!

我不知道这是哪里,我只知道这是公共汽车的底站,操着一口并不熟练的英语,拼命听着驾驶员的回答,我终于知道我坐反了车。面对一片白茫茫的大海,我唯一能想到的就是,天啊,这个地方简直太美了,我迷路迷得实在太棒了。

这真是一个不可多得的体验,让我在那个当下对"迷路"彻底失去了恐惧,我很兴奋地记下了这个地点,并且转了一圈之后,立刻坐车返回,而且找到了正确的方向,最终到达学校。

这是我迷路后得到的最好结果,我和女儿开辟了一个新的游玩地点,并且"得来全不费功夫"。

这个面对"迷路"负面情绪的正向转化,让我在今后陪伴女儿的很多日子里,无论发生怎样的窘境和困境,都让我们甘之如饴。

这之后,我和女儿又陆续迷路了很多次,有一次我们拿着基督城的地图,趴在路边的草地上研究了很久,也未能找到正确的方向。还有一次,我们两个人在街头问路,当找到正确地点时,女儿和同学相约的打球早已结束。

至于找不到停车场,到了停车场找不到自己的汽车,这些都是"菜鸟级"的迷路,我们早已超越且不屑。

总之,我们已经和"迷路"共存,我们早已接受了自己迷路的"特长",并且将其"发扬光大"。我们学会了面对迷路而自嘲,自封自己为"迷路达人""迷路冠军""迷路大王""全国迷路最佳选手",面对自己的这种缺陷,我们欣然接受,并乐此不疲,然后就是各种问路和各种找路。

其实,在生活中我们都免不了有一些"短板",面对这些"短板"你会怎么办?有两种方法,一种是坚决把短板变成长板,一定要让自己战胜这种缺陷;另外一种则是和它共存,悦纳它。无论如何,我们切不能把它变成令人气馁的缺陷,从而抗拒和不满,因此而产生自卑和负面情绪,我们必须学习让自己乐在其中,品尝因它而制造出来的种种快乐。

这样的人生才有趣嘛!

6. 生病了

有一天下午接女儿回家,就感觉到她的精神不好,手脚冰凉,她告诉我头痛,我预感到她要发烧了。虽然感冒发烧是稀松平常的事情,但在这个猪流感盛行的节骨眼上,我还是不愿意让女儿被流感扫中。

遗憾的是,女儿确实生病了。从那天夜里开始发烧,持续了两天一夜,还在继续。算起来,也大约有 36 个小时了吧!

那时候正好是冬天,房间里开了油汀取暖,我把带来的各种治疗感冒的药都给女儿尝试过了,可是女儿还是高烧到 39 度,一度高达 40 度。女儿就这么不吭不哈地烧着,我这个当妈的急得团团转却无计可施。

新西兰当时正流行猪流感,人人自危,到处都贴着预防猪流感的广告和提示语。本来以为女儿的感冒发烧会被引起重视,谁知一问之下才知道,就因为猪流感的问题,像女儿这样的感冒发烧患者,医院里是不了诊治的。换句话说,连进医院的门都不可以——因为要避免交叉感染。最好的方法就是"多喝水,常洗手,戴口罩,严消毒,自我隔离"。患者是不能出门的,只能在家挨过这发烧的几天。

开始我还比较放心,因为女儿的抵抗力一直不错,出国之后也没有生过病,但现在是非常时期,我不得不担心,万一他们学校有猪流感的学生呢?她会不会被传染了呢?虽然政府一再号召有流感症状的人请自我隔离,可是女儿学校还是有不少学生是感冒、打喷嚏、咳嗽的,老师也不管。越想越害怕,我几乎是目不交睫、衣不解带地看护着女儿,一会儿倒开水,一会儿拿毛巾,一会儿测体温,一会儿喂药。心里一边希望能送女儿进医院好好治疗,一边又怕女儿被当成猪流感隔离,委实矛盾得很。

到了第三天上午还在发烧,我再也不能忍受了,百般无奈,只好在当地的华人论坛发帖求助,没想到帖子引来了大量的回帖者——都是同胞。大家都在安慰我,但也表示无计可施。还有的人现身说法,说自己也发烧好几天,去医院看病,护士得知他发烧,立刻将他轰了出去。

听了大家的发言，我明白去医院这条路是行不通了。他们说，除非呼吸困难，发烧到40度以上连续2天，医院才会派医生到家里来诊治。

我只好自己跑去药店买网友介绍的退烧药。还真不错，那个药吃下去后体温立即下降到了正常水平。女儿欢欣鼓舞，我也欢欣鼓舞。可是等到那片药的效力过去了，女儿的体温又开始反弹了，体温很快又飙升到39度。无奈之下，我只好再给她吃一片退烧药。

我并不知道女儿的烧何时能真正退掉，我也不能总给孩子吃退烧药，而且，我要弄清楚发烧的原因啊，万一是体内的炎症，如何是好呢？这里一没有医生，二没有药，让我怎么办呢？

庆幸的是，经过3天3夜的持续发烧之后，女儿居然好了，退烧之后的那一晚，是我们睡得最香甜的一夜。

我也成功地从一名妈妈成长为一名"护士"了。其实妈妈就是多功能的，我是妈妈，也是厨师，还是护士、驾驶员、心理疏导师、严格的教员，还要做好家庭的清洁工作。现在爸爸的事情也要妈妈做了，我又光荣地成为了家电维修员、下水道疏通工，幸亏是冬天，不然我还要兼任园林工人修整草坪和栽花种菜，真是技多不压身哦。这样看来，做个合格的妈妈也不容易呢！

这里的冬天阴冷阴冷的，但女儿上体育课要穿我们在夏天穿的短袖和短裤运动服，似乎也不怕受凉。

女儿经常回家后告诉我：妈妈，今天我们体育课跑步了。我很奇怪，因为说话的时候是下大雨的冬天。她们会穿着非常少的短袖短裤，跑上几千米，冒着冬天的风雨，回来时身上会湿透，有汗水也有雨水，孩子们真的一点也不娇气，而且体质确实得到了增强。所以当我在坏天气里看到那么多孩子穿得很少，甚至光着脚在商场里走的时候，我也不感觉诧异了，相比之下，感觉我们国内的家长对孩子照顾得太多太好了。

这里的孩子发烧了，也是坚决不吃抗生素的，因为对身体不好。挂水更是基本没有，基本上就是医院给开一种糖浆，退烧了事。好像治疗发烧的方法就是喝开水，实在不行就吃一片退烧药。那天朋友告诉我说，她老公的妈妈在医院用上消炎药了，非常紧张。原来这里生病非常严重时医院才会开抗生素——因为这意味着自身的免疫系统已经无法正常工作了。

女儿终于痊愈了，想想真后怕，万一是猪流感，还一定要等到严重到不能喝水和呼吸困难才能送诊，那样一不把我急死了。就连政府公布的流感专线电话都是电脑接线员，让你根据语音提示按键，然后告诉你自己在家里如何治疗，告诉你去药店买什么药来吃,对于我这样一位外乡客,如何听得懂呢?

写给家长的话

如何面对生病的孩子?

* 吃五谷杂粮不可能不生病,遇到孩子生病一定不要惊慌失措,要冷静判断病情,并且及时做基本的处理。

* 遇到感冒发烧最好先观察一天,只要体温不是特别高,不要急着去医院挂水退烧,有时候自身的免疫力正是通过自我调节得到增强的。

* 保持良好的情绪,不要埋怨和责怪孩子自己不注意身体,更不要因为孩子生病导致自己烦躁而发火。

* 耐心、细心地照顾和陪伴孩子,除了用药物治疗也可以试着用物理方法退烧,多陪伴和照顾孩子,让他们感受到来自父母无微不至的关爱。

7. 蚂蚁蜂蜜水

女儿和其余"8朵茉莉花"要去距离学校 20 千米远的地方比赛跳舞,我承担了接送她们的光荣任务。我一大早就起来了,天还没亮,做好了三明治给她,又烧了开水,手忙脚乱地冲了一杯蜂蜜水给她喝。

结果她还没吃三明治,就喝了蜂蜜水,才喝了一口,就问我:妈妈这水里怎么有黑黑的东西?

我拿过杯子,仔细看了看,想也没想就说:哦,有几只蚂蚁。

原来昨天蜂蜜盖子没盖严,蚂蚁爬了进去,今天急急忙忙没看到,直接就冲了水给她喝,想来我这个老妈也真够粗心的啦。

女儿听到我的回答,大惊失色,双腿一软,立刻跌坐在地板上,哭了起来。原来她最怕的就是蚂蚁之类的昆虫,没曾想居然被粗心的妈妈喂进了肚子里。

我一下子懵了,有点懊悔自己干嘛那么"心直口快",非要告诉她真相。其实她对蚂蚁的恐惧就是心里的一个坎儿,倘若不知道那些是蚂蚁,喝下去也不至于发生什么事情。

我刚要说有什么关系,不就是一两只蚂蚁吗?想想还是忍住了,站在女儿的角度来考虑问题,的确对她是一个恐怖的刺激,就好像我最怕蟑螂,现在却让我吃了一个死蟑螂一样,怎么可能没关系呢?

于是我蹲下来,抚摸着她的后背,理解地看着她,安慰她说:还好还好,你没喝进去吧。

她听了哭得更厉害了,说:肯定喝进去了!然后就开始往外吐口水,说"恶心死了""我再也不能吃东西了""我的嘴都麻了""我要死了",等等。

我灵机一动,拿来了纸巾,递给她,对她说:你吐几口吧,看看还有没有蚂蚁。

她吐了几口,全是口水,当然不可能有蚂蚁了。于是感觉稍微好了一点,但难过和恶心的感觉还是在。

我没强迫她吃三明治了,因为时间也来不及了,赶紧开车带她上学。在路上我给她讲了心理上为什么会产生恐惧,产生了恐惧如何对治?她慢慢地平静下来了,我相信那是因为我没有对她激动的情绪做任何评判的原因,我想是因为我完全接纳了她的恐惧心。

开车到学校才七八分钟,她已经好多了。接了同学一起去比赛场地的路上,我不经意地递给她三明治,让她在路上吃,她皱了眉头说:不会又有蚂蚁吧。我知道她心里还是有阴影的,于是就说:你看看吧,不可能有,这是我早上才做的。她认真地看了看,放心了,开始吃三明治了。

我的心也放下来了。

接着陪她跳舞比赛,接着又送回学校。接她去了爷爷奶奶家之后,我又和公公婆婆提了这事情,女儿说:哎呀,妈妈你又讲了,我快恶心死了。可是我知道,越是多次说,就越是会平淡;越是放在那里不敢触碰,越是会变得比较严重。

结果大家听了,在饭桌上哈哈一笑,她顿时缓解了一大半。表弟说:我也喝过蚂蚁水啊,我有一次也不知道,我全都喝进去了。

这下子,女儿对喝进蚂蚁的恶心感越来越小了,从早上一开始的9级,现在已经下降到3级了。虽然还没有完全丢掉当时那种的恐惧心,但已经趋向正常了。

回想当年我最怕蟑螂的时候,每次遇到蟑螂我都大吵大叫,引起的总是妈妈不愉快的评价:你真是太没出息啦,遇到个蟑螂就吓成这样,长大还能做什么?结果对蟑螂的阴影一直到现在还是存在的,不是因为蟑螂的可怕,而是因为恐惧蟑螂的情绪没有得到缓解,非但没有缓解,反而因为被训斥而加重了那种不愉悦的感受。

虽然现在我再次提起女儿喝蚂蚁蜂蜜水的时候,女儿还是会夸张地大叫:哎呀,别提了,好恶心哦。但是,她知道妈妈是爱她的,也是接纳她的,并且她也知道,这些都是自己心理的恐惧,总有一天会消失得无影无踪,这就够了。

8. 来爬树吧

周日的下午和女儿在家里闲坐,看到外面天气晴朗,草木旺盛,不觉动了心,带着女儿跑到家对面的小公园去玩儿。

这种小公园几乎每个街道都有一个,里面有一些最基本的游乐设施,专门给孩子们玩耍的,有滑梯、秋千、树,还有大片的草地。刚来的时候,我经常和女儿在这个小公园荡秋千,后来似乎一个小公园已不能满足我们的需要了,才开发出游泳等别的项目。其实,晚饭后到小公园散散步真的很不错。

公园里有几棵巨大的树,伸出的枝条像巨伞一样覆盖着地面,地面全是柔软的草地。公园里一个人都没有,我们脱了鞋,光着脚在草地上行走、奔跑、跳跃、打滚。

你能感到微凉的小草触碰到裸露出的肌肤的舒适,尤其是脚心。还有一些树上落下的枯叶,踩上去发出窸窣的响声——这里是南半球,国内正是春意盎然,这里已是秋高气爽了。

突然发现不远处的地面上落着很多苹果,掺杂着果肉腐烂的气味,这才恍然大悟,我们经常看到的那棵树,原来是一棵苹果树。直到秋天果实累累的时候,我竟然才知道这棵从来不去注意的树,居然是一棵不折不扣的苹果树。

本来对树就极喜爱,对果树就更加喜爱。可惜从小没有机会生活在农村,四体不勤,五谷不分。直到今天,我才第一次近距离地观察这棵苹果树。

女儿也一样啊,从小在城市长大的她,哪里知道苹果是如何在树上结出来的。我们往往省略了最重要的过程,直奔主题。当孩子们一口咬下去一个苹果的时候,因为少了对过程的关注,味道难免大不一样。

今天对女儿来说,无疑是非常难得的机会,地上的苹果基本上都被昆虫和鸟吃过了,还有的已经开始腐烂。这就是大自然的神奇,一棵苹果树,也在默默地进行着它周而复始的循环。

树上结满了密密实实的果子,有的已经熟透,很快就要掉下来,有的还是青绿色的,有大有小。

女儿看得兴起,居然想爬上去摘两个。四顾无人,我实在不愿她放弃一个这么好的近距离接触树的机会,于是极力撺掇她爬上去。

第一次的上树史就这样被创造了,她战战兢兢地爬上去,慢慢地站起身来,抓着树枝,揪下来两个离她最近的苹果。心满意足的女儿最后居然坐在树杈中间摆起了pose(姿势),让我拍照留念。

后来搬家到奥克兰之后,我们也常常到附近的小公园爬树。那时的女儿已经熟练多了,甚至能够坐在树干上吃着苹果,晃着两条腿,在那里看天上的云彩。我则坐在树根处,拿一本书,听着音乐,笑着看她,心里充满了满足和幸福。

我知道,这就是我想给她的生活,我多年以前对女儿的严格束缚和严厉批评,让我今日花了这么大的代价来弥补。女儿内心对于大自然的情结,越来越多地被唤醒了,她越来越敏感于天上的云彩,日落的黄昏,雨后的彩虹,她也越来越喜欢和我聊天,喜欢和我光着脚丫,走在基督城的小路上,而这一切,正是我最想让她得到的。

写给家长的话

如何发现生活中的美好?

* 无论在哪里生活,要有一颗善于发现美的心灵,这也是对孩子的教育之一,而且是最重要的教育。

* 让孩子尝试以往不同的生活模式,寻找生活里的新鲜感,让孩子拥有好奇的心,是其终身学习的关键。

* 拥有一颗善良的心灵,要从父母做起。

* 和大自然多接触,无论功课多么繁忙,也要抽出时间来带孩子去看看外面的世界,这比埋头于功课强多了。

9. 生命中总有第一次

从小到大,女儿经历了无数的第一次:第一次啼哭,第一次说话,第一次上学,第一次拿奖状,第一次被老师批评,真的是数不清的第一次。渐渐地,随着年龄的增长,第一次对她而言越来越少了,每天的生活也局限于学校校园中的教室—食堂—宿舍,周而复始的考试,一次又一次的测验。

女儿渐渐没有了兴奋点,失去了一个少女应有的稚嫩和想象力。

到了基督城,似乎开始了人生的第二个轮回。奇妙的是,女儿又开始了许许多多的第一次:第一次在5米深的泳池里游泳,第一次尝试拨弄吉他,第一次和陌生男子一起跳拉丁舞,第一次和妈妈一起把鞋子脱了光着脚在大马路上走,第一次在异国他乡教老师和同学们用中文唱《两只老虎》居然还得到了一致好评,第一次爬树,第一次从草地上捡梨子然后不用水洗直接送进嘴里……

慢慢地,她似乎开始拥有了自己的感觉,隐藏在内心深处的灵性开始萌动,看到天空中的云彩,会和我大声叫喊:好美啊!和着音乐的节拍,她会扭动自己的腰身,甚至还学会了打响指。

其实,我们生活的过程,犹如一本多姿多彩的图书,每翻开一页,都能得到新的惊喜。第一次,终究会过去,可是积累在内心的力量却越来越雄厚,直到有一天,她明白她是谁,她要去做什么,她喜欢做什么,当那一天来临的时候,我会对她说:女儿,你长大了,你真的长大了。很多成人都没有成熟,仅仅是生理上而不是心理上的成熟,那不是真正的成熟。

一个真正成熟的人,会治疗自己的心理,会明白自己的责任,会让自己和周围的人生活得尽可能快乐。

一个青年时期得不到真正成长的人,即便生理已经成熟,也如同速成的果实一般,始终领悟不到生活的真正乐趣和幸福感。

于是有了乱性,有了酗酒,有了吸毒,有了一系列的反叛行为,伤害了社会,也伤害了自身。

尽量让我们的孩子坚实地走过每一个生命历程,让他们尽可能地多一些对生活的体验,积累多一点的生活经验和历练,他们最终会成熟,真正的成熟。

他们的眼睛、耳朵、手、嘴巴、大脑不仅仅是为了做作业,回答老师提问而生的。大自然赋予了我们这么奇妙的身体,不是仅仅让我们坐在课堂里,看着黑板,背着标准答案,听着老师讲分子结构的。孩子们的感官应该是全方位的体验,解放他们的感官,让他们有足够的时间来遐想,来听风雨声,来和小鸟对话,来看树叶枯黄飘落,并且坐在草地上直到让树叶飘落肩头——如果你说我疯了,我就是疯了吧!但我知道,唯有此时,他们的心灵是打开的,他们的眼睛是能看到很多东西的,他们的耳朵也能听到大地的声音,他们的心是自由和快乐的。

在水里的时候,你的孩子要像鱼。

在地上的时候,你的孩子要像流动的空气,到哪里都带着快乐的呼吸。

在你怀里的时候,你的孩子要像一个顽皮而又听话的小动物,狡黠地争取着母亲的爱抚。

在学习的时候,你的孩子要像一个忠实而又贪心的守候者,看管着老师给予的知识却又不停地期望这种给予能越来越多。

我知道,女儿将来面对的第一次还有很多很多,无数个第一次构成了我们的人生,也构成了我们的归宿。

第三章 学会找快乐的妈妈

1. 海外捐款

在国内的时候经常做义工,到了新西兰也"旧习难改"。但因为语言的问题,迟迟未能找到"组织"。

不想,有一天在市中心的大街上逛,遇到了一个可爱的洋人女孩,年纪大概18岁左右,胸前佩戴着慈善组织的徽章,正拿着一堆表格和路人讲解,可惜路人大部分都摇头而去。待我走到她的面前,她依然用阳光灿烂的笑脸面对着我,于是我索性停下了脚步,和她攀谈起来。

靠着不太高的英语听力水平,我知道了原来这个组织是专门救济儿童的一个国际性的救援组织,目前正在募捐善款,希望能够救助儿童。想必现在正是经济危机,困难的人很多,我看她似乎没有筹到什么善款,于是我用半生不熟的英语对她说:我愿意。她蓝色的眼睛顿时放出了光芒,可能是没有想到吧!我这样一个老外,怎么会突然这么爽快地答应了呢!于是她连忙拿来条款给我看,我看了一下条款,这种救助是长期性的救助,并不是一次性的,也就是说,如果我一旦决定下来,必须每个月自愿捐助35纽币给贫困的儿童。我犹豫了一下,说实话,在这个地方,我连一块钱都是省着花的,每个月35纽币,对我来说真不是一个小数目。

但是,最后我还是决定继续填写表格了。我想,每个月节省35纽币,还是能够做到的。女孩很开心地辅导我填好表格,告诉我每个月都会从我的银行卡里扣掉35纽币,并且拿出两个印刷好的图片让我选择,一个是亚洲,一个是非洲,原来是需要援助的国家所在地。我当然想都不想,选择了亚洲,不过心里还是有点难过的,觉得亚洲还是比较贫困的。也许我的这点钱,还是可以帮助到那些贫困孩子,让他们能幸福地成长起来。

我感到惭愧的是,如果在国内,我相信每个月拿出200块钱来帮助贫困儿童是没有问题的,毕竟我还是有工作、有收入的,但现在这种情况,实在不允许我拿出太多,从这个角度来看,我也需要尽快找到有收入的工作才行啊!

现在不比国内的情况,实在不允许我按照自己的想法做事情,包括佛光山的义工,恐怕我也不得不考虑考虑。因为那些义工们都有身份,她们基本上都是衣食无忧的台湾太太,孩子上了中学,先生有稳定的工作,自己则可以到寺庙里做义工,既认识了别的朋友,又有了归属感,省得一个人待在家里闷得慌。

我的情况则完全不同,目前我还是一叶浮萍,不知道自己如何解决生计,全凭国内的亲人支持,想到这里,怎能胡乱凭着自己的性子来呢?

有一天手机上接到了一个陌生的电话,自己听不大懂,只好让女儿来听,原来就是那个组织的员工打给我的电话,感谢我的善举,并且通知我从今天开始,每个月都会扣掉我35纽币作为对贫困儿童的救助。

不过我并不后悔,倒是女儿一开始不理解,因为我每个月给她的零花钱也就只有10纽币,她还是很节省的,连学吉他都不舍得买新的,一把新的吉他要200多纽币,老师那里卖给她旧的,只要80纽币,她毫不犹豫地选择了旧的。结果发现妈妈一下子就捐出了35纽币,而且还是每个月都捐,自然不能理解了。不过,当我给她解释了捐款的原因之后,她也就释然了。

本来嘛,这个世界就是一个整体,所谓对金钱的追求,是没有止境的。这35纽币,用在我自己的身上,无非是让我的生活过得舒服些而已,但用在那些孩子身上,就不是舒服的概念了,他们缺少的太多太多了,和他们相比,我们已经是非常非常幸福了。

这样一想,我和女儿就非常高兴啦!女儿安慰我说,我们每个月都不要在外面吃饭了,这样就可以省下来不少钱了。

那是,妈妈做的饭多好吃啊!

2. 搬运工和清洁工

从小到大不知道搬了多少次家。小的时候全是父母在张罗,从一个城市到另一个城市,幼小的我只知道好奇,哪里知道搬家的辛苦。

待到嫁为人妇,也知道柴米油盐的宝贵了。在南京搬了两次家,不过却不觉得有什么劳累,只要把东西装箱之后打个电话,搬家公司即会准时到达,届时一应物品悉数收纳车中。搬好家后,我再慢慢清理,也不觉得太麻烦。

唯有这次在异国他乡的搬家过程,让我难忘,借此机会也让十四岁的女儿看到了生活的不易和艰难。

在这次搬家过程中,我从一个国内的知识分子,俨然化身成为一个纯体力工作者,并且是一个非常能干的体力工作者。

在海外搬家人工费用比较高,我既然不能挣钱,起码可以省一点钱。于是,我这位妈妈决定发挥身为中国妇女的传统美德:勤劳善良。我开始身体力行搬家行动,女儿当仁不让地成为一个最好的小助手。

代号为"蚂蚁搬家"的行动整整持续了一周。每天白天,我和女儿都要拖一大堆东西搬到新家,然后分别出门,晚上又回到自己的家中,继续整理各类物品。

第二天继续蚂蚁搬家行动。

蚂蚁虽小,五脏俱全,虽然房子只住了半年,收拾起来也是需要时间的。女儿虽然每天要上学,但是回家之后也会帮忙整理,在整理过程中,慢慢了解到生活的不易,也掌握了很多技巧,以至于她后来在香港读书期间,自己搬了很多次家,都游刃有余,这就是多次体验的成果。

我们每天整理一点,每次车子里都是大大小小的袋子,里面装的全是各种生活物品,到了新家,再一点点整理归类放好,不知不觉,几天下来已经越来越接近尾声了。

到了归还旧房子的最后三天,小件东西已经搬得差不多了。最后还剩下一张双人床、一个梳妆台、一个双人沙发、一个小柜子、四把椅子、一台旧电视机——这些其实也就是我们的全部家当了。

倒数第三天,我和女儿把小柜子用自己的汽车运了过去。

倒数第二天,我亲自把双人床拆了,一根根木头摞起来,连同床头床尾,用车子运了过去。

倒数第一天,我把梳妆台拆了,抽屉和镜子放到了车里运了过去,可是梳妆台无论如何塞不进去,我一咬牙,和女儿抬着就上路了,想新家、旧家相邻不远,我们居然想步行搬到新家。

没有想到梳妆台好重啊,我们每抬五米,就要休息一下。平时一踩油门,五分钟就能到达的新家,此时却变得遥不可及,一路上只要有人看到我们如此狼狈,都会友好地问一句:我能帮你做什么?我只能摇摇头,笑着谢谢对方。我心想,你什么也帮不了,除非有一辆面包车出现。

抬了大约几十米,女儿和我实在走不动了。女儿靠在梳妆台上喘着粗气,我绞尽脑汁盘算着,这前不着村后不着店的,我们可怎么办呢?再抬回家,不可能,继续往前抬,似乎更不可能了。

眼看着天色越来越暗,无奈之下,我让女儿一个人看着东西,步行返回家,把车开过来,我希望做最后一次的努力——其实事先已经试验过多次了,始终放不进去。可是,没有想到这次居然成功了!我和女儿合力把梳妆台牢牢地卡在后备箱里,虽然盖子无法盖上,又冒着可能掉下去的危险,但是,总算可以慢慢开到新家了呀!

于是,在我们顺利上路的短短几分钟的时间里,我理所当然地大声唱起了快乐的歌。

胜利在望了,我继续发挥"一不怕苦,二不怕死"的精神,终于把东西搬得差不多了。只剩下一个沙发、四把椅子了。

在尝试了无数遍之后,我不得不承认我不是神仙,本田汽车也不是拖拉机,沙发的重量是我无法想象的,抬都抬不起来,更别说移动了。最后我只能决定放弃它,直接卖掉。可是,当我打给原来联系好的收购旧家具的公司,希望他们上门把旧沙发和椅子收走的时候,对方居然说:对不起,我们不要了。

唉,要是早点告诉我不要沙发,我一开始就请他们帮我搬家了,反正搬沙发的钱也省不下来,也省得我如此狼狈和辛苦了。

不得已,我只好再次打电话请他们帮我搬这张无人问津的沙发,为了这张重量惊人的沙发,我必须支出 30 纽币,而前面我所有的努力,只为我节省了 20 纽币——也就是说,一起搬,才 50 纽币。

瞧,这就是我省钱的结果。而且,为了表扬女儿和我同甘苦共患难的精神,我又给她买了一包糖,花掉 7 纽币,给我自己买包糖犒劳犒劳,花掉 5 纽币。也就是说,我忙乎了好几天,总共也就省了 8 纽币。

只好自己安慰自己,意义不同嘛!

搬家过后,这一切还仅仅是开始,更重要和更艰巨的任务在后面等着我呢!那就是——清洁房屋。

我早已打听过,这里的房屋中介非常严格,交房时要检查的。不当回事的人,往往就拿不回当初的押金,看在 800 多纽币押金的份上,我还是要把房间从里到外打扫干净,他们的要求是,从上到下、从里到外都要一尘不染才行。

地毯也需要花钱请人上门来清洗,还要把发票拿给中介看,三个房间的地毯清洁一共花了 50 纽币。

结果我这个"吝啬"的人,还是舍不得花钱请专业人士来清洁整个房屋。

只好自己动手清洁了,这点活还是难不倒我的。地板、天花板、踢脚线、冰箱、洗衣机、烤箱、马桶、浴缸、玻璃、门、开关、水池,我都一一清洗个遍。

忙了整整6个小时,终于达到了一尘不染的标准。

东西全都搬空了,地毯也清洗过了,窗帘刚刚洗过,也挂到了玻璃窗上,看着洒满阳光、美丽如新的旧家,我默默地关上了门,把钥匙还给了中介。来新西兰最开始的半年,终于告一段落了。我和女儿告别了两个人的孤独和寂寞,女儿也告别了生涩的口语,我也告别了看不懂的地图、认不清的路,我们告别了旧家,也告别了基督城最初的苦涩、艰难、开心、快乐。

要是墙壁是可以录音的,它会告诉你,这里都发生了什么,有欢笑,有痛哭,有吵闹,有歌唱,面对四面洁白的墙壁,只有我知道,这里留下了什么。

今天,来清洁地毯的小伙子奇怪地问我:你拿什么药水清洁的房间啊?怎么这么干净?

我特自豪地回答:一块抹布,一团钢丝球,一把洗衣粉,一双手。

身后就是我住了整整半年的房子,也算是我在基督城的第一个家了。

我相信这次搬家所经历的一切,如同我自己的妈妈当初身体力行的一样,都会悄悄传递给我女儿。说教有时候是苍白而没有力量的,唯有生活才是真正的老师,经历会让一个孩子快速成长起来。

3. 爱劳动最光荣

新房了是我和国内来的好友一起居住,她带了10岁的女儿过来读书。原来的屋子里面没有书桌,为了让两个孩子能够不受干扰地各自学习,我和好友决定一人给买一个小书桌,放在各自的房间里。

今天终于开车买了回来,一个小的电脑桌50纽币,我还另外买了书架。

我们买的书桌是一些板子和螺丝钉,需要自己装配,书架也一样。

从来没有做过这种"搭积木"工作,没有任何工具的两位"笨"妈妈研究了良久书桌的包装后,决定把这个难啃的骨头啃下来。为了让孩子们也乐于参与其中,我们决定以家庭为单位比赛拼装。

两个女孩儿看到这一堆大小长短不一的木头,完全摸不着头脑,但看到妈妈们兴奋的样子,情绪不免受到影响,孩子们到隔壁人家借了起子和锤子,我们拿起图纸开始了拼装工作。

想象中的比赛不得不在半路终止,因为只有一把起子,一把锤子,一个人拼的时候,另一个人只能等着,而且拼装过程很不顺利。这其中的艰难就不说了,毕竟是两个从来都没有做过这些事的"笨"妈妈,好在孩子们忽略了我们的智商,一起参与其中的热情越来越高。

在经历了我把板子装反不得不拆掉重新安装,好友把木塞子钉进了错误的洞里,不得已又去邻居家借老虎钳拔木塞子的惨痛经历之后,我们变成了互助小组,四个人共同对付一个书桌。

在历经2个多小时的反复搭建之后,两个书桌居然奇迹般地完成了。别以为这个书桌很简单,它并不是一个"简单"的书桌,上面还有一个放打印机的平台,右侧还有一个放书的架子,将这样的一个玲珑有致的书桌整个拼装下来,对于我们四个从来没有做过拼装工作的妇女儿童来说,还是相当困难的。

好在完成得不错,孩子们摸着好不容易搭好的书桌非常感慨,好像这个书桌已经不是商场里看到的普通书桌了,里面的每一颗螺丝钉,每一块木板,都倾注了我们的智慧和汗水。

为了让两个孩子继续尝到手工劳动的乐趣和增加成就感,一不做二不休,我买的四个小书架干脆全部交给她们独立完成了。

于是,我和好友在厨房弄晚饭,女儿们那里边热火朝天地讨论了方案的制定之后,就开始了组装。其实安装过书桌之后,书架简直就是纯体力劳动。不过,1个书架是12个螺丝钉,4个书架就是48个螺丝钉,1个书架6块板,4个书架就是24块板,这样拼下来,也不是很容易的事情呢!

她们两个一边喊着饿死了、累死了,一边却不折不扣地合作着完成了。这可是她们第一次独立完成家具的组装工作,看着搭好的书架,小姐妹心里美滋滋的。

我和好友则在一边开心地笑着,心想,这样的锻炼以后还要多多地进行。

劳动最光荣,真的一点不假。

孩子除了读书之外,处处都是成长的机会,也处处都需要学习和感受。华德福学校就有专门的木工房,让学生们通过刨木板、钉钉子等体力劳动,开动脑筋,提高心智,我觉得很有必要,不是都说心灵手巧嘛,反过来,手巧的孩子心也会灵吧!

4. 端午节的粽子

不知不觉,到了端午节的前夕,记得以前在国内,都是爸爸妈妈张罗着过节。小的时候,是爸爸妈妈提前好几天就把粽子包好—— 一个桶里放着煮好的粽叶,一个桶里放着泡好的糯米,旁边还有各种需要添加的红豆、蜜枣之类的配料。我的角色一定是帮他们拿绳子、递剪刀,或者自己学着包一个,但往往是以失败告终。这时候爸爸总是说:快到一边儿去,你是帮忙帮忙,越帮越忙。我也总是心安理得地跑了出去。

记忆中的端午节,总是那么悄然而至,不像春节,不像中秋节。端午节的感觉,是伴随着粽叶的香味而来的,没有人放炮,没有人大声道贺,只有妈妈静悄悄的插在门上的艾草,和爸爸提前一天特意煮好的粽子,以及放在一起煮好的鸡蛋。你会突然发现,原来端午到了,原来天气开始热了,原来空气中充满了初夏的气味。而那种隐约的类似于秘密的约定,也格外让我欣喜和期盼。

最喜欢那散发着粽叶清香的鸡蛋,爸爸妈妈会煮好多个。剥了皮儿,会有淡淡的草绿色,散发着粽叶的香味,而鸡蛋,因了那粽味而让人充满了温馨的感觉。

端午节就这么悄悄地来了,又悄悄地过去了。

今年的端午节,我只能和好友、两个女儿在异国他乡共度了。

也许爸爸热爱生活的基因遗传给了我,我提前一个星期就买来了粽叶、糯米、红豆沙、棉绳,乐颠颠地对好友说:我会包粽子的,我们端午节吃自己包的粽子哦!

煮了粽叶,泡了糯米,拿了棉绳,却开始发呆。印象中父亲和母亲很容易就把粽子包好了,可是,面对动辄裂开的粽叶,面对一不小心就撒了一台面的糯米,我终于承认自己束手无策了。还自我解嘲地说:这个粽叶不像家乡的粽叶哦!沉吟良久,终于面对6只对我充满了期待的眼睛说:我们的任务就是成功地把粽子包好,无论形状如何,无论是几个角的粽子都不重要,大家一起包吧!

有了这个最高指示,好友和两个女儿立马卷起袖子一齐上阵——本来都想看我这个"专家"大显身手的,却发现这个人原来也是个"半吊子",那么包得好坏就无所谓了。

有了明确的目标,一会儿功夫,大家的粽子就粉墨登场了。有扁平的,有三角的,有四角的,有锥形的,有蛋筒形的,简直是你方唱罢我登场,一个粽子的出现往往引来笑声一片,包粽子的现场气氛活跃,极大地鼓舞了女儿们劳动的热情。

在经过两个妈妈的严格检查之后,最终宣布我们一共成功地包好了24个粽子。小的只有一个硬币那么大,大的却有一个茶杯那么大。

第二天便是端午节,我煮好了粽子,却发现个个都没有散,个个都那么密实,那么好吃。大喜之下,连忙拿了粽子带到学校里和外国老师、同学分享。

——好吃,好吃!这是大家对粽子的一致反映。

——你很能干!这是大家对我的一致评价。

哈哈,我捂嘴偷乐。原来包粽子一点也不难,原来生活里随时都有这么多的乐趣哦。

写给家长的话

如何引导孩子从劳动中获得乐趣?

* 生命的每一个片刻都是美丽的和值得回忆的,也是我们学习成长的过程。

* 家长要勇于放手让孩子做一些看似冒险辛苦的事情,可以培养他们的耐力和意志力。

* 父母不要因为孩子做事不完美而苛责对方,要让他们体会到劳动的乐趣。

* 父母不要事事包办代替,要让孩子从自己动手中得到成就感。

* 生活中除了考试、写作业、学习课本知识,可以获得人生经验的地方太多了,劳动更是一项必不可少的磨练。

5. 爱偷懒的妈妈

父母无须太完美。我们不是圣人,只是需要在教育孩子的过程中讲究适合他们的方式方法。如果让我和一个圣人生活在一起,我一定会自惭形秽。

如果让一个不时犯错的孩子,天天和一位"圣人"在一起生活,会有多大的压力?况且这位"圣人"还时刻观察和批评着他的一举一动。

朋友抱怨说儿子每天早上都起不来,总要被叫很多遍才起床,起来后又不知道好好把床铺理整齐,反正从儿子还没有睁开眼睛,就已经开始接受母亲的抱怨了。

朋友问我:你女儿早上起床上学是怎样的?

我说都是自己起来,不用人催促。好友听了以后,又是一脸羡慕,可是女儿却告我的黑状,说我这个妈妈很懒,早上还没有她起得早。朋友转来批评我,觉得我不像一个当妈的。

其实她不知道,我是故意的。因为只有这样,女儿才觉得自己起床很开心,打理自己的一切很自觉。每天她自己定好闹钟,通常我在那之前都会醒,可是我却装着很困的样子,女儿没有了依靠,只好自己爬起来——她指望不了这个懒妈妈啦!

我会等她起床刷牙、洗脸的时候,到厨房里烤两片面包,涂上黄油和花生酱,夹片火腿肉,然后冲一杯蜂蜜水,微波炉热一杯牛奶,热一个提前煮好的茶叶蛋,这一切迅速得让我自己都吃惊——绝对不会超过5分钟。

等女儿打理好个人卫生之后,我又迅速钻进了被窝,此刻热腾腾的早饭已经给女儿准备好了,我会一边接受女儿关于懒惰的批评,一边看着她美滋滋地吃早饭。

接着我会提醒她自己把冰箱里准备好的午饭和要喝的水带好——我在床上,她自然自己收拾。

然后女儿穿上校服,拿好书包和自己的午饭,非常关心地对我说:妈妈你要好好休息,我走了你就睡觉吧!

哈哈,她不知道我还要爬起来洗衣服,还要帮她卤好吃的鸡翅,我所有表现出来的偷懒,只是让女儿体会到自己长大了,可以做自己能做的一切了。

平时如果不上学,早饭我都是不管的。我实在不知道中国的妈妈每天都任劳任怨地伺候孩子,是什么目的。

我对好友说,女儿自立,是因为我这个妈妈表现得太懒,你这么能干,这么完美,这么勤劳,儿子自然依赖你,你却用自己的标准来要求孩子,不停地数落儿子,这样对他来说是不公平的。

妈妈也有偷懒的权利,也有生病的权利啊。

做一个时不时趁机偷懒的妈妈,你的孩子也许会不经意间学会做很多事情呢。

6. 放手才能做自己

女儿开学了。放假两个星期,大部分的时间都在陪她,时间过得好快啊,这两个星期似乎没有做什么就晃过去了。

女儿的收获就是有很多时间在家里看大片儿,平时上学很紧张,这下子好不容易有时间,几乎每天看一部,还言之凿凿地告诉我她在学习英文。

于是我就让她学习吧!孩子不能管得太多,重在自觉嘛!

做家长的总觉得孩子什么都不懂,一心一意想做一个耳提面命的好家长,尤其是做妈妈的,会让孩子觉得太罗嗦。

我以前常常犯这个毛病。女儿的爸爸就总批评我,建议我一句话不能说超过三遍——可惜我对于女儿的严格要求常常会说好几遍,弄得天怒人怨。现在我决定做一个轻松的懒妈妈,放手让孩子自己做,却发现孩子做得很好。即使偶尔做得不够令人满意,也只需表扬就好,她自会改正。

上周六带女儿去了朋友家,朋友带着自己的儿子在奥克兰读书,平时两个人总是在争吵,做妈妈的总能挑出儿子的一大堆毛病来。那天去待了7个小时,我才真正体会到妈妈的批评是多么面面俱到、不遗余力。

举例说明吧,我们四个人在吃饭,两个妈妈带两个孩子,我的女儿15岁,朋友的儿子14岁。吃完午饭之后,我拉着好友说陪她上超市买东西,顺便陪她练车,碗筷和桌子请两个孩子收拾。可惜妈妈居然不放心,一会儿说这个要放好,一会儿又交代那个要洗干净。我眼看着孩子本来开心的脸越来越不耐烦,拉着朋友就跑,可朋友临走还要把桌上的盐罐子拿起来,说怕孩子不知道放在哪里。我强迫她放回桌上,然后对她儿子说,我相信他一定会知道放在哪里的。

等到我们一路逛回来,妈妈到了厨房第一件事,就是检查儿子有没有把厨房收拾好。我看到台面擦得很干净,碗筷也收拾好了,我刚表扬了一句,谁知好友却皱着眉头,对我说:你看你看,我就知道他不会把洗洁精放好,用完了就放在台子上!我赶紧劝她不要再说了,幸亏孩子没有听到,否则我相信他再也没有帮妈妈干活的兴趣了。

本来嘛,做父母的要时刻相信自己的孩子,要赞美自己的孩子,不要对他们要求太高,孩子是慢慢长大的。要知道,一个在被挑剔中成长的孩子,是不会有大出息的。

　　因为好友自己要在北岸上学，她的儿子不得不回到原来的东区读书，两地相隔甚远，于是朋友不得已让儿子住在东区的住宿家庭。对朋友的儿子来说，实在是一个摆脱总是挑出自己一大堆毛病的妈妈的好机会，所以儿子很高兴。但对妈妈来说，却是一千个不放心，一万个不放心，虽然妈妈也总是说让他自己锻炼锻炼。

　　最后妈妈让儿子表态，儿子说请妈妈相信自己，自己会做到妈妈要求的那样，会控制住自己，好好学习，做好早起早睡，等等。我听了又很开心，刚要表扬，谁知妈妈却这样说：你能这样想、这样说很好，但是你别忘了，妈妈会和住宿家庭的陈奶奶每天通电话的，你做得好不好，不是你自己说的，妈妈会请陈奶奶转告我的。

　　此言一出，儿子大为沮丧，急了，说：妈妈你这不就是告诉我，我身边时刻有人监督着吗？那我就是好好做又有什么意思呢？反正你在不在我身边都一样，你现在虽然不在，精神也时刻在控制着我。

　　妈妈却不以为然，说你自己做得好，还怕什么监督不监督。反正我告诉你是希望你做得更好。

　　那场谈话一直在硝烟弥漫中进行，我和女儿在中间不停地和稀泥，才不至于又吵起来。

　　等回到了家，女儿才轻松地叹了口气，对我说：妈妈，如果让我和XX阿姨在一起生活一个星期，我非被逼疯了。

　　我让她谈谈自己的感受，毕竟她和好友的儿子差不多大。她说觉得太不被信任，太不被尊重，太被管束了，她认为朋友太正统，太严格，太缺乏幽默感，太过于认真了。

　　其实这些感受也是我的感受，也是朋友儿子的感受，女儿也是这种感受。可是当我告诉好友时，好友却对我在她家的表现颇有微词，说"你怎么能当着儿子的面说我呢？这样不利于建立我的权威"。

　　我反问她：你真的认为你们俩争吵你没有一点责任吗？你全是对的吗？

　　她说：那当然，我错在哪里？我让他把每一件事情都做好难道错了吗？我教育他、管理他难道错了吗？我说的都是对的。

　　于是我知道了症结所在，我对她说，如果一个妈妈整天和孩子吵架，首先需要反省的应该是妈妈。无论你说的对还是不对，至少你没有得到自己想要的结果，从这个角度上看，你就是需要反省不是吗？因为你没有让受教者心悦诚服地接受你。

　　朋友不说话了，心有所动的样子。

7. 梦中的玫瑰园

到国外之后,我就慢慢变得不太爱说话了。也是,平时也没有什么人听我说话。女儿上了学,我就一个人独坐家中,伴随着电脑上的音乐做事,洗衣服、擦地、吃早饭,过着平凡和安静之极的日子。

渐渐地,好像人变得有点愚钝了,语言的功能也退化了。记得以前做心理咨询师的时候,我能够一下子讲上一天,和不同的人讲,讲不同的内容,开解对方也开解自己。现在的我,变成一个沉默是金的人了。

新住处附近有一个玫瑰园,里面鸟语花香,各种玫瑰争相斗艳,参天的大树,地上一片绿色的地毯,是一个我极喜爱的地方。

带上几本书,带上面包和水,车泊在诺大的花园里,嗅着清新的空气,看着蓝天白云,不知怎么回事,心里突然会有一种不真实的感动。

把车窗摇下来,打开CD,优美的旋律轻轻地回荡在车里,我翻着书,偷眼看着小鸟——它正在车窗上偷眼看我。

我不敢惊动它,却又想把自己的面包分给它吃。于是用极轻微的动作打开面包的包装纸,撕下一点面包从车窗扔出去。鸟儿,轻巧地随面包而去,却因为它满意又大声的呼唤,瞬间引来了十几只同伴,都站在车外的草地上,瞪着懵懂的眼睛瞧着我。

我索性打开车门,轻轻地走了出去,鸟儿知道我是不会伤害它们的,也只是退后几米,但毫不胆怯地看着我手上的面包。

面包最终全部进了鸟儿的腹中,它们终于满意地四下散去,而我也心满意足地重新坐回车里,听音乐,看书。

偶尔有胆大的小鸟,站在打开的车窗上伸头看我。

我冲它笑笑,想必人类的语言鸟儿们也听不懂,此时语言没有任何作用,不过我却固执地认为微笑一定有用,不然为何鸟儿看到了我的微笑却更加胆大?

偶尔有人开车来遛狗,友好地点头打招呼,就看到狗儿和主人沿着小径消失不见了;偶尔也有游客来和玫瑰合影;偶尔也有出租车停车待客;偶尔也有一对对老年夫妇携手散步。

从我的角度看过去,每一个镜头都是完美的画面。

当然我也想,每当我光脚拎着鞋,走在柔然的草地上,一袭长裙在脚踝处飘荡,微风吹乱了我的发梢,从别人的眼里看来,也是一个完美的画面呢!

这里的树长得好高好大啊,不过有些树似乎是专门为了人类而设计出来的,它们贴着地面而长,一棵树就是一片小森林,里面粗大的树枝,和树根大方地敞开欢迎你的落座。

这样的树不必爬,你只要一抬腿,就可以坐在它的身上,然后完成你的梦想,斜躺在树上,闭着眼睛听鸟鸣,此时的你,什么都不用去想。若你带着墨镜,还可以仰视湛蓝的天空,上面的浮云犹如羽毛般轻轻掠过,偶尔在草地上和你的身上投下几片云影。

因了这样的大自然,我觉得语言是多余的。因为你无法发出感慨,美?还是惊奇?不,还是什么都不要说,静静地在这之中感悟吧。

8. 女儿同学的生日会

恰逢周末,女儿的好友18岁生日,几个住宿的好朋友相约周日到我家里来过。女儿提前和我商量,我第一个反应就是热烈欢迎,然后对女儿说:妈妈可以做好饭菜,然后出门,让你们尽情玩耍。

女儿很惊讶,说:妈妈你也太好了吧。我说:与其让你们不自在,我还不如知趣一点躲开呢。虽然我感觉自己并不是一个特别守旧古板的人,但是有一个妈妈在场,孩子们是绝对不会放开的。

聪明的妈妈,做好饭菜,赶紧闪人。

周六晚上就开始了工作,做红烧牛肉、腌鸡翅、备菜,因为周日上午要送女儿做近视眼的治疗,孩子们中午就来,我根本来不及弄菜,所以周六把相关工作都做好才睡觉。周日一大早起来,8点半就出门带女儿治疗眼睛,11点回到家里,开始马不停蹄地弄菜、做饭。12点的时候,孩子们都来了,我的一桌饭菜也已经准备齐全了。

凉拌土豆丝、凉拌凉粉、红烧牛肉、香辣小鱿鱼、糖醋排骨、蘑菇炒笋、蒜香鸡翅。

家里面收拾得干干净净,饮料女儿已买好,一切搞定,在女儿和同学们惊叹的目光中,我把自己打扮得漂漂亮亮,悠然自得地出门去也。心想,女儿潇洒,老妈也要开心哦。

傍晚去学校接回和同学玩耍的女儿,然后整理房间,准备睡觉。女儿充满感激地对我说:妈妈你好可怜哦,有家不能回。我说:这样多好啊,我能有这样一个完整的时间,大把挥霍,同时你还对我心存感激,简直是再好不过了。

妈妈们总是喜欢粘着孩子,殊不知青春期的孩子越发独立,他们渴望自由,渴望独立自主,妈妈最好的行为就是活出自己的精彩,这样才能相互呼应,互相赞赏,有时候距离才是最好的良药。

9. 妈妈生病了

连续几天的劳累,由内而外的疲惫终于让我倒下了。

早上没吃早饭,中午就吃了一包方便面,然后就有朋友来我家和我聊天喝茶,我们谈话直到下午4点多——主要是我在谈。就感觉到我的精气神一点点地消耗,等到女儿回来,带了她去买菜,回到家里,再也支持不住,然后就倒在沙发上,一动也不能动。

女儿开始以为我是假装的,还和我逗笑,后来看我脸色发白,话都说不出来,才知道妈妈确实病了。我爬到了楼上自己的床上——真的是手脚并用,然后就开始进入一种朦胧的状态。我能听见自己的心脏怦怦地跳,手是软的,嘴巴张不开,整个身体无法挪动,女儿在身边的任何一句话和一个动作对我来说都是巨大的刺激。

我用最微弱的声音让她帮我拿来药,含服在舌下,然后告诉她,半小时后如果我还是这样的状态,赶紧打111找救护车,然后我就什么都不知道了。

等我醒来,已经是两个小时以后了。听到楼下传来炒菜的声音,才想起来我还没有弄晚饭,虽然身体还是发虚,但是至少能走动了。我到了楼下,听到女儿在厨房炒菜,然后我躺到了沙发上。

过了一会儿,女儿跑了出来,看到我在沙发上,吓了一跳。后来女儿告诉我,她很担心我,隔几分钟就跑上去看看我还有没有呼吸——这个傻孩子哈。后来见我睡着了才放心,把手提电脑放到厨房的台子上,在网上搜菜谱,然后做了一个红烧鸡胗——我们下午刚买回来的鸡胗。

说实话我隐隐担心她没有弄干净鸡胗。不过感动和表扬她的欲望还是占了上风,我想,即使鸡胗没有弄干净,全是臭的,我也不会指责她一个字。但是经检查居然一个一个都剥好并且洗得很干净,原来她见我弄过。

米饭也是她烧的,我告诉她放多少水,然后就什么都不管了。让她把冰箱里前日煮好的鸡蛋剥了皮,用刀划开口,放进鸡胗的锅里一道红烧。在锅里炖的时候,我尝了尝味道,还很不错,只是淡了些,让她加了点生抽,放了点盐。

我就又躺在沙发上休息了。

待到一切停当,女儿把饭菜盛好,居然还给我倒了一杯啤酒,喊我来吃饭。我让她自己先吃,因为我的身体还是很虚,这样,女儿自己把饭吃好。她第一次自己做红烧类的菜,还很兴奋,觉得味道真是不错,唯一遗憾的就是妈妈还是帮了个小小的忙,教她加了生抽和盐。

我到晚上10点,把女儿盛好的饭菜吃了些——味道委实不赖呢。

之后我问女儿:看到妈妈生病,你怎么一点也不惊慌呢?我本来想她也许会吓的哭,或者着急打电话给叔叔、爷爷、奶奶。结果她说:你如果真的病得很严重,告诉他们也解决不了问题啊,不如直接打111来的快。等把你抢救好了,我再告诉他们也不迟,否则不是让他们为你担心嘛,爷爷、奶奶年纪大了,经不住惊吓。

哈哈,我觉得这个小姑娘真的长大了哦,想得比我还要周到,原先我的一点一滴的渗透看来没有白费,她知道为别人着想,也知道自己可以担当些事情了。

第二天我热了她做的菜,觉得还是很香。她把菜带到了学校,给同学尝了尝,结果大家都说好吃。

我狠狠地表扬了她——事实上,我没法不表扬她。

10. 夜半来访的蜘蛛

某天夜里两点,我卧室的门突然被打开,原来是女儿。她惊慌失措地跑了过来,摇醒我:救命啊妈妈,有蜘蛛啊!大蜘蛛啊!我睡得迷迷糊糊,赶紧回应女儿:真的吗,那你睡在我旁边吧。

幸好是周日,有大把的时间来解决蜘蛛问题。早上起来,女儿说什么也不进自己房间,她告诉我昨天晚上一只大蜘蛛都爬到她的胸前了。我听了也是吓了一跳,想到自己如果半夜睡得正香,突然觉得有东西在身上爬,开灯一看原来是一只大蜘蛛,估计我也会被吓得半死。我问她:你怎么没有大叫啊?她回答说:我遇到害怕的事情从来不会大叫,你又不是不知道。

要换作以往,我很可能习惯性地说:没什么可怕的哦,不就是一只蜘蛛吗?可是每次我这样说,女儿都委屈得要命,申诉说:我最怕的就是蜘蛛啊!

如此一来,她的恐怖不但不会减少,反而又增加了被我看轻的感觉。

这一次我决定完全接纳女儿的恐惧,我相信她害怕蜘蛛没什么不应该,也不想再教育她不要害怕昆虫。我搂住她,摸摸她的头发说:摸摸毛,吓不着。又拽拽她的耳朵,说:摸摸耳,吓不一会儿。然后摸摸她的后背说:摸摸身儿,魂儿上身儿。她很快安静下来,乖乖地在我的怀里躺着,一声不吭。

欧耶,成功了!我知道她半夜被惊吓的感觉已经舒缓了许多。第二步,就是怎样让她再次走入自己的"恐怖"地带。

女儿对我宣称:我是绝对绝对不会再进入那个房间半步了。

我知道,她的脑海里一直盘旋着那只半夜不请自来的大蜘蛛,她固执地认为那只蜘蛛绝对隐藏在她看不见的角落,甚至就在床边。在她的想象里,一旦她进入了房间,那只恐怖的蜘蛛,一定还会伺机偷袭她。

我立刻说:没问题,你千万不要回去,今晚还是和我睡在一起好了,但是,妈妈还是需要把你的房间打扫清理一下。

她缓了一口气说:好呀,不过我是不会进去帮你的哦,我害怕。

——OK!老妈一个人搞定它。

我怀揣着对未曾谋面的大蜘蛛的忐忑,走进女儿的房间,看着女儿房间里的单人床、书柜、床头柜以及写字台,思忖片刻,决定给它们换个位置,来个乾坤大挪移。

说干就干,我立刻在里面"翻天覆地"起来,女儿则躲得很远,偶尔会站在门口探头问我:妈妈你干什么呀?小心蜘蛛啊。

我欢快地大声回应:放心吧,没有看到蜘蛛呢!

等我挪到一半的时候,佯装搬不动书柜,请求援军。女儿极不情愿地踏进了禁地,不过当她看到我已经用吸尘器把每个角落都吸干净了,恐惧无形中减少了一分。

接下来我们配合默契,不一会儿就把家具重新归位,然后我开始帮着她清理书橱。我把里面的每一本书都拿出来清理,重新摆放,每一份资料都认真看一下,不要就扔掉。

不知不觉,我们清理出一大堆垃圾,等女儿帮着我把所有的垃圾都扔掉之后,她似乎已经忘记了蜘蛛的事情。

几个小时过去之后,看着面貌一新的房间,以及心满意足躺在她小床上悠哉悠哉的妈妈,她终于忍不住,狐疑地问我:妈妈你确定床上没有蜘蛛吗?我反问她:你说呢?你不是看到这个房间的每一寸地面和墙面都被我打扫过了吗?

——是啊是啊!女儿再也按捺不住对舒适生活的渴望,立即跳上了刚换过床单的小床,挤在老妈的身边,我故意说:你不能在这里睡觉啊,你不是要和妈妈换房间的吗?从现在起,这是我的房间啦!

女儿笑着说:想得美啊,我的小床这么舒服,坚决不会和你换啊!

我只好爬起来,帮她点上一个香薰蜡烛,关上大灯,对她说:那你就美美地享受一下吧。

——OK,OK,请你离开我的房间哦,妈妈晚安。哎呀,我的房间可真舒服!

瞧,这还是那个半夜被蜘蛛吓醒,发誓再也不进自己房间半步的女儿吗?

别说,她房间被我这样一折腾,真的是又宽大、又漂亮、又舒服啊。

第四章 苦中作乐是本事

1. 如何与青春期孩子谈"性"

话说女儿上周四回来的路上突然告诉我：妈妈，今天我们上课讲性了。

——是么？（我表面镇静，内心却极力想知道老师是怎样来教育一群十四五岁的孩子看待这个问题的。）

——嗯，老师请我们每个同学都讲出来自己能联想到的和性有关的词语。（伴随着掩盖不住的羞涩。）

——那你说了吗？（心跳中。）

——没有，因为我不知道用英文怎么表达，而且我也不好意思。（哈哈，女儿还是比较"纯"的那种。）

——哦，那同学说了吗？（假装漫不经心。）

——当然，他们说了很多，老师都写在了黑板上，然后一一讲解。（啊，原来这么开放啊，外国孩子懂得还真不少呢！）

——原来这样哦。那你可以说一个单词。就是 kiss 嘛！（调侃一下，打破女儿的戒心。）

——不会吧？这个单词太陈旧和落伍了，我同学说的都比这个深入。（天哪，我真不敢相信女儿会如此回答。）

——那你认为呢？性到底是个什么东西？（老妈终于忍不住了，处心积虑，诱敌深入。）

——嗯，老师说，性应该是一个很正常、很美好的东西，但不能轻易触碰和品尝，哎呀，你放心啦！（嗯，不错，不错。）

——还说什么了？（老妈还不甘心，步步紧逼。）

——没有啦，还没有讲完呢。下次再告诉你哦！（女儿虚晃一枪，逃之夭夭。）

原来，学校里一周共有三节体育课，两节是户外活动，一节就是教心理学，上周和本周正好讲到性。

这个星期的英文课结束后,女儿拿回来一首美丽的小诗。一看原来是莎士比亚的著名的十四行诗的节选——原来她们开始探讨爱情了。

于是,连着几天女儿的英文课上都在观赏关于爱情的大片。

西方最有代表性的经典影片,自然要属《罗密欧与朱丽叶》了。一部影片分三节课放完,然后布置作业,要求学生们写一篇文章,问题是:你喜欢喜剧还是悲剧?请试从喜剧或悲剧的因素中进行探讨,写下你的感受。

平心而论,在孩子进入到青春期的时候,老师和学校适时地正确引导他们,尽量让孩子们从容而平稳地度过,从各个角度让他们说出自己对性的看法和对爱情的看法,大家进行讨论,然后施教者加以引导,确实做得既大方又圆满。

写给家长的话

如何面对孩子青春期的性教育?

* 如何正面引导青春发育期的少男少女,是每个家长都要学习的功课。既不要把性当作洪水猛兽,讳疾忌医,也不要无谓地放纵。要引导孩子正确地了解性,让他们在成长过程中树立正确的性观念,学会保护自己,不伤害他人。

* 从正面介绍使孩子取得正确的性知识而不是一些黄色网站。

* 发现孩子对性感兴趣的时候,不要嘲笑和责骂,而要正确引导。

* 找一个机会和孩子正面谈谈性的话题,有时候摘下神秘的面纱会减少很多麻烦。

* 无论是男孩还是女孩,父母要教会他们善待自己的性器官,保护好自己,同时不要伤害他人。

2. 快乐的"铲屎官"

女儿自小喜欢养小动物,南京的家里最高峰的时候,有两只猫、一只狗、一只鹦哥、一只兔子。我常开玩笑说你以后干脆开一个动物园得了。

其实孩子从小和这些小动物在一起,有诸多好处。一是培养了她的责任感和爱心;二是动物身上一种灵性,使得它们更加纯净,通过和动物的相处,能提高人的灵性。所以我不但不反对她养动物,反而大力支持她。

很多人总是站在理智的角度考虑问题，例如：猫啊狗啊很脏，疾病传染给孩子了怎么办？万一狗咬伤了孩子怎么办？家里弄得都是粪便的气味怎么办？每天要给这些动物喂食打扫，累死了，等等。这些都会成为家长不允许孩子养动物的原因。

细细想来，这些理由都是可以解决和克服的。小的时候女儿只知道和那些小动物玩儿，大了以后，也知道要给它们喂食、喂水，帮它们换猫砂，遛狗。很多时候，女儿的古文经典诵读都是在遛狗的那短短半个小时里延续下去的。当然，喂养一个动物一定是比不喂养它麻烦许多，但生活不就是与麻烦共存的吗？不能因为怕麻烦，就干脆把乐趣也一并斩断了。

一个热爱动物的人，一定是一个心地善良的人。在心理治疗的方法中，对于自闭症的孩子，可以用金毛来辅助治疗。孩子们往往不愿意和成年人在一起交流，可是和小动物在一起时，他们会有无限的爱心和乐趣。在我们眼里是动物，在他们的眼里却是最可靠、最诚实的朋友。

由于我不反对养动物，女儿到了奥克兰也心神往之，但因为我们时刻处于动荡之中，不可能具备养宠物的可能性。我对她说：如果今后买了房子，是可以养的，但这个可能性目前看起来并不大。

有一天她的同学带了一只小猫到学校，小猫温顺、活泼、可爱，可惜同学的家人不允许养，要求同学将猫送回，女儿不忍心，将小猫带回了我家。

我发现也许是因为孤独和寂寞，很多留学生都喜欢养动物，即使他们并不具备收养动物的条件。打开租房网站，有很多留学生寻找可以养宠物的房子，当然也会有很多房子严格表明免宠的立场。我能理解，宠物带给租客的是快乐，带给房主的就未必了，房主没有理由为租客的快乐和安慰而承担宠物带来的气味和不整洁。

但这些留学生年纪轻轻就离开父母独自生活在海外，的确很需要心理上的慰藉，而一只小猫，或一只小狗，无疑能让她（他）得到少许的安慰。你想啊，在无人关心的异国他乡，当你一身疲惫地回到自己的小房间里，至少还有一只小狗来舔舔你的手，冲你摇摇尾巴呢。在这个时候，猫狗对主人的慰藉，远远超过主人对猫狗的慰藉了。所以，我能理解为什么很多留学生都不顾自己没有条件，而抽出时间来养一只小猫。但留学生每年都要回国，或者学成要回国，这也能理解为什么又有很多猫狗被小主人不得已转送给别人。

女儿很不能理解同学父母的做法，我对女儿说：同学想养猫是可以理解的，但是首先要明了自己到底能承担多少责任，小孩子可能会不顾一切地想得到自己想要的东西，不去考虑后果。但稍大一点的人，会理智得多，至少她会明白自己是否能承担起对身边这只宠物的责任。如果养了一年之后要回国,那么这只猫必定要换主人,对于猫来说,这是很残忍的。所以,从养猫的这件事来看,是你同学对猫的需求大于猫对你同学的需求。

以往女儿都会和我争辩,但这次她没有坚持,她知道我是对的,尽管躲在被子里悄悄地哭泣,但还是表现得很正常,第二天和我一起把小猫送了回去。

一个成熟的人,会越来越理智而不是情绪化地处理问题,她也要学会克制自己的某种需求来取得最平衡的生活。但有时候,我还是觉得一个成熟又不乏感性的人更加可爱些。

3. 陪女儿做运动

"好雨知时节,当春乃发生。随风潜入夜,润物细无声。"

许是到了初春,每天晚上都能听到淅淅沥沥的雨声,在静谧的夜晚,显得格外的舒服,彷佛是催人入眠一般。到了早上,又是一派晴空万里的样子,这样的天气,怎能不让人喜欢。

为了改善女儿的身体状况,我想到了一个好方法,早上起来陪她一起锻炼身体。因为她到了12年级,学校已经没有体育课了,可是她回到家里又懒得换上泳衣去游泳池游泳,而且有时候回来已经5点多了,我忙着做饭,也顾不上她的锻炼了,加上前段时间还是冬天,5点多钟的时候天就黑了,更没兴趣出门锻炼了。

我们决定每天早上起来打羽毛球。每天坚持打半个小时的羽毛球,如果遇到下雨刮风,就到公园里跑步,如果雨大,就取消活动。不知不觉,我们就坚持了一个月,而且效果明显,成绩显著。

首先,女儿的饭量增加了。以前吃什么都不香,现在动不动就喊饿,我做什么她都爱吃,而且能吃不少。

其次,女儿的精力增加了。以前总觉得她天天不活动身体,总是喊冷。现在每天打羽毛球,能出些汗,再吃上热乎乎的早饭,到了学校一点也不冷,而且上课、学习也比以前效率提高了。

女儿终于爱上了运动。以前让她运动一下,很困难。现在每天一大早就站在我的房间,而且已经运动衣裤都穿得好好的了。我们母女俩一起出门打球、跑步,既锻炼了身体,又可以利用这个机会说说笑笑,真的很开心。

在跑步的时间里,我还可以给她讲一些中国的历史故事,她很爱听。这样的一个早上,是非常让人快乐和喜爱的。于是每天夜里伴着雨声入眠,每天早上伴着花香打球,真的让人不由得爱上这样的生活。

某个周日,我看天气好,不顾女儿的反对,"强行"把她从书桌前拉了起来,直接开车到了一个收费的小公园(这在奥克兰也属于稀有了)。公园里开满了各种鲜花,还有不同树种的树木,早春时节,一派欣欣向荣的景色。我们母女俩一边欣赏着美景,一边开心地谈论着有趣的话题。起先女儿不太愿意接受我的游春提议,她认为功课比较重要。我却告诉她说:功课什么时候都能做,春光转瞬即逝,等乌云来了,阵雨一下,公园里的花就是落英一片,人们就很难观赏到晴日里的美景了。假若待到下周日有时间有晴天的时候再去,就不是现在的景色了,该开的花都开了,但还有很多花都谢了。

果然,女儿来到这里后一下子就喜欢上了,我们散步其中,吃着带来的烤红薯,听着花园里女歌手悠扬的现场演唱,观赏着四处盛开的鲜花——有什么比此刻的感受更美好的呢?

我们在花园里呆了两三个小时才回家。女儿开始写作业,我开始弄晚饭。这个时候,天色昏暗,窗外又下起了小雨。我突然想起李白的一篇美文:"夫天地者,万物之逆旅也;光阴者,百代之过客也。而浮生若梦,为欢几何?古人秉烛夜游,良有以也。况阳春召我以烟景,大块假我以文章……"

相信女儿的心里会永远留存着这个春天美丽的画面,有时候,看美景比埋头趴在桌上做作业要重要啊!

4. 坏事总能变好事

自从我出国之后,突然发现自己和坚强这两个字越走越近了。很多朋友评价我都说我坚强,其实不然。我从来不觉得自己有多么坚强,哭泣也是常有的事。但是遇到事情,总要想办法克服才是真的。好在我是天性乐观的人,似乎什么事都打不垮我。

其实,我也有很多次茫然的时候,也会有每天想家潸然泪下的时候,甚至也会对女儿发脾气的——我清楚地知道,这些都是我遭遇到困难和挫折、情绪沮丧的时候。

但是我的这些情绪不会持续太长时间,弄个秒表掐一下,绝不会超过10分钟。生活中总有各种各样的惊喜和困难等着我,面对莫名其妙的境遇,我还来不及让自己沉浸在怨天尤人的情绪中,还来不及抱怨,我第一个念头就是如何改变,如何走上正轨,这也是内心强大的表现吧。

人其实是一个混合体、两面体、平衡体,不是东风压倒西风,就是西风压倒东风。心中的情绪也是一样,难过了,委屈了,大哭一场,也就过去了,解决问题是关键。

从小妈妈就对我说:车到山前必有路,船到桥头自然直。所以我傻呵呵地一直没心没肺地过着日子,从一个懵懂少女,变成了懵懂少女的妈妈。

如何在最困难的时候找到最快乐的事,成了我们每天必做的功课。

我在陪女儿的过程中,把这些特质演练得炉火纯青,而且我也相信女儿将来会如法炮制。

这次在国外遭遇到房东中途变卦,让我们临时搬家。朋友们义愤填膺,我却想尽办法安抚大家和女儿,我为引导女儿,对于这次搬家,找出了下列好处:

(1) 锻炼了我们的应变能力;

(2) 能够寻找到另外通情达理的房东;

(3) 来回搬家让我们清理出很多不需要的东西;

(4) 住到新家让我们又熟悉了一个新的环境,认识了新的人;

(5) 每天开车接送女儿,有利于我们在路上进行当天的话题交流;

(6) 新家住的地方比较大,可以在房间里面跳舞,我们可以把房间布置得很温馨;

(7) 新家住的地方有点远,但是非常安静;

(8) 关键时刻,能够感到朋友和家人的情意;

(9) 房租还能节省每周20纽币;

(10) 女儿能学到很多搬家的常识;

(11) 通过到处找房子,我们认识了不少路;

(12) 大家都觉得我们坚强又能干。

这样的转化,成功地扭转了原本被迫搬家的恶劣情绪,从负面情绪一下子变成了正面情绪。

这就是"一念反转"。

作为父母,自我修行非常重要,遇到事情与其抱怨,不如用正向的观念来解决问题。

孩子可以清楚地看到父母是如何行事,从而减少情绪上的抱怨。

我又一次进入了搬家的程序。

每天语言课放学后,我的任务就是整理箱子,分门别类地装好、封好,在箱子上用黑笔写上内容。看着整整齐齐的小箱子,觉得特别有成就感。

我是这样想的,事已至此,还不如把自己的生活料理好,心态调整好,这些才是最重要的。和房东天天吵架,为了这个事情争个你死我活,或者怀着报复的心,把房间弄得一团糟,那不是我做事的风格哦!

任何时候,理智和乐观都是最重要的。做到了这两点,自然会变得坚强起来,哪怕像我一样,躲在厕所哭一顿,擦干泪好像什么都没发生过一样,照样乐呵呵地整理东西搬家。

唯一庆幸的是,我们要相信所有这些优良的素质,都会传递给我们的孩子,仅凭这一点,都是用有限的物质无法衡量的,不是吗?

生活一如既往,平静得像基督城的 Avon 河,在你面前缓缓地流。

接女儿放学途中,经过一些树。突然发现一棵树上开了绿花,鸡蛋大小,很漂亮;一棵树上开的是紫花,几朵紫花如星光,很微小,不仔细看还发现不了。我们的生命就如同这些花一样,默默开放,怡然自得。

5. 小留学生的苦与乐

离开家独自到海外求学的小留学生们,往往比在国内的同龄孩子要坚强很多。也是,离开了父母的庇护,独自一个人到异国他乡求学,虽然有老师、同学,可是毕竟没有父母的庇护,很多困难都需要独自面对。这也就是为什么小留学生们比国内的同龄人都能吃苦、能干,显得成熟的原因。

女儿的几个好朋友,都是家里的乖乖女,可是到了这里,全都需要自己独立处理很多事情,我看着她们慢慢成长,就像看着自己的孩子一样。

从学着认路开始,到自己寻找一个很遥远的商店,从在网上查公交车的路线,再到自己想办法组织一场活动,她们比国内的孩子们经受的历练要多许多。

同样年龄的孩子,在国内可能正好是高一年级,他们在一个从小很熟悉的环境中生活,每天过着千篇一律的生活,而且有的孩子可能还过着每天饭来张口、衣来伸手的生活吧。父母对孩子的期望也无外乎努力学习,好好考试,将来争取考一个好大学。孩子们除了每天要读书,就是假日补课了,很少听到有哪些额外的社会活动。

国内的孩子们每天的生活大概就是学校、家庭、两点一线,放学回家做作业,上课认真听讲,努力背诵老师发的提纲,迎接一个又一个的考试。

而在这里,全然不是这样啦。

前两天,女儿告诉我说,她们几个发现可以有交换语言学习的机会,她决定交换学习法语。后来这个事情没了下文,我好奇问她,她回答我说:我们发了信息,结果对方说要请我们喝咖啡,还要约个地方见面,为了防止被骗,女孩子们自动停止了这件事情的进展。

又一日,女儿和她们成立的"公司"的部分成员(三个女孩子),放学以后到一个很远的地方准备买制造手工香皂的原料,结果还没有到达目的地,就发现天都快黑了,商店一定关门了。她们干脆就着月光,在寂静的街道上,欣赏着月色,还结伴吃了面条。我不放心,给女儿电话,结果听到女儿无比兴奋的语气:妈妈,你不知道现在的云彩是多么美丽,我不能和你说了!回来给我看了她用手机拍摄的晚霞——确实很美。

这些都是生活给予孩子的历练吧,我们能想象到那时的情景,三个好朋友,不到十六岁,在异国他乡的傍晚,面对着一片绚丽的云霞,发出阵阵惊叹,以至于忘了她们出发的目的是什么。为了壮胆,她们还想出了很多有趣的办法,一条寂静的马路上,充满了这些丫头们的欢声笑语。

而这些,都将成为她们终身的回忆,多么美好!

6. 妈妈学会同理心

某天起床之后,帮女儿准备好早点,整理好房间,发现才不到8点,于是开始播放经典诵读的碟片,本意是希望女儿在吃早点的时间里顺便听听,谁知后来就变了样。

我播放的是《诗经》，随着抑扬顿挫的朗读声，我也开始了朗读。女儿吃过早饭，坐到我的身边，我把手里的书丢给她，然后激动地宣布：要大声读，要有激情、抑扬顿挫地读。

女儿一边看着时间，一边不是很积极地读起了《诗经》。可是她读的声音实在太单调、太小、太没有兴趣了，我忍耐不住，看到时间将至，悻悻地关上了电脑，责问她为什么不能大声读出来？女儿说：我不想，我早上就是不想说话。

我气极了，却不能爆发。我也不想一大早发脾气，惹得她不愉快。于是我一边开车一边数落她，我说了很多道理，翻过来翻过去就是一个意思：希望她能和我一样，大声朗读，喜爱中国传统文化。

我知道她内心一定烦透了，因为她一直不理我。到了学校门口，她一声不吭地下了车，临走时对我只说了一句话：下午5点来接我。

然后，就剩下我一个人坐在车里发呆了。

我突然看到了自己的问题，自己怎么变得越来越啰嗦，越来越想要掌控女儿了？想我16岁的时候，可能还没有她那么好的涵养，估计妈妈啰嗦这么久，我早就发脾气了。

平常总是告诫自己，要尊重对方，要接纳孩子的一切。可是，简单的三个字"我不想"，就足以让我怒发冲冠了。我拼命地想要给她我认为的最好的东西，她却冷冷地来一句：我不想。作为母亲的权威受到了极大的挑战，可是，我还是不得不冷静下来，认真地退缩到以自我为中心的小圈子里，反省一下自己：她是否有权利表明她的态度？她是否可以说我不想？

结论自然是可以。每个人都可以表明自己的思想，想，或者不想，都是个人的自由。可是我偏偏要给这个思想按上一个对错的标准。

这可能是很多父母都在犯的通病吧，遇事练心，的确如此。

7. 学习是一辈子的事

前几日和一位学生的家长聊天，大有相见恨晚的感觉。他们夫妻二人是从国内移民过来的，从事投资行业，但更为喜欢闲散的生活，而且对中国传统文化很有兴趣。能在新西兰这个小国家遇到谈得来的好友，真的很难得。

尤其听到他们告诉我，以前在国内根本没有机会读古文、念诗经，到了这里反而有了大量的时间，我笑了，确实如此。

小女也是一样。在国内整天考试、排名、做试卷，哪里来的时间和精力练习书法、诵读《大学》？即使我有那个心，女儿有那个兴趣，也不可能了。

于是女儿从六年级开始，就逐渐远离了这些传统文化的熏陶。平时住宿在学校，我根本看不到她，每天十几个小时的课程学习，我也不可能要求她学习额外的东西了。回到家里，也是累得不行，做试卷，背考试内容，难得休息休息，第二天又要回到学校了。也正因为这样，我才不得不下决心把她带到国外。我内心深处，是希望小女能够多接受些课本之外的东西。

现在女儿的学习虽然还是比较紧张的，但比较国内好了不少。每天居然有时间练习书法，有时间看中文名著，也有时间做些喜欢的事情，从这点来看，她自己也是很开心的。

前几日，小女突然对心理学感兴趣，又好似对哲学也感兴趣，总之开始拼命问我，到底该看什么书？我指着满书架的书对她说：你自己拿着看吧，随便哪本都行。当然，还是希望能给她一个循序渐进的过程。不过，她感觉自己需要读书，想读书，对我来说，是一件非常欣慰的事情。

要知道，原本爱读书的女儿，在国内是没有太多时间读课外书的。时间长了，对读书的兴趣似乎淡了很多。好像整天的任务就是学习，那些杂书都不需要看。现在突然开始要看这些书了，对我来说，何尝不是一件欣慰之事呢？要说带孩子到国外，是存了让她进名牌大学的心，谬矣，对我来说，还不如让女儿能够每天读一个小时的书来得现实。

教育的根本，就是让孩子养成一个终身学习的习惯。最可怕的教育，是孩子上了大学或者进入社会之后，再也不愿意学习和读书了——那是多么可悲啊。

我想，如果做个调查，看看现在国内的年轻人以及成家立业的中年人，谁能够为了兴趣而不是为了评职称而读书、而自发地学习，答案是不言而喻的。至少我遇到的大部分朋友都说，哪里有精力，哪里有时间来学习呢？可是，下班之后，三五成群，打牌的、喝酒泡吧的、唱卡拉OK的，比比皆是。也难怪遇到很多朋友都抱怨，生活似乎越来越空虚、越来越没意思了。

如果为人父母，不愿意拿出时间来学习，视学习为一大乐事，就很难教育自己的孩子自发地学习。这样会导致孩子学习只是为了考上重点高中、重点大学，为了让自己父母脸上好看。至于孩子到底有没有从学习中得到乐趣，有没有真正爱上学习，谁也不知道。

如果一个孩子,学习成绩并不是很出色,却由衷地热爱新鲜事物,喜欢学习,这个孩子将来必定有出息。那是因为他绝不是为了学习而学习,而是他已经从学习当中获得了深深的乐趣,他已经把学习视为人生最为可贵的追求,甚至是终身的习惯了。学习不是为了拿奖状,也不是为了升学,而是单纯的不能再单纯的学习。

学习,不是拿来炫耀的东西,更不是用来换取某种世俗目标的手段。我认为,学习应该是与生俱来的、相伴我们终身的一种好习惯。孩子刚出生的时候,对学习充满了乐趣,他们学习走路,学习自己拿奶瓶喝奶,学习说话,学习和小朋友们玩耍,不亦乐乎!曾几何时,他们渐渐成长,突然发现学习是一件恐怖的事情,突然发现学习居然和那么多附属品联系在一起。渐渐的,他们开始厌恶学习,逃避学习,他们想达到一个结果,那就是再也不用学习。

很多家长在教育孩子的时候,都会这样对孩子说:你好好学习,苦就苦一点,等你考上大学,就值得了,你就轻松了。这样的教育,给孩子一个多么大的错觉,似乎孩子现在学习的目标就是为了考上一个好大学,以便找到一个好工作,似乎一旦达到了这个目标时,学习也可以终止了。但是倘若达不到这个目标,孩子更加容易放弃学习。

如果能使孩子对学习充满了兴趣,从学习当中得到乐趣,他会终身学习,孜孜不倦地学习。一个懂得并且愿意学习的人,一定是充满了智慧的人。

8. 如何学好语文

语文,顾名思义,就是语+文。

所谓语,就是说话,一个孩子要会说,会用正确的语言来表达自己的情感;所谓文,就是写文章,一个孩子能写出不错的文章,有不错的文笔。两者相加,名为语文。

那么,语文的教学着重点应该是语言和文字。孩子们要学会表达,无论是用口语还是用书面语,都要能够达到正确表达自己意见的程度。再学会写文章,这两个方面掌握好了,语文的学习自然没有了问题。如何表达?

第一,要有自己的思想。

如何才能有自己的思想?一个人必须善于思考,才能有自己的思想,读书会更加拓展自己的思想,所以要善于读书,这样才能更加有思考的空间。拥有自己的思想是非常宝贵的,这里姑且不论思想的正确与否,不正确可以辩论,可以引导,但一定要具备独立思考的能力,这点绝对不可能靠死记硬背标准答案来获得。家长平时也可以就一些社会上的现象与问题和孩子进行探讨,让他勇敢地发表自己的见解,家长再适当引导,慢慢地孩子就愿意思考问题了。但切忌"标准答案",动辄得咎的讨论会让人生厌。

第二,要会使用流利和合适的语言。

现在很多孩子不会用语言正确表达自己的情绪和想法。这和我们教学有一定的关系,毕竟一个班级那么多学生,老师哪里有机会来教孩子怎么说话呢?

这点就要靠父母了。家长在平时要注意训练孩子的口头表达能力,可以从很细节的地方做起。有些小孩子,因为想达到某种目的,经常带着哭腔和父母说话,要么就是哼哼、耍赖。这时候,父母可以用非常平静的语气对他说:请你好好说话,你这样说话我听不懂。慢慢地他就明白应该用正常的语气来表达自己的需求了。

长大以后,父母可以经常和他进行一些口头作文的练习。如果今天全家出去郊游了,可以在回来的路上让他把这一天的郊游用语言做个概括,这其实就是一篇很好的作文。

这些内容不一定写在纸上,口头表达很重要。精彩而富有感染力的语言是一个孩子今后走上社会最好的工具。还可以训练孩子的观察能力,然后让他说出来,而且这些都可以变成游戏来做。

我经常带着女儿上街,会有意识地培养她的观察力,我们会比赛看谁观察得更细致。

我们首先会寻找一个"目标",比如路人、建筑物、云、动物等,然后你一句我一句开始描述。这样孩子的兴致往往会很高,慢慢地他就能学会用自己的眼睛来观察这个世界。大一些之后,你再教他如何用心去看——如此一来,作文没有写不好的。

第三,要有知识和修养。

功夫在诗外。要想孩子的语文学得好,光看一本语文书是远远不够的,就是全部背下来也不够。一定要从小养成孩子爱读书的习惯,不建议孩子看电视,因为看电视是非常被动地接受信息,动感而具有形象的画面,会扼杀孩子的想象力。

面对一本书,孩子可以自己塑造出心目中的主人公形象,他的想象空间是无限的。新西兰的华德福学校不建议9岁以下的孩子看电视,不建议14岁以下的孩子用电脑,就是这个道理。长期习惯于看电视,孩子就会对电视和电脑形成依赖,他的自我想象空间会越来越小，灵性也就失去了。

书籍的选择也很重要，根据孩子的兴趣，选择由浅入深的书，可以是包罗万象的，上到天文，下到地理。家长要引导孩子寻找出里面的精华，那样他会越来越爱读书，越来越会读书，也越来越善于思考、明事理，他的作文水平自然就会上去了。

第四，孩子上了初中以后，建议可以看一些哲学方面的书籍。

哲学类书籍有助于他世界观的形成和思想的提升，也有助于他的自信和能力的提高。语文不是数学，不属于认知科目，孩子是可以感悟、体会到语言的魅力的。

9. 苦中作乐是本事

女儿刚上大学的第一年，面对每学期的考试和论文，有时会对我说：悲催啊，上大学好辛苦啊。我笑着说：去年的今天你恨不得赶紧毕业上大学了事，你那时也认为悲催啊，上中学好辛苦啊。所以你看一切都是一样的，人生乐趣无处不在，自然也有辛苦的地方，只要心不苦就可以啦。

走路的时候会觉得辛苦，一旦坚持下来，回过头看看走过的路，看看那些深深浅浅的脚印，会很自豪的，毕竟每一个脚印都是自己踏踏实实地踩上去的。

不欣赏有的家长对孩子的溺爱，舍不得孩子吃一丁儿苦的心，难道我们作为父母的唯一任务就是为了给孩子创造一个永不吃苦的环境，就是为了培养一个不会吃苦只会享受的孩子？这真的不应该是我们作为父母的终极目的。

很多家长说不舍得孩子吃苦受罪，结果孩子因为体力上的不能吃苦，心理上的承受能力也急剧下降。风雨过后是彩虹，一个在温室里长大、娇生惯养的孩子，是不懂得珍惜生命的。

我们面对苦难的最好态度是：承认它，接受它，超越它。这也是作为父母和教育者引导孩子的最高境界，而不是在孩子还没有经历困难的时候，一手掩盖掉它。

有的家长问我：不舍得孩子吃苦受罪，不想看到孩子因为学习而劳累，有没有什么学校是可以轻松学习的？我说：从理论层面上来说，我们可以在上学的过程中把整个学习过程变得比较有乐趣，让孩子在轻松的环境里学习，但从一个学习者、探究者的角度来说，学习这件事很难既舒服又有收获。

因为舒服和快乐是不一样的概念，有些家长混淆了这两个概念，他们误认为舒服就等于快乐,实际上有时候快乐等于受罪,舒服等于痛苦。

吸毒的过程是很舒服的,但结果是异常痛苦的;拼搏的过程是很受罪的,但结果却是很快乐的。我希望我们的孩子能够拥有坚强的毅力来面对人生一个又一个挑战,然后快乐地超越这些"苦",而不要用舒服的、享受的心理来逃避它们。

有一个孩子和我学习中文经典,我布置的作业他很少完成,别的同学都能非常通顺地背诵,但他始终不能做到。问到他的父母,答曰:南老师,这些内容很枯燥,我的儿子不感兴趣,所以不愿意完成,我们也拿他没有办法。您看看有什么办法让他对这些感兴趣?

我回答他们:我上课的时候尽量培养兴趣,让他们爱上经典,但课后的诵读无疑是一件辛苦的事情,但辛苦的结果却会带来很多益处。如果做不到忍耐和坚持这份辛苦,那也享受不到最后的甜美了。

事实就是如此,如果一个孩子想成为钢琴家,却从来不愿意长时间地练习,除非他是天才,否则不可能;同样的,如果一个孩子想成为一个有学问的人,却从来不肯诵读一些经典,除非他一目十行、过目不忘。

这个世界里能够不费吹灰之力就达到目的的人,还实在太少。

女儿说归说,但依然挑灯夜战,完成她的论文。我说:这么紧的时间,这么多的内容,你完不成怎么办?她瞪了我一眼说:不吃饭不睡觉都要完成啊。

现在女儿已经完成了所有的论文,即将大学毕业,她的人生到了另外一个阶段,一切的辛苦都不会白费。

第五章 挖掘你的宝藏

1. 突然开始改变的女儿

女儿一向是"胸无大志"的,我从来听不到她说出什么励志性的语言。记得我曾经刺激过她一次,说了一句不知是谁的名言:宁做雄鹰搏击一日,不做乌鸦苟活百年。那时女儿还小呢,她冒出来的话让我很快闭上了要教育她的嘴巴。她说:乌鸦有什么不好呢?为什么人人都要做雄鹰?我愿意做一只快乐的乌鸦,还能活一百年呢!

可是,也许是年龄渐大,15 岁的女儿突发惊人之语。她突然宣布自己决定上世界名牌大学,而且是非前 50 名不去。我不知道她的这些想法是从哪里来的,按照我的想法,就在新西兰上个普通中学,然后到奥克兰上个奥大,就很不错了。

假若决定去别的国家读大学,花费的精力就不一样了,在基督城这个城市,很少有学生考去英美大学,这和我当初的设想实在差距太大了。

女儿偏偏不放弃,她每天兴趣十足地在网络上寻找美国的大学的介绍,寻找她感兴趣的学校,寻找一切她想知道的信息,而且还自己和留学中介联系读美国大学的事宜。

我冷眼旁观,怕她三分钟热度。人家却忙得不亦乐乎,听说去美国读书要考托福,立马开始每天背托福单词,听说需要 SAT 成绩,立马开始寻找考试资料。看她认真用功的样子,不像是开玩笑。

此热情持续了将近两个星期,这丫头还是一副不达目的誓不罢休的意思。我只好说:美国的大学很贵,你想去就自己考吧,拿到全奖就去。

这丫头回答我:那好啊。

我问她:基督城不好吗?为什么要给自己那么大的压力?

她的回答是:人生哪里能没有压力呢。

我不再劝阻她,开始认真思索这个问题了。也许我是老了,千帆过尽,世事纷扰也见过了,现在想要休息了,想要过一段平静的生活了。而女儿,正值花季年华,正是想要拼搏的时候,我应该给她机会让她去闯闯。

面对种种障碍,她却丝毫不放在心上,斗志高昂地一路前行。我本来以为我的孩子是一个甘于平凡和寂寞的小姑娘,谁知她却给我一个巨大的震惊,面对这一切,我只有默默祝福。

2. 女儿跳级考入新校

2009年7月,注定是一个大变动的阶段。在一个阴雨蒙蒙的早上,我带着女儿飞到奥克兰,去奥克兰国际中学(AIC)参观,现场进行了入学考试,并成功地取得了入学资格。当时女儿是10年级的第二个学期刚结束(一共有四个学期),考AIC的11年级,意味着跳了半年。

这是一个新的起点,也是她独立选择人生的开始。从一个一直平平淡淡读书的"中等生",用不算高的成绩考入这所奥克兰的名校开始,女儿内心的力量逐渐增加,这是女儿自己选择的人生之路,自己选择了一条需要辛苦磨练的路程。她本可以没有悬念、安稳地读书、上大学、找工作、拿绿卡,但她选择了一条不同的路,那么多辛苦的日子过去之后,我问她你后悔吗?她的答案是:绝不!

AIC是一所私立高中,所授课程为IB课程,女儿也正是通过在这所学校的学习,最终考入世界排名前50的香港大学。

女儿一下子喜欢上了这所学校,不是因为它的校园(其实它当时没有校园,就是一栋在市中心的大楼),也不是因为它的硬件多么好,而是因为它提供的课程以及里面的学习氛围,我认为最重要的是,女儿在这里找到了归属感,找到了长期以来缺失的友情。

AIC的生源构成基本上以亚洲人为主,鲜有几个当地人面孔的学生,满眼看去,都是黑头发黑眼睛,让你偶尔会错觉是不是到了亚洲?这些孩子有韩国人、日本人、马来西亚人、泰国人、越南人,其中占比例比较大的是韩国人和中国人。

她很快交了几位很好的朋友和同学,都是来自中国内地的留学生,下课之后一起聊天,一起买零食吃,不亦乐乎。

她的心一下子安定了,脸上又有了笑容。我知道,女儿不是一个外向型的孩子,她在异国他乡一时间无法交到当地人做朋友,一是性格使然,二是语言障碍。也许她可以在当地学校很轻松地读几年书,但她的内心却会很煎熬,甚至当她长大后回忆起这几年的留学生涯的时候,因为当初内心的孤独和无助,会觉得那些年是她最痛苦的时期。

所以,这应该是家长们需要考虑的地方,你的孩子出国留学,除了语言的提高、知识的积累,心理方面同样需要更多的呵护。

写给家长的话

如何抓住机遇?
* 人生的每个转折点抓住机遇非常重要。
* 当生活中有很多选择的时候,要抓住你认为最重要的那个。
* 不要过多地计较金钱上的得失,要有长远的眼光。
* 理智和客观分析尽管重要,更重要的是有面对当下做出正确决定的直觉。

3. 在奥克兰租房

女儿在 AIC 入学的第一天,也是我们搬到奥克兰的第二天。

因为暂时找不到房子,第一个晚上我们借住在姑姑家。早上 6 点 50 分起床,洗漱完毕后,姑父把我们送到了市中心的 AIC 学校,虽然还不到 8 点,但是学校已经开门了。

我们到学校大厅里等待了一会儿,就看到很多 AIC 的学生陆续都到了。大部分学生都穿着笔挺的校服,男孩西装,女孩上身西装、下身一字裙,显得很正式。

8 点半,女儿买好校服和同学们去上课了,我等待老师办理好入学手续之后,开始出去找房子。

我身背一个大背包,里面放着我们的家当(大部分生活用品和汽车都在运来的路上),在奥克兰的大马路上乱晃。

亲戚都上班去了,我必须发扬在基督城独立作战的能力,自己解决所有的问题。

马路边上有木椅,我坐在上面,看着来往的行人和车辆,手里拿着地图,拿着笔把寻找到的房源都一一记下来,再一一发信息联系对方看房,我告诉自己,今天房子一定要定下来。

然而,我有点一筹莫展,背个大包像一个盲流一样在陌生的马路上歇息,还担心遇到坏人抢包,那里边有我的护照、全部现金和银行卡。亲戚告诫我说一个人要时刻注意安全,说这里是大都市,机会多,坏人也多,你是单身的中国人,肯定带着现金,容易被抢。

忽然想起李白的诗:欲渡黄河冰塞川,将登太行雪满山。

我做不到"拔剑四顾心茫然",茫然倒是有,剑就没有了,只能是"手拿地图心茫然"。不过还好,这个茫然是不知道到哪里找房子的茫然,不是对自己没有信心的茫然。

我坚信一切困难都是暂时的,更加坚信一切都会好起来的。

"长风破浪会有时,直挂云帆济沧海"嘛!

我寻觅到一个网吧,在那里上了2个小时的网,联系到八九套房源,然后背起背包,一路走过去。

早就听说奥克兰房价比基督城贵很多,果不其然,市中心的房子尤其贵且小。上网查了很多房子,都不合适,不是无法立即入住,就是价格太高,要么就是离女儿学校比较远,最后将目标锁定了几处房子,一一去看过。结果非常失望,哪里有又方便又便宜的房子呢?

已经到了放学的时间,房子还没有定下来,我们晚上在哪里吃住呢?我去学校接了放学的女儿,母女俩背着包,继续在皇后街上看着不同的房源,但都没有合适的。

眼看天都黑了,正当我们一筹莫展、累得走不动路的时候,上午询问的一套房源出现了,我抱着试试看的态度联系到了中介。

这个房子紧邻女儿的学校,步行过去就三分钟,房间不大,一共不到20平方米。一张双人床、一个衣橱、一个小桌子,就是全部的家当了,但卫浴是独立的,还配有洗衣机、电冰箱、电炉、烤箱等必需品,是一个"麻雀虽小,五脏俱全"的地方,而且还很干净。说句老实话,一天的行走让我实在疲惫不堪,双腿像灌了铅,窗外已经是万家灯火了,我一天没吃东西,饥肠辘辘,女儿一屁股坐在床上,可怜巴巴地看着我。我看看她,对中介说:不用考虑了,签约吧,我们今晚就住这里了。中介吃惊地看着我,说这是他租房历史上成交速度最快的一单,15分钟!

OK啦,终于有了自己独立的落脚处,中介离开之后,我和女儿开心地击掌庆祝。我对女儿说:你看吧,天无绝人之路,我们总会遇到幸运的事。

这些磨练,在国内养尊处优的时候,是不可想象的,但对女儿的成长,却起着不可或缺的作用。

几年后,当女儿从香港大学宿舍搬出来自己租房子住的时候,她独自经历了好几次找房的过程,然而她都游刃有余地度过了。

4. 蜗居的智慧

我租的房子特别小,相当于南京家里的一间房间那么大,连房间带卫生间不到 20 平方米,我把它称为"蜗居"。

把房间里里外外彻彻底底打扫了一遍,发现只花了 1 个小时,不禁为这个蜗居而叫绝！东西少而精,空间简洁而一目了然,越看越喜欢,不禁要高声背诵起《陋室铭》了。可是"谈笑有鸿儒,往来无白丁"是做不到,因为无论是鸿儒还是白丁,这个房间都容不下,确切地说,这个房间只能容纳两个人。或坐唯一椅子上,或站地上,或上床半倚——这无疑为我的懒惰提供了绝好的借口。

当天晚上,我靠在床上发呆,女儿看我双眉紧皱,神情严肃,于是紧张地问我:妈妈,你在想什么啊？

——我在想酱油瓶醋瓶麻油瓶该往哪里放。

我的回答差点没有让她笑晕。

——哈哈哈,妈妈你好俗啊,还以为你在思考人生智慧呢！

女儿狂笑不止。

我是在思考人生智慧,我要发动所有的脑细胞,把从基督城带来的所有家当放进这样一个蜗居里,我容易嘛我。

这难道不是智慧吗？

我的被子、我的衣服、我的书、我的油盐酱醋、我的锅碗瓢盆,都要为它们找个安家之地,还有我们的那几双鞋,总不能因为放不下扔掉吧！换言之,我要把两室一厅的东西,塞进一个窄小的单室套,是多么需要智慧的一件事啊！

女儿正处于如花的岁月,水样的年华,在她的字典里,哪里会出现这么多婆婆妈妈的细节。

偏偏是我,拿捏住岁月的分寸,也要拿捏住生活的不易,把每顿饭、每碗汤、每个垃圾袋都当成是人生哲学和智慧。

这个妈妈不好当啊！

写给家长的话

如何面对困境？

* 要有坚强的信念，遇到困难才可能超越。

* 无论遭遇到什么，在孩子面前要学会乐观开朗，相信他们会以你为榜样并且受到你精神的鼓励的。

* 一切都是过程，痛苦或者快乐，幸福或者伤悲，我们要学习放下，从自身做起，做生命的强者。

* 有时候言语远远不如行动有力量。

* 记住你所做的一切，都有一双眼睛在看，都有一颗心灵在感受，那就是你亲爱的孩子。

5. 写给女儿的话

昨天你是3点半放学，可是要继续参加一个4点钟开始的中文阅读俱乐部活动，所以应该6点回家，我在家里把饭菜做好了等你。天色从朦胧变成全黑了，你还是没有回来。6点多一点的时候，收到你一条短信：妈妈，今天要和同学准备明天的演讲，晚一点回家。

我放下心来，慢慢等。从6点等到7点，从7点等到7点半，还是不见你的身影。菜快冷了，我着急起来，打通了你的手机，你告诉我，马上就好了。我不放心你一个人回家，问你：要不要妈妈接你一块儿回来？你笑着说：不用不用。

于是挂断电话，我又继续等。直到8点钟，我穿上衣服刚要出门接你，顺便到楼下便利店买点明天吃的面包，却听到了你开门的声音。

我看到你一脸疲惫，书包重得我都拎不动。可是你的眼睛却散发着光彩，告诉我说：妈妈我们终于把演讲稿弄好了！我为你高兴，我知道这几天你中午都顾不上休息，连带去的水果都没有时间吃，下课之后就躲在图书馆上网查找资料。

你赶紧吃饭，告诉我吃完饭还要练习演讲。我悄悄给你装了一大碗饭，你没有感觉地很快吃完，然后居然还要再喝一碗红豆羹。我明白你是累极了，也饿坏了。

接着你忽然问我：妈妈，你闻闻我身上是不是有香烟的味道？

我很奇怪,你告诉我说和你搭档做演讲的同学虽然是个女生,可是不知道为什么会染上烟瘾,每过一会儿就要偷偷跑到外边去吸烟——你很讨厌女孩子吸烟,但因为是搭伴做演讲,无法避让开来,她身上的烟味还是不停地包围着你。

善解人意的你安慰我说:妈妈你放心,我不会和她学这个的,我只会学她的优点。

我看着你自信又可爱的神情,忍不住亲了亲你的脸颊。你还是那么柔弱,160厘米的个子,瘦弱的肩膀。可是我知道你长大了,或者说正在长大。

还记得初一的时候吗?你哭着要从外地的学校转学回家,其中一个你认为最不堪忍受的原因就是班上的同学讲脏话、骂人。你那时的纯真和正义感不允许你接受周围的任何瑕疵,你纯洁到不能忍受自己的好友说一句脏话,或者有任何不良嗜好。为此,你一度很痛苦,很迷茫,因为你发现社会并不是你想象的那样。

那时的你不知道如何和环境相互包容而不是相互对立,你最激烈的反抗就是从你不认可的环境中脱离,和身边的朋友决裂,以此来表明自己的立场。

今天你居然主动安慰我,并且告诉我:妈妈,我感觉同学其实都不是坏人,她们的心地还是不错的。就是有的同学会讲脏话,有的同学会吸烟,但她们心地还是很好的,你放心哦。

我知道你是一个慢热型孩子,你不属于那种自来熟或者很容易就和别人变得非常亲热的孩子,你谨慎地挑选自己的好朋友,但也不会像从前那样毫不兼容。

你终于知道每个人生长的环境不一样,他们的行为方式自然也不同。

我知道你正在进入一个新的阶段,在你原来的黑白两端,增加了灰色。换句话说,你更加懂得如何看到人的内心而不是表面,而且你同时具备了自己的思想,你清醒地知道如何交往朋友。

我知道,你还有一段很长的路要走,可是我还是为你而欣慰。

我相信你,相信你的自控能力和处事能力。

饭后你开始背诵演讲稿,从9点直到12点,你一直在练习演讲。妈妈真的很佩服你的毅力,我是说,你怎么能一点都不厌烦,一点都不抱怨,就那么声情并茂地背诵、背诵、背诵……3个小时啊,不休息、不喝水。

每每看到念得不准确的单词,你就停下来,跟着电子词典练习发音。

一遍一遍,中间有一段时间你实在太累了,主要是总也背不下来,你开始骂自己笨,开始哭泣,开始担心明天的演讲,开始对我说:妈妈,我明天不去上课了,我这个样子肯定不能演讲,我完蛋了。

我承认自己当时被你的情绪弄得很烦躁,尤其在你最后发出明天放弃上学的声明之后,我突然有一种看到你放弃了之后的强烈不满。

我对你大声喊着:那不可能! 然后就再也不去管你了,我干脆躲到了卫生间看起了自己的书。

我知道你在和自己做斗争,我无法帮你,因为我无法代替你。

我听到你先是拼命地哭,失望地哭,无助地哭,大概过了十几分钟,我又听到了你练习的声音。你一边抽泣一边背诵,一边背诵一边哭。后来就不再哭泣了,只是一遍一遍地背诵。

每每忘词的时候,你就很着急地气自己,可是接着又开始新一遍的练习。

直到12点多,直到你终于能流利地背诵演讲稿。你终于满意地对我说:睡觉!

躺到床上,你像个孩子一样,把头埋在妈妈的怀里,寻求安慰。

我搂着你,安抚着你,我抚摸着你的后背,打消着你对即将到来的演讲的恐惧——我知道你比较担心自己的临场发挥,尤其是英文演讲,这对你来说还是人生第一次。

没过10分钟,你就沉沉地入睡了。我知道,你确实是太累了。

早上你一如既往地起床梳洗,吃早餐,出门。不知道是不是把紧张放进了自己的心里,仿佛没有任何问题,你开心地和我拜拜,只不过为了演讲的时候能够看到手里的Q卡,你眼睛上多了一副眼镜。

今天上午和下午都是演讲的课程,我不知道结果会如何,你会不会紧张得忘词,会不会发音不准确,会不会发抖。但无论怎样,我都知道,你是最棒的。

真的,你永远是爸爸妈妈的骄傲。

这是你第一次站在老师、同学面前进行英文演讲。我知道接着你还会有无数次英文演讲、中文演讲,在你成长的过程中,所有的生涩都会慢慢褪去,留下的是你温婉成熟的美丽。

女儿,你能听到花开的声音吗?

15岁,是一段多么复杂而值得期待和珍藏的日子。而我,是多么幸运的妈妈,能够聆听到你心中最真实的声音。

6. 青春期的少男少女

女儿给我讲述了她健康与教育课程的内容——他们每周五都有两节课大约80分钟的健康教育。

这次的课程让同学们很感兴趣,可能老师也是根据这个年龄阶段的孩子设计的。让男生、女生各分成一组,然后讨论,分别提交每组认为最完美的男性外貌和女性外貌。

这对于一群十五六岁的孩子来说,简直是太简单又太难了,同时又太有趣了。老师请他们不用隐瞒,把心目中异性最完美的样子都大胆而详细地描述出来。

于是他们开始了不停地讨论和描画,最终终于提交给了老师,据说在提交的过程中有很多精彩和有趣的争论。不过还好,总算有了定论。男生提交的心目中最完美的女性是这样写的:有着一头长长的直发(女儿本来闹着要剪短发的,看了这个答案后,回家立刻改变了主意),身高不超过172厘米,身材的三围是30、24、30英寸(换算成厘米就是76、62、76厘米)。头发颜色最好是金色,皮肤干净自然就好,不要太白也不要太黑,腿一定要长、要性感,但是又不能太性感,还要有小女生的清纯。但最好玩的是,男生对女生的完美要求特别注明,胸部一定要C罩杯——证明这个时期的男孩对异性的发育非常敏感和好奇。

老师看了之后介绍说,如此纤细的小腰肢,不太可能有如此丰满的胸部,这属于比较稀少的情况——这未免让男生们有点失望。

女生心目中的完美男性就更有趣了,对于男生的身高要求是至少180厘米以上,皮肤不许有粉刺、雀斑等任何瑕疵,要干净,鼻子一定要高,嘴巴要薄厚适中,身材要适中,不能有太多的肌肉,也不能太没有肌肉,还需要幽默的内涵,要跟得上潮流,最好左耳还扎一个耳洞(女儿声明她是反对的,但日本、韩国同学都坚持),眼睛的颜色要和皮肤适合。在眼皮的选择上她们产生了分歧,中国女孩和日本女孩基本都希望是双眼皮,而韩国女孩坚持要单眼皮,最后还是少数服从多数,答案是双眼皮。脸最好是那种不瘦不肥型,眉毛不能太粗也不能太细,最好手也要修长,头发切忌长发。这么多细节的描述,一看就知道这些女孩子实在太注重外表啦,这真是有着梦中白马王子的年龄啊。

两组的讨论充满了不同国家不同民族的审美观,但最终还是达到了相对的统一,并且画了配合文字的图像。

老师看了之后引导同学们进行了讨论。

首先,老师给同学们放了一个视频,是一个丑女化妆转为美女的过程——随着镜头的快速播放,一个特别不堪入目的丑女,一点点地被变成了一个堪称绝色美女的模特。这让同学们目瞪口呆,这个美女模特最终站到了杂志的封面上,露出迷人而自信的笑容。老师告诉他们,其实一个人的外在是可以改变的,而且很容易被改变,你们看到的路边所售杂志的美女俊男,生活中未必如此。这让他们着实吃惊了一下,看来他们所崇拜的完美外形,也未必就是真实的。

接下来,老师给他们看了几个不同年代美女的不同标准。二十世纪五六十年代的玛丽莲·梦露,是全世界男人的梦中情人,老师也详细介绍了她的三围,居然是 36、24、36 英寸(这个数字是女儿转述的,未经核实)。但是她的身材属于丰满类型的,体重高达 69 公斤,还是有很多"硬伤"的,如果按照男生们的标准来看,根本就不是完美女性。

老师还给他们看了很多英俊小生的照片,告诉他们身上的肌肉很容易练就,只要每天在健身房练上 20 分钟,就可以达到他们想要的那种肌肉效果。

80 分钟的讨论很快结束了,最后得出的结论是,世界上没有完美的人,没有完美的外表,每个时代、每个年龄层都有自己的审美标准,人的外表是可以被改变的,同时随着时间的流逝也逐渐衰退。

那么什么才是真正的美呢?

这些正值青春年少的孩子们,经过一个多小时的讨论,似乎有所领悟。

女儿说,班上有喜欢扎辫子的男生,估计看到女生的答案后不会再选择扎朝天辫了。

其实,爱美之心,人皆有之。这个年龄段的男生女生,正处于最敏感的时期,总觉得自己不英俊不漂亮,总希望拥有一个完美的外表。如何引导他们,从外转向内,真是个很重要的内容。

写给家长的话

如何应对青春初期的孩子?

* 做孩子的聆听者而不是管理者。
* 耐心、细致地引导处于青春期的孩子如何正确看待什么是美、什么是性感。

> * 尊重孩子的行为,并且试图理解它背后的意图。
> * 不要计较青春期孩子的冲动和易变的情绪,要知道你也曾经如此。
> * 在他或她每天对着镜子梳头和臭美长达半个小时之久时,不要训斥和催促,只需温和地提醒一句——你快迟到了。

7. 你怕自己的孩子吗

有的家长面对自己孩子的时候,实际上是惧怕的,这种惧怕来自于内心深处的不确定性。例如,我担心我所说的不被孩子接受;或者我担心我的口气不对,让他产生了抗拒;或者我害怕我说的不合适,孩子从此不再和我交心;再或者我因为不知道怎么面对孩子,所以怕和他对话。

审视一下自己的恐惧,有很多亲子关系不是很融洽的家庭,会有一种很奇特的现象,表面上父亲很严厉,动辄斥责孩子,实际上父亲的心里很虚,他完全不知道如何和他的孩子打交道,于是就用自己认为最正确的方式来教育他、管束他——其实,他内心是怕孩子的。

一般来说,父母会选择说那些大道理,这是因为大道理是没错的。

叫你早睡早起没错,叫你好好吃饭也没错,叫你上课听讲照样没错,于是,每一个大道理都成为让自己心安的保障品——因为我说的没错,所以你必须听,如果你不听,就是你的错。

这就是一般父母所持有的逻辑,所以我们完全没有办法和他们探讨是怎么说的,是在什么情况下说的。因为这类父母总是有很大力和很委屈的答案,就是三个字:我没错。

是没错,他们说的句句都是真理。但实际上,遇到问题他们是很难真正面对孩子的,所以我才会说这类父母特别害怕孩子。因为他们完全不了解自己的孩子,不能接纳自己孩子的任何一个毛病,所以当这样的父母在大骂自己孩子没出息的时候,是很害怕和孩子真正地对话的。

你怕你的孩子,说明你不了解他。或者说,你不想也没有能力了解他,你不知道他为什么不能如你所愿正常地读书、听课、起床、睡觉,你不明白这个年龄的孩子都在想什么。

所以你很害怕面对他,面对真实的他,你一直和你脑海里的孩子交流、对话,你和那个理想的孩子对话,却唯独不愿也不敢看面前的孩子。

你怕你的孩子,因为你不知道该如何面对他。他是那么桀骜不驯,他是那么惹人厌烦,他是那么格格不入,他是那么让你崩溃,所以你怕他,你只能逃避他,或者用父母的威严和权力来镇压他。你会大喊大叫,甚至打骂他,因为你觉得自己说的都是对的,没人能反驳。

这是当今社会普遍的问题,很多家长都怕自己的孩子,他们没有自己清晰的立场,没有自己的力量,不知道怎么"对付"面前的这个顽劣的调皮蛋。

如果你怕你的孩子,说明你并没有真正的接纳他,爱他,同时你会发现,你们之间的对话充满了试探、紧张、抗拒和撕裂。

熊猫基地里每一只大熊猫都有一个独立生活的空间,每一个门口都贴着大熊猫的介绍,其中一个对熊猫的介绍是这样写的:这只熊猫比较懒,爱睡觉,爱挑食,但很可爱。然而,我看到所有的游客一律都充满了好奇和热情在观赏它,他们才不在乎熊猫是不是懒和挑食。

我在想,如果作为父母发现自己的孩子有某些特点,比如不爱好好睡觉、爱挑食,但是同时抱着很爱他的态度来对待他,他一定也会生活得很幸福。

然而,做父母的总归需要管教孩子,他们不允许孩子犯懒,不允许孩子挑食,不允许孩子做任何不应该做的事情,我们的孩子必须千篇一律,除了长得可以不一样之外,说话、行为举止、各种想法最好是和父母想要的一样。

父母面对的是社会的标准,父母必须让自己的孩子变得"好",如果他有什么不对的地方,难免令人不舒服。

我不反对父母管理自己的孩子,要点是,首先接纳,其次引导。别忘了,生命中最重要的是陪伴,然而事实上,大部分的父母都是怀着恐惧甚至憎恶的心情来面对孩子的"不乖",正是这种心情,让亲子关系中失去了爱、接纳、尊重以及允许。

我知道大部分家长其实都很"怕"自己的孩子。他们一方面怕自己管不好,被别人嘲笑,怕孩子将来怪他;另一方面怕自己管孩子会引发孩子的逆反,产生更大的对立和冲突。总之,他们怕前怕后。

所以我们的父母常常束手无策,遇到孩子的反抗要么就偃旗息鼓,双手投降,要么就情绪激动,不断用权威来镇压,显示自己的地位不可动摇,但其实内心是非常脆弱和希望获得孩子的尊重的。

你怕自己的孩子吗?认真思考这个问题。如果你真的害怕自己的孩子,先停下来,看看自己的问题在哪里。你有没有先处理好自己的焦虑、恐惧?你有没有把自己对于社会竞争的不爽投射到孩子身上?你的爱孩子,到底是真爱,还是怕?即便你找一千个理由说,我是怕孩子将来如何如何不好,所以我才如何如何发火,你也是在投射自己内心的恐惧,因为你怎么就肯定孩子将来一定如何如何不好?别用自己的大脑来做任何判断,从而引发恐惧和"地震"。

不要怕自己的孩子,好好观察他,爱他。

8. 知道不等于相信

对一件事,你是知道还是相信?这很有趣,是不是在玩文字游戏,为什么要这样较真?昨天我出这个题目给身边两个孩子讨论,他们异口同声地表示不能理解。

不过当我用另外一种方法表达出来的时候,一个孩子立刻很兴奋地说:哦,原来真的是不一样的。

他是一个一米八的男孩子,正值青春期,我让他重复两句话:我知道我是个男生。我相信我是个男生。

然后细细感觉这里面的不同之处,结果他很郁闷地说:我说我相信自己是个男生的时候,好像我不是男生一样。

差别就在于,知道是毫不怀疑的,而相信的反面就是怀疑。

所以,你知道这件事,和你相信这件事,其实在你的心里是不一样的。

深深地知道一件事,会摆脱很多怀疑。

反过来,家长可以认真回顾一下自己说话的口吻。

——我知道你是个好孩子。

——我相信你是个好孩子。

带给孩子的感受是不一样的。

你可以仔细觉察一下,在自己的信念里,哪些是"知道",哪些是"相信"?这实在很有趣。

孩子们内心有自卑情结,这来自于对自己的不相信,而不相信则来自于不知道,这是一个层层推进的过程。如果要"治疗"或者改善孩子对外交往的某些障碍,或者需要调整学习态度,仅仅靠治标不治本是不够的。内心世界需要改变,心智模式需要重建,这是疗愈的关键。

当我们引导对方知道自己是足够好的,知道自己的内在是充实和强大的时候,他外在的世界自然会发生奇妙的改变。但这一切需要的是深深的爱,无条件的爱,以及你自己对这一切真相的相信。

9. 由女儿的考试想到的

女儿开始年度大考了,从周一开始考起,那天正好是她生日,一直要考到下周三,才全部结束。这段时间非常的紧张,每天都要复习功课到深夜,第二天一大早又起来看书。每天早上我七点多起床的时候,她早已坐在楼下用功了,而每天晚上我睡觉的时候,她还在那里读书。

女儿选的课程有生物、历史,当时选的时候也是矮子里面拔将军,因为这两门功课她认为会比物理、化学、经济好学一些。没想到选了之后,大喊上当,原来生物和历史是非常难的,大部分都是当地的孩子选学。主要是因为留学生的英文不是很扎实,再要读通、读会那么多生物术语和历史事件,困难程度可见一斑。

女儿一度十分沮丧,因为生物对她来说实在太难了。在12年级的第一个学期考试中,她的生物好像才拿了4分(满分7分)。她痛哭了一顿,对我说:早知道不选这门功课,太难了。我说:你既然选了,就只能硬扛下去。我给她买了国内的生物书,但似乎也没什么用,因为她学的是英文版的,翻译过来很麻烦,只好随便她了。第二个学期,她拿了5分,稍微有了点信心。到了第三个学期,她居然差一点就拿了7分(差0.25分满分)。我为她高兴,也为她自豪和骄傲,因为我知道,这实在太不容易了。

很多天,我都看见她坐在书桌前,一遍又一遍地背诵那些难懂的生物名词,那些基因组合。但是渐渐的,她居然对生物产生了兴趣,随着学习的深入,她越来越喜欢生物了,还时不时地和我说些她学来的生物知识。

历史也是一样,甚至遇到的"苦难"更大。这次大考之前,她茫然无措地面对着三本厚厚的历史书,嚎啕大哭。我知道她是心急了,但我一点办法也没有。她一边哭,一边说看不懂书,也不知道从何下手复习。我能理解,有心想帮她,可是看到那么厚的密密麻麻的英文单词,我也头晕,无奈只好退回,从精神上安慰她。还是那句话,急也没有用,事到如今,也只能是"临阵磨枪,不快也光"了。她一边哭,一边看书,有时候气得把书扔在一边,说头晕实在看不下去了。

遇到这样的情况,我非常理解,我照样不急不恼,不急着安慰,也不急着评判,更不急着指挥她。我知道她需要安静下来,心安静下来,才知道方向。她整整折腾了两天,也就是两个晚上,我都是听着她无助的哭泣度过的。渐渐的,女儿平静下来了,因为她也知道,光哭解决不了问题,该面对的还是要面对。

我没说话,而是在QQ上给她留了言。因为有时候她在焦躁中,母亲的态度也容易受到影响,但打字就不一样了,我留言的时候,会更加理智和冷静,也会更加的耐心。我提了几个方法供她参考:第一,耐心把书通读一遍,遇到不认识不明白的地方,跳过去不管,至少把整体内容熟悉一下;第二,拉出一条主线,慢慢理出相应的事件;第三,遇到困难,切忌焦躁不安,借鉴学习生物的精神;第四,越是讨厌历史,就越要爱上它,只有爱上它,你才能攻克它。

第三天,女儿不哭了,开始安静地看书了。其实,她那时还没有看到我的留言,而是自己安静了下来,也想明白了,终于可以把心收回来,踏实地读书了。快结束的时候,她上网才看到我的留言,立刻回复说:我知道了。我也爱你!(因为我的留言最后一句总是会说:妈妈爱你!所以,她也会习惯说爱妈妈。)

等到第四天的时候,她已经埋头做了整个历史课程的复习笔记和重点,把需要熟记的部分全都用荧光笔涂亮,几张A4大小的纸,正反面密密麻麻,我知道她找到了学习的方法,也为她高兴。

她自己呢,自然也不像以前犹如无头苍蝇一般了,学习效率直线提升。第五天、第六天,她基本上都在复习历史,因为她认为历史最薄弱,而且因为没有中国留学生和她一样选学历史,她很难求助于几个好朋友。不过我看她还是找到了一个当地华人同学,问了人家如何复习历史(当地华人称为local,从小就在新西兰生活,历史也是从小就学,所以有经验而且学得较好),这证明女儿已经知道如何向别人求助了。

到了第七天,她已经相当轻松了,坐在我身边,给我讲了一遍整个一战的战史,不过是用英文,那些地名我听也听不懂,还有那些战役,我根本就记不住,说实话我肯定不会感兴趣,但是我鼓励她给我讲一遍,那是因为讲一遍之后,就记得牢,比自己在那里枯燥地背诵要强很多。

今天是第八天,她考历史的日子。

我接她回来的时候,听她说好像不难嘛。分两次考,第一次从下午1点到2点;第二次从下午3点到4点35分,不过她说我一直不停地写啊写啊,写了四张纸,快累死了。原来第二场的历史考试有点像作文,需要你针对一个历史事件阐明一个观点,要写两篇文章。第一场的考试,是回答一些历史事件,例如一战的原因有哪些,请列举出三个;一战都造成了什么后果,哪些好的后果,哪些坏的后果,请分别举例阐述,等等,都是一些文字题。

她说还好,昨天复习的都考到了,自己也松了一口气,对我说:妈妈,其实历史也还好啦,没有我想的那么可怕。我说:是啊,会者不难,难者不会,下次你再遇到不会的东西,就知道如何处理了。

经过女儿的这些学习经验,我总结出作为家长的几点陪读攻略:

* 她急,你不能急。很多家长遇到孩子发急的时候,情绪一下子就上来了,变得比孩子还紧张、焦虑,那么孩子的心更加难安定下来。家长要时刻提醒自己,沉住气,观察一下再做判断。

* 不要轻易下断语和怨语。例如"我就知道你看不懂!""你早干什么了?现在才开始着急,晚了!""平时不听妈妈的话,现在后悔了吧?"——这些都是忌语,说出来于事无补,有害无利,不如不说。

写给家长的话

如何面对孩子的考试?

* 给孩子一个缓冲的时间,让她知道你会支持她,陪伴她,你不会袖手旁观,但也不会越俎代庖。打消孩子的依赖心理,但让她知道,你时刻都会在她身边(女儿哭的时候,我一言不发,就安静地坐在旁边,平静和缓地看着她)。家长要学会透过非语言的形式,传递给孩子一种信任和支持的信息。用表情,用心,都是可以的。

* 真心爱她、接纳她。这很重要,不论她多么沮丧,多么痛哭,多么让你气愤或者束手无策,你都要坚定地告诉自己,也告诉她,你是爱她的。这种感受可以不用语言来表达,可以用动作。比如她哭累了,你默默递上一张纸巾,或者用爱抚的眼神看着她。别轻易说话,假如你不确定自己的语言会不会激怒她的时候。要知道这个时候,是她最需要你的时候,聆听她的抱怨,默默地爱她,是她需要的。

* 假如你的孩子内在是有力量的,那她会很快学着自己战胜这些困难。事情过去之后,你再和她分析,分析的时候也是点到为止,因为其实她已经经历了这一切,你的分析只不过是理论上的总结性发言。假如你的孩子还不具备这种力量,你会发现她格外需要来自你的支持,那么你可以进一步引导她如何面对学习上的困难。前提是,你自己要安静和冷静,只有这样,她才能做到安静,对来自家长的引导,也才不会抗拒。

* 家长在引导的过程中,可以耐心地介绍几种学习方法,并且示范一下,让孩子尝到甜头之后立即撤退。不能光说空话大道理,一定要落到实处。

10. 逛街的冲突

快上大学的假期里，我们回到了南京，这一天我准备和女儿出门买几件衣服。她对衣服的要求一向不高，合身、休闲、宽松即可，对牌子和质地都没什么要求。但我觉得她现在已经不小了，还是要买几件像样点的衣服带去香港，于是我开车带她去了一个比较大的商场。

她并不是很愿意，因为她知道那里的东西都很贵，即使打折也是价格不菲，何况她对牌子没有任何概念，因此也没有任何感觉。我们在诺大的商场里转了一圈，发现的确很难找到适合她的衣服，价格高就不用说了，款式我能接受她却不愿意接受，看来看去也没有她看中的衣服。

转着转着她就有了情绪，一边转一边嘟囔，嘟囔的内容无非是自己不够美，什么衣服穿着都不好看之类的话，弄得我也有了情绪，最后我干脆对她说：你先想好自己到底要什么衣服，别耽误时间在商场里转一圈又一圈。

她很委屈地掉头就走，说了一声她不买了。

看到她生气我更加生气了，"这么热的天气陪你逛商场还自愿为你花钱，只要你喜欢的衣服毫不犹豫立即就买，还要我怎样？转了这么久，一件衣服都没看上，还莫名其妙冲我发火。"

最后我们分别说了狠话，她说："我再也不和你上街买东西了。"我也说："我也再不陪你买东西了。"

我们上了汽车一声不吭，她很落寞的神情让我感到不能不解决这种"恶劣"的情绪。虽然我也在气头上，可是我还是把车开到了一个僻静的地方，安静地对女儿说：我们来解决一下彼此的对抗吧。

——有什么好解决的？我没有对抗，也没有情绪。（女儿还沉溺在情绪当中。）

——真的吗？那我们到超市下面的小专柜看看有没有合适的衣服吧。（我已经没有了情绪，而且决定很好地引导她走出来。）

——不要，我不想买了，我想回家。（她有点沮丧。）

——你看，刚才我们俩都有了情绪，现在如果回家的话，我们就留下一个很不好的回忆，将来一想起来逛街，就想到今天，最后的结果就是我们再也不能像人家母女一样开心逛街了，对吧？（我试图解释为何自己坚持逛街的原因。）

——本来就是的,你一和我逛街就生气,再说别人和女儿逛街都是开开心心的,就是你每次都怨我,衣服我没看上也不是我的错,你为什么要怪我?(女儿发现我的缓和,这才把内心的话说了出来。)

——嗯,原来你以为我是生气,所以你才不高兴的吗?

——当然了,难道你没有生气吗?

——是这样的,我是看到你没有选中自己喜欢的衣服,有点不高兴,所以我才变得不高兴的,没想到你感觉到了我的不高兴,你更不高兴了。

——我只是说那些衣服都没有我喜欢的,即使不高兴一下也是正常的吧。

——那我就明白了,其实你只是看到没有合适的衣服所以就抱怨了两句,我因为你的不高兴马上产生了情绪,转过来怪你,你看到我的情绪之后,觉得很不舒服,就真的不高兴了,对吧?

——嗯。

——所以说,这是一场误会,对吧?

——对。

——那好吧,我想我们还是应该努力一下,调整自己的情绪,现在都说开了,我们争取找几件合适的衣服,让自己开心一下,然后美美地吃一顿,你看如何?

——真的?哈哈,那太好了。不过,哪里会有合适的衣服呢?

——来吧,我们慢慢找,不过这次有言在先,假如还找不到合适的,谁也不许不高兴。逛街本来就是一个值得开心的事情,即使没有买到衣服,和妈妈逛街也是最美好的事情。

——好吧,我保证。

——我也保证。

最后的结果是,我们俩转到一家小店,买了几件很不错又便宜的衣服,女儿非常开心,并且表示下次还要和我逛街,将逛街进行到底。

事后我和她沟通,假如两个人情绪都很激烈的时候,难免会说一些伤人的话,也会因为进入了情绪而忘记了初衷。这时候就需要有一个人具备及时抽离的能力,通过自己的情绪转移来带动对方,让双方一起从恶劣的情绪中摆脱,达到最终的目的。

妈妈年长一些,控制情绪能力强一些,所以先清醒过来,以后你也要努力学会这个能力,时刻觉察到自己的情绪,关注对方的情绪。另外,假如今天我们都任由情绪发展,会产生怎样的后果?

两个人会越来越僵,最后一肚子气跑回家里,彼此埋怨,生气,爆发,下次再也不想一起逛街了。

我告诉她，这就是不懂得管理自己情绪导致的后果。

庆幸的是，女儿越来越清楚这一点，也越来越容易从不良情绪中走出来了，再极端的情绪，只要点一下很快就能走出来。

人一旦进入了情绪，和情绪融为一体，就会变得无明。一旦无明，做决定、做事、说话，就会完全背离初衷或真相。

第六章 妈妈请你相信我

1. 我要把世界变软

这是一个漂亮、可爱的小女孩,她刚刚七岁,家长无比焦虑地把她带到我面前,是因为一件有点难以启齿的事。妈妈说:孩子有时候会"夹腿"。

女孩儿一开始见到我的时候,有点胆怯,还想让妈妈陪在身边,可是过了一会儿,就和我混熟了。她偷偷地端详我,我递给她好吃的点心,要不了十分钟,我们俨然是一对好朋友了。

小女孩不愿意坐在沙发上,她一屁股坐在地上,妈妈连忙过来,想要劝阻她,我示意妈妈暂时离开我们的四周。我也一屁股坐在地上,小女孩高兴极了,就这样我们开始了漫无边际的聊天。

我问她:你最喜欢什么?

她回答得又快又好:我最喜欢国学。

这个回答让我很意外,我只能按照孩子的思路来。幸亏我教过小朋友们国学,不然我还真是应对不来。

我们的谈话变成了吟诗作对,变成了背诵《大学》。过了二十多分钟,孩子已经完全和我打成一片。

于是,我和她讲起了一个故事。在故事里,我邀请她成为了女主角,我们一起骑着马,度过了草原,遇到了野狼,最终让小马找到了自己的妈妈。小女孩完全融入了故事中,她时而担心小马的安全,时而想办法智斗野狼,时而帮我设计小马和爸爸妈妈住在哪里?在这个故事里,小女孩把自己变成了小马,我也知道了她内心的担心来自于哪里。在故事里,我们共同打败了"大坏蛋",原来的焦虑也化解了。

故事讲完了,小女孩意犹未尽。我问她:如果你有一根魔术棒,你要实现什么愿望呀?

——把世界变软。

小女孩不假思索地对我说。

见我有点不明白,她又耐心地向我解释:就是把所有的一切,都变成很软很软的。

——那你怎么写作业呢?如果桌子也很软的话?

——很容易啊,反正都是软的。

小女孩没有别的期待,就是想生活在一个温暖的、软软的世界里。

事后我和她的妈妈交流,原来妈妈是一位非常优秀的老师,平时对女儿要求非常严格,可以说要求完美,女孩子很聪明伶俐,从小就饱读诗书。然而,随着年龄的增长,总是怕出错的想法,让她时刻陷在恐惧不安的情绪里,眼睛里的光芒越来越少。只有偶尔的夹腿,才能缓解她的紧张,让她的内心得到安抚。

事情已经很明显了,我和小女孩的妈妈做了交流,很快就收到了妈妈的回馈,女儿的"毛病"越来越少,几乎没有了。

没错,当内心需要爱的时候,我们会用很多方法来获取,小女孩得到的都是"坚硬"的训斥和责怪,她内在渴望的"软软的世界",就只能通过"夹腿"来获取了。

2. 妈妈请你相信我

她是一个留学生,一个十五岁的女孩子,离家远赴新西兰留学,平时妈妈管束比较多,现在得到了自由的孩子,非常开心,终于尝到了"当家作主"的滋味。

女孩儿有了自己的账户,账户上有了一笔"不菲"的钱,那是自己一年的留学费用,这在国内读书的时候,想也不敢想。

女孩子很开心自己终于可以支配这些钱了,于是她"很兴奋"地、"明目张胆"地花了一些妈妈认为不该花的钱,远隔万里的妈妈发觉之后觉得实在不对,用了很多方法,却还是无法遏制孩子的行为。

最后妈妈不得不求助于我,她非常紧张和焦虑,她对我说:我无法掌控她了,她这样下去怎么得了,我必须想办法回到她身边。

妈妈特别焦虑,她很担心女儿脱离了她手中这根风筝线之后,越飞越远。我很难责怪这位负责任的妈妈,只能安慰她,先稳定她的情绪。这都和妈妈曾经的教育方式有关——贴标签,粗暴,追求完美,上纲上线。

妈妈的心怀恐惧让女儿不知所措,最后只好采用"欺骗"的方式来隐瞒她。毕竟不在身边,天高皇帝远,然而,女儿的不告知让妈妈更加焦虑不安。

恰逢假期,女孩儿回家度假。可是发生的一件事,令母亲大发雷霆,原因是妈妈原本以为女儿支付出一笔钱,女儿回国时也和妈妈说,这笔钱已经支付,后来女儿承认这笔钱并未支付,引发了轩然大波。妈妈认为她又一次抓住了女儿"撒谎"的证据,所以管束女儿一贯强硬的妈妈,自然不顾一切地进行了责骂。

妈妈气得直发抖,女儿不断哭泣。我让妈妈先平静一下,把电话交给女儿。我第一句话是这样说的:×××,南老师要表扬你,因为你是一个诚实的孩子。估计电话那边的女孩子不敢相信自己的耳朵,我接着说:因为,你明知道说出真相妈妈会大发雷霆,你还是坦然承认了,这还不算是诚实吗?你明知道如果你就是隐瞒下去,也不会有证据证明你是错的,但你选择了勇敢面对,这还不足以说明你的勇敢和懂事吗?

女孩子听了很开心,也从抽泣中慢慢平静下来了。接着我告诉她,你要记住,在社会中的行为,要遵守"游戏规则"。正如我们打电玩一样,什么游戏规则呢,就是诚信如一,这样才会令别人产生好感,也会减少对自己的伤害。如果自己抱着无所谓的态度,那就会引发一系列的严重后果,伤害别人的同时,也会伤害自己,对吗?她连连应声。

接着我又告诉她,妈妈是最爱她的,所以才会情不自禁发这么大的火,力求完美的教育使得妈妈会控制不住自己的情绪,其实妈妈是最爱你,也是最信任你的,你能理解吗?女儿表示理解。

接着我让妈妈接了电话,妈妈的口气一开始很强硬,说实在不能相信女儿会"撒谎"。我立即阻止了她,然后告诉她如何面对孩子的这种状况。妈妈是一个非常智慧的妈妈,立刻明白了过来,对我的解释和说法十分信服,表示不会再为此事发火骂孩子,我这才放心。

其实人的情绪往往就是一霎那,父母对孩子的教育是一个大课题,并不是一旦发现孩子的错误,就一味指责了事,最重要的是了解这件事发生的缘由,以及告知孩子后果,和今后如何处理。原则是先肯定,后指出问题所在,家长不要惧怕孩子犯错误,只有错误才会使得孩子更好地成长。

假如一味带着情绪批评孩子,势必会造成孩子的对立和抗拒,双方情绪在激动之时,是完全不可能面对真相的。

后来妈妈给我发来短信,说很感谢我,事情已经完美解决了。孩子非常愉快地接受了父母的教育,令我倍感欣慰。

3. 我是一条美人鱼

刚见到这个十五岁的女孩儿,我心里隐隐作痛。她没有笑容,不愿直视我的眼睛,态度漠然而抗拒,虽然父母和大姨热情洋溢,但女孩子格格不入,完全是一副被动、无助、孤立的状态。

很显然,先入为主的模式根深蒂固,我已经被她划为与她父母一个阵营了,我尚未开口,就已经失去了和孩子交流的机会,她完全割裂了和父母以及父母提供的外界援助。

我该从何入手呢?家长心急如焚,孩子淡然处之,我还不能摆出一副心理医生的架势,强行沟通,那样一定会适得其反。

恰好工作室有沙盘游戏,于是我让孩子尽情地玩沙盘,我则和父母在房内单独做了交流。短短的几十分钟,大概心里有了数。

母亲内在胆怯、恐惧,对女儿的掌控过于强烈,从小对孩子的成绩有很严格的要求,一旦不能达到目标,非打即骂,久而久之,女儿愈发抗拒,几个月前干脆不上学了。这下母亲着急了,虽然全家都是高知,但在对待女儿教育的问题上,显然是走入了一个巨大的误区。

妈妈看不见女儿生命的状态,看不见女儿生命的完整,只看分数,只看成绩,让一个原本优秀的女儿,渐渐地变得麻木不堪,激烈对抗,甚至连正常的同学间的人际交往都产生了障碍。

忧心忡忡的父母找到我,也是希望做一个"诊断"和治疗,看看问题到底出在哪里?

很显然,问题出在妈妈身上。假如需要疗愈的话,妈妈首先要占70%的比例,妈妈的恐惧、担心,对孩子事无巨细的管理,总拿女儿和别人比较,以及动辄发火着急的脾气,造成了今天的这一切。

母亲听了连连点头。但是,究竟该如何是好呢?女儿连话都不愿意和我说,我又如何能够走进她的内心,建立信任呢?

思忖片刻,我把一家人引入客厅,请大家品茶,几个人随意聊天,这下女儿终于放松了警惕,当着大伙儿的面,应该不会有人"教育"她了。

在喝茶的过程里,我给大家出了一个心理小游戏,让每个人说出三种动物,分别是天上飞的、地上走的、水里游的。

女孩子想了想，给出了三个自己的选择——老鹰、狼、美人鱼。

虽然严格地说，美人鱼并不是动物，但我还是应许了她的答案，并且做了精准的心理分析。

我分析了狼，分析了老鹰，说得她连连点头，接着，我话风一转，开始讲述她的美人鱼选择。

我首先说：恭喜爸爸妈妈！大家一愣，我接着说：你们不知道，你们的女儿选择了一条美人鱼，意味着什么？

我问女孩子：你为什么要选择美人鱼呢？女孩子回答：对人来说，她是鱼；对鱼来说，她又是人；而且她在童话世界里，是童真的象征。

我极大地赞叹了她。告诉爸爸妈妈说：你们看到了吗？你们的孩子是一条美人鱼，她是全世界独一无二的生命呈现，你们能把美人鱼和什么相比呢？你们知道她内在蕴含着怎样的情怀和心事吗？

这让在场的爸爸妈妈受到了极大的触动。

借由美人鱼的分析，我们开始了一场谈话类的心理疗愈。渐渐的，女儿脸上出现了笑容，她开始和我眼神对视了，甚至看着我的眼睛长达好几秒，我们会意而笑，彼此达成了默契。

我知道，孩子的内心开始打开了。她在沙盘里刻意做了一片绿洲，终于看到了希望。

我也知道，女孩子本身非常优秀，她看了大量的书籍，因为得不到父母的称赞，她不得不转向内在寻求力量，这也是她和母亲产生对抗的原因。她无法在家庭中得到信任，得到肯定，得到爱，所以她不得不关闭自己的心，宁可让它枯竭成沙漠。孩子目前最需要的就是父母的肯定、赞赏以及信任，而不是无休止的挑剔、责骂和训斥。

接着，我又给爸爸妈妈选择的动物做了分析，也都非常的准确，而且恰好说出了他们对待孩子的问题所在，父母连连点头。

孩子在整个沟通过程里，没有紧张，没有抗拒，完全融合了进去，怀着极大的兴趣来一起探讨大家选择的动物的特点，以及他们相对应的内在。

一场轻松而快乐的疗愈，不知不觉结束了。因为父母是外地前来的，还要赶火车，所以大家意犹未尽地结束了这场谈话。

妈妈感慨地对女儿说：我才知道我有那么多错误，妈妈以后再也不总管着你了。

临走时,女孩子笑着对我说:阿姨,再见!并且表示愿意下次再来和我单独聊。

三个小时的疗愈就这样结束了,孩子和家长原本纠着的心,终于可以暂时平复一下了。但这绝不是结束,而只是开始,漫长的疗愈之路还等待着他们,自己习惯模式的改变,也绝不是"知道了",就可以轻易做到。

"我是一条美人鱼!"亲爱的各位家长,当你满腹怨言地责骂你的孩子的时候,有没有睁开眼睛,打开心扉,聆听孩子的心声?有没有看到,你的孩子原来是一条美丽的美人鱼,她原来是上天送给你的一个独一无二的宝贝礼物!

4. 堆沙丘的少年

这个少年虽然胖胖的,可是长得却很俊美,笑起来有点腼腆,脸颊上还有着若隐若现的酒窝。

少年皮肤黝黑,可能是因为一直在新加坡留学晒的。他坐在我面前,低头不语,而他的父亲将他送过来之后,连大门都没进,就匆匆离去了。

沉默半晌,我开始问他:你来找我有什么问题要问?少年迷惑地看着我说:我没有问题啊!

又遇到一个自作主张的父亲。我记起前两天和他父亲沟通,他父亲对我说:我过一天把孩子送过来,请老师务必和他谈谈,他问题很大。

当时我问他,那么孩子知道我吗?知道要和我谈吗?父亲说:当然知道啦,他知道你,还挺佩服你的呢!

出于对父亲的信任,我应下来这个差事。

此刻,身高一米八、两百斤左右的半大孩子,坐在我面前的沙发上低头抠手,说过"是我爸爸让我来见你的"这句话之后,就再也不理睬我了。

——那么,你在新加坡读书多少年了?

——三年多。

——你喜欢那里吗?

——一般。

——你觉得南京怎样?

——一般。

——你觉得你的学习怎样？

——一般。

——你觉得同学怎样？

——一般。

……

父亲的自说自话，让孩子对我产生了抗拒，"一般哥"华丽诞生了。我知道，今天的谈话很难推进了，因为无论我再问什么问题，得到的答案都是：还行，一般。

没关系，山人自有妙计。既然来了，怎能轻易放弃沟通？

我灵机一动，说：楼下有一个很好玩的游戏，你愿意玩一下吗？

他抬眼看了我一下，似信非信，不过"游戏"这两个字，确实对他产生了吸引力，因为他爸爸告诉我：他整天在家玩手机游戏。

我"故弄玄虚"地让他进入了我的沙盘室，介绍了沙盘游戏的相关规则之后，我就不做声了。少年很顺从地坐了下来——谢谢他如此给我面子。

然而，面对整整三个沙具架的沙具，他只环顾了一下，便说了一句：我不想选它们。

呃，真是一个独特的少年。

我立刻说，没关系啊，你不一定非要选沙具的，你可以用沙子来做各种造型，如果你想要水，这里有水。

少年不说话，把肉肉的大手放在了干沙里摩擦、把玩。想必沙子的感觉很舒服，他一下子就进入了情景，一遍又一遍抚摸着沙子，不知在想什么。他的脸上呈现出和他年龄不相称的成熟、凝重，接着他开始用两只手从沙盘的外围往中心堆沙子，一边堆，一边在间隙中掸落黏在手上的沙子：一遍，一遍，一个巨大的沙丘形成了。

接着，他又抓起沙子，从一尺高的地方往下撒沙子。他撒得很仔细，很缓慢，一点儿也不像粗粗大大的男孩子。细细的沙子落在沙丘上，慢慢滑下去，他就默默地再撒一些，一遍又一遍。

不知为什么，我看了之后，有点心疼他的感觉。接着，他问我要水，准备倒在沙子上。我想，也许是想变成湿沙，好造型。

水来了，他倒水的样子也很特别，几乎是淋水，一点点被淋上水的沙子很快变成湿沙，他又在湿沙上面撒上干沙。接着，他开始对整个巨大沙堆的边缘淋水，他小心翼翼地操作着。因为水量实在太少，所以沙子并不会固定成一个形状，反而在沙丘的表面形成了很多小疙瘩。

接着，令人惊讶的一幕发生了。少年在沙堆的顶端用手按下去一个坑，形成了一个小孔,这样一来,整个沙堆变得有点像一个火山了。我问他:你在做火山吗?他说:不,它就是一个沙丘而已。

然后,少年端起水壶,往那个孔里注水,同时对我说了一句经典的话:这是一个用水永远也填不满的沙丘。

他不断地注水,水流不断地被沙丘所吸干。最后他停止了注水的行动,看着我说:我做好了。

我让他安静地看着眼前的作品,和它在一起,感受它。他默默看了一会儿,抬起眼睛对我说:我没感觉。

其实,在此之前,我已经知道他学习成绩不好,天天玩手机游戏,用父亲的话来说,就是不开窍。父亲让他咨询我,目的也只有一个,让他开窍。

然而,他的沙盘作品,以及他说的那句话,对我简直就是一个震撼。我告诉他:我有,你震撼了我。

他抬起头,眼睛亮亮地看着我,我说:我看了你的作品,有一种无奈却很有力量的感觉,你内心有东西,却没人懂你。

他眼睛更亮了,终于不做"一般哥"了,他说:是的。

我说:我懂得你。你有独特的思想,你内心世界很敏感,和你外表并不相符。你其实很细心,你很在乎别人,你很需要关爱,你很想和父母沟通,你想让他们多陪陪你,但是你得不到,所以你内心深处有点不满。我说得对吗?

——你说的全部都对。

少年的眼睛看着我,露出不可思议的表情,接着流露出伤感的情绪。我说:你闭上眼睛,告诉我你最幸福的时候,是几岁?

他感受了一下说:六岁。

那么你能告诉我一下当时的情景吗?

——爸爸妈妈和我在一起。

事情很清晰了。少年从十一二岁出国,妈妈陪同,爸爸留守,家庭本已分居两地,而少年的妈妈又为了打工,把孩子送到寄宿家庭居住,孩子变得很孤独。

多年的留学生活中,谁也不知道发生了什么,可是显然的,没有父母可以亲昵、交流,少年早已养成了包裹自己的习惯,他的心早已变成了"水无法浇透的沙丘"!

我对他说:其实我们每个人都好像这个沙丘,我们总在寻找一个水,一个能够填满这个沙丘的水,可是我们总也找不到。

他说:这就是我的状态,我很期待。

是的,因为缺少陪伴,缺少关爱,所以总在寻找。少年如此,我们成人又何尝不是这样?

我说:你是一个哲学家,你刚才说了一句非常有哲理的话,我得把它记录下来。

他羞涩地笑了,很天真灿烂。

接着,我们做了一个冥想练习,让他从六岁的小男孩成长到现在,有勇气面对父母不在身边的遗憾。

他说:感觉好多了。

我问他爱看什么书籍?他说哲学书。

——很好,我会给你一个书单,请爸爸帮忙买几本书带回去看。

——嗯,好的。

我送给他一本我的书《静待花开》,他立刻看了起来。

趁这个机会,我让他父亲进来,并且做了一番沟通。父亲很感谢,说:我终于知道问题在哪里了!这下我心里也有数了。

高高大大的堆沙丘的少年,临走前指着不小心掉在地上的一些细沙,问我:老师,这地上有沙子了,怎么办?

我说:没关系。

为何我会那么心疼他?看到他,总想有机会多和他沟通一些。我告诉他:以后有什么不开心,就找老师说说吧!我是懂你的。

他愉快地答应了。

少年很快要回新加坡上学了。虽然一面之缘,不知何时可以再来我这里,但我不会忘记这个优秀的少年——一个堆沙丘的男孩子,我要谢谢他,因为他给了我很大的启迪。

希望千千万万想要提供给孩子最好教育的父母,在他们最灿烂、最柔软的年纪,可以给予他们最温暖的陪伴。

5. 遛狗想到的

在我住的小区里,经常会看到没多大点儿的孩子,因为过年的缘故是不用去幼儿园的,平时出来晒太阳,都是爷爷奶奶或者外公外婆带着,很少看到父母陪着孩子玩儿,大概是父母都要上班或者出门办事的缘故吧。

我每天都要去遛狗,我的狗是一只非常活泼可爱的泰迪。它长得很帅,脾气总是很好,喜欢和人玩儿,也懂得主动趴在地上任人抚摸。因为在小区里有老人和小孩儿,我遛狗的时候都是牵着绳子,虽然限制了狗狗的自由,但换来大家的安全,我会比较心安。

可是我有时候会发现一些现象,我遇到的一些小孩子会怕狗,他们看到小狗的第一反应不是欣喜,而是恐惧。不少小孩子指着它,一个劲儿地叫:怕,怕!然后身边的大人就立刻把孩子抱起来,虽然嘴上说,这是小狗,不要紧。但还是紧紧抱着孩子,脸上的表情是说让我赶紧把狗狗领走。

于是我就来了好奇心,我仔细观察了一下周围的孩子和家长遇到狗狗的各种反应。

(1)如前所说,孩子大叫:怕!怕!家长猛地抱起来,安慰说:不怕不怕,是小狗!然后抱起孩子就走。

这位家长的言行不一。嘴里一边告诉孩子不要怕,行为上一边抱起孩子就走。那孩子获得的经验只能是——小狗其实很可怕,不然我家人不会立刻抱着我离开它。这样带大的孩子,长大之后也有可能会心口不一、言行不一致,会渴望获得别人的赞赏却缺乏足够的勇气来挑战困难。

(2)孩子大叫:怕!怕!家长说:有什么好怕的,你去打它,冲过去,不怕!有的孩子正在玩儿那种塑料子弹的枪玩具,听了家长的话,就冲着刚刚想要示好的小狗瞄准,并且狠狠地说:砰!砰!我打死你!

这里面最不恰当的方式,就是这一种了。家长给孩子从小灌输暴力思想,毫无理由地对一个小狗用玩具枪射击,然后还不停地表扬他:你真勇敢!继续打!打得它落花流水!这位做家长的,也许会觉得自己培养的孩子很勇敢,但却不知道无意间给孩子种下了"不善良"的种子。遇到自己感到恐惧的事物,不是引导他用爱来消除恐惧,而是引导他用恨来消灭恐惧,这无疑很危险。将来这个孩子长大之后,在幼儿园和班级里,也许会因为别人不理会他或者没有听从他,挥拳就打。

(3)孩子大叫:狗狗!然后冲过来想摸。家长说:快回来!小心它咬你!不许碰它,多脏啊!

这个家长不顾孩子对小狗的喜爱和亲近的愿望,用自己的好恶来管束孩子,而且说了很多恐吓孩子的话。又是怕狗咬人,又是怕狗身上脏,这样家长带大的孩子,会有点神经质而且胆小,并且凡事喜欢找理由。

(4)孩子大叫:怕!怕!家长说:不怕,你看它多可爱啊,来,我们摸摸它吧。遇到这样的家长,我会很配合地牵着狗,挡住狗狗的嘴巴,让孩子摸摸狗。可惜,我天天遛狗,至今只遇到一个这样的家长。

(5) 孩子大叫:狗狗!然后主动过去摸,家长陪着一块儿摸,然后对孩子讲狗狗的趣事,哪怕只有几分钟,让孩子亲近一下小狗。可惜的是,目前这种情况我一次都没有遇到过。

这里面最好的教育方式应该是第4种和第5种了,无论孩子是怕狗还是不怕狗,作为家长都应该在安全的情况下,主动陪伴和鼓励孩子亲近小动物,近距离地了解小动物。这样带出来的孩子,会性格平和,有创造力,有勇气,并且不怕困难,会挑战自己。

其实,孩子天性应该是喜欢小动物的,除非他有被小动物咬过的经历,心有余悸之外。每个孩子都会喜欢和小动物在一起,但因为现在是每家一个孩子,家长把宝宝的安全看得特别重,以至于管束得过于严格,连面对一只家养的小泰迪都如临大敌,在这样的家庭长大的孩子,怎么会没有恐惧心呢?

短短二十分钟的遛狗经历,让我看到了身边的家庭教育。莫要等孩子长大上学之后,才发现问题存在,那时候的扭转会花费很大力气。希望家长们放下担心,用爱来鼓励孩子,亲近小动物,亲近大自然。

6. 妈妈学会慢下来

曾几何时,我们远离了农耕时代,进入了现代化社会,进入了信息社会。每时每刻,新的信息更迭不断,除了四季无法强行变化之外,我们恨不得一切都进入到一个快速的通道里。

蔬菜要种下种子快速生长;

鸡鸭猪牛羊,要吃速食饲料,最好生下来几个月就长成,然后杀了吃肉;

吃饭要吃快餐;

谈恋爱要谈八分钟恋爱;

闪婚,闪离;

上学要早,毕业要早;

做作业要快;

起床,吃饭,走路,睡觉……都要快!快!快!

这真是一个快速的社会,快速的世界。

慢吞吞的人难免会被别人看不起和嘲笑。

我们做事也要迅速,反应要快。

一切的一切,都要快。唯有快,才是一个好的标准,什么东西太慢了,人们就认为实在不咋的。

但也有相反的,比如美食,人们为了填饱肚子会去吃快餐,为了享受,就要去吃慢餐,找一家口碑好的餐厅,坐在外面慢慢等一两个小时,然后进去吃。

还有的商家,告诉大众我的这盘肉做了多久多久,大家一听,就觉得很了不起,于是一拥而上。

这是为什么呢?因为人们普遍心慌,普遍没有耐心,有人有耐心做了一件慢的事让他享用,他肯定会急不可耐地去品尝一下。

因此对于教育,家长往往会失去耐心,也是情有可原的啦。

在一个速成的社会里,作为不能免俗的一分子,怎么能脱离这个集体意识呢?爸爸妈妈们,看到的、听到的都是快、快、快!都是不能输在起跑线上,不能比别人差。从生下来就比吃奶量,比排便,比胎发,比翻身,比爬行,比坐着,比站立,比说话,比认人。哪个宝宝比邻居家的慢半拍,父母急得都要哭到半夜。

这就难免会发生到了幼儿园孩子表现不够好,拿不到小红花父母生气的情况;这就难免会发生孩子读书不是很努力,拿不到前几名,父母责骂的情况。

也就是说,从父母成为父母的那一刻开始,心里就种下了一个心锚,一个毒。这个毒就是——快!

一个讲究快速成长的社会里,万一不快,岂不是落后了?落后岂不是要挨打了?谁忍心自己的宝贝挨打啊?

所以,万千个家长就开始快马加鞭,抽打着万千个原本速度、水平并不在一个标准上的孩子,一边抽打得遍体鳞伤,一边叫着说:我可是为你好啊!

孩子自然也不能免俗,试想一下,被抽打成长出来的孩子,脑海里一片万马奔腾、舍我其谁的惨痛经历,走入社会也是一样的追求快、快、快!

所有的人,都陷入了一个巨大的漩涡和误区,所有的人都染上了可怕的"病毒",然而,每个人都一边抱怨着,一边说:我也不想这样啊,没办法啊!

一个植物,一个动物,一个生命,一个人,如此快速成长真的很好吗?万物变幻皆有时,乌龟有乌龟的生命韵律,蟋蟀有蟋蟀的,小草有小草的,大树有大树的。虽同为人,然而也有长得快、长得慢,发育得早,发育得迟的,衡量一个生命的标准是哪里来的呢?

每一个生命,从诞生,到死亡,无不经历成、住、坏、空这几个阶段,为什么不让这个生命在自己的阶段里,过好每一天,享受每一天,而是用一个社会上固定的标准来要求他,强化他,伤害他,责骂他?

那些用鞭子不停驱赶自己孩子的家长,放下你的鞭子,认真地和你的孩子聊聊天,看看他的生命状态是怎样的?看看他内心有了多少伤痕?

那些每天催促自己孩子,快点起床,快点穿衣服,快点吃饭,快点去上学,快点做作业的家长,先停一下吧!你的催促并不能使孩子真的变快,反而会让他染上拖延症。

你有多久没有带着孩子看看星空,看看身边的小草,看看地上的蚂蚁了?你有多久没有和孩子认认真真共同读一本纸质的书了?你有多久没有用缓慢的语气和孩子讲话了?你又有多久没有慢慢地慢慢地拥抱孩子一下了?让我们放慢脚步,享受一下身边的美好。

7. 做我的妈妈好吗

——你能不能做我的妈妈?

这是我昨天听到的一句话,说这句话的是一位女孩子,初三学生。她依恋地把头靠在我肩膀上,乖乖地看着我,我心里一阵荡漾,伸出手臂搂住她。

——可以啊!不过我要是做了你的妈妈,肯定会严格管教你,你愿意吗?

我开玩笑地说。

——当然愿意了!

女孩子的头点个不停。

我知道她的妈妈是一位特别好的妈妈,只是事无巨细地呵护和关心她,逐渐长大的女儿有点受不了。

因为父母对孩子过于担心,就会时刻不停地看管着女儿,一举一动、细枝末节都要过问,孩子已经到了青春期,自我意识开始成长,于是就开始了"反抗"。可是因为从小被教育要感恩父母,要体谅父母,要无条件爱父母,所以孩子也不太敢明确反抗,只好"消极怠工",妈妈说的话、爸爸说的话,全当耳旁风。

久而久之,就形成了一个现象,女儿拉开了和父母的距离,父母着急不已,担心不已,又不知从何入手。打不得,骂不得,好好说又不听,成绩不断滑落,又更着急。

女孩子的妈妈很慈祥,很善良,是一个特别好的人,但每个人都有自己的短板,妈妈也不例外。当我们看不见真相的时候,我们就会陷入紧张和不安之中,妈妈的短板就在女儿身上。

你能不能做我的妈妈?——女儿在忍受什么,她不愿忍受什么?妈妈可能并不知道,也从未想过。

在绝大部分家长的眼里,孩子有吃有喝,有人管着、爱着,有学上,哪里来的那么多心思?的确,现在的孩子想得多,他们和过去的我们那代人完全不一样了,可是很多人到中年的家长,依旧用老一套来管教孩子。

我们那时候成长的过程里,物质是清贫的,但心灵是满足的。放学之后,有兄弟姐妹可以跳绳、扔沙包,有同学可以玩各种游戏,没有那么多升学考试的压力,没有电子游戏的影响,甚至没有电视,也看不到几部电影。我们生活得很简单、单纯,所以我们比较没有"杂念",也容易满足和快乐。

虽然那个年代没有什么信仰,但良好的家教、家风,父母的耳提面命,让我们也有所顾忌。现在的孩子,尤其是大城市的孩子们,大多数都生活在一个嘈杂的环境里。父母本身的心就无法安静下来,整天为了孩子升学、工作、将来的房子而发愁。放眼望去,房价一天一个样,钱包越来越瘪,竞争越来越激烈,本科生都很难找工作,就业的压力越来越大,生儿育女的成本也越来越高。

在现代这个社会环境下,已经完全不会再有过去"越穷越光荣""大锅饭""劳动人民最光荣"的思想意识了,每个人都恨不得做百万富翁,或者抱有钱人的大腿,和土豪做朋友是最荣幸的事。道德沦丧、丧失信仰、拜金论、恶性竞争,层出不穷。

那么,我们还能用过去我们成长的教育方式来教育现在的孩子吗?显然不可能。

这些零零后,已经是"人小鬼大"了。随着网络的迅速发展,似乎没有什么是他们不知道,没有什么是他们不懂的。

所以,这些孩子的心智越来越"成熟",但这种"成熟"却不是真正意义上的成熟,只是被催熟。他们吸取了本不该在这个年龄知道的信息,但又无法发展出这个年龄应该有的责任心和感恩心。

我遇到的大部分青少年来访者都有一个通病,那就是没有人生规划,没有理想,浑浑噩噩,非常倦怠,做什么都提不起兴趣来。

反观他们的父母,却爱之深,责之切,打骂的有之,哄骗的有之,焦虑不安的有之,愤怒的有之。他们的父母也有一个通病,那就是很少会反思自己哪里做得不够好,即使口头上承认自己的教育有问题,但也无法从实际行动上进行改变。他们总是告诉我,他们真的爱孩子。

那么,家长给予孩子的爱,到底该从何体现?

我认为,一是自律、律他,二是尊重,三是信任。

自律、律他,是要求家长自己要能约束自己。你不让孩子玩手机,你自己首先不要玩;你不让孩子看电视,你自己首先别看;你不让孩子玩电子游戏,你自己首先不要玩,家长要努力给孩子创造一个良好的环境和家庭氛围。

尊重,指的是对生命的尊重和接纳,孩子虽然经由父母而出生,但不是父母的私人财产,而是有独立意识的生命。他会慢慢长大,拥有自己的生活和空间,也有自己的喜怒哀乐和各种情绪。如果不懂得尊重孩子,一定会引发孩子的不满。

信任,是很多家长甚至是绝大多数家长无法做到的,做不到信任自己的孩子,你就无法谈到爱他。这份信任,是父母传递给孩子的能量,是巨大的滋养,很多父母担心孩子长大之后不够完美,所以极尽挑剔之能事,看孩子做任何事情都觉得不对、不顺眼,用成年人的标准来要求自己的孩子。这种不信任一旦扎根在孩子的心里,就犹如一根刺,很难拔掉。

而家长又一味希望孩子能够按照自己的想法来改变,成为自己喜欢的样子,这怎么可能呢?

有的家长简单粗暴,你的孩子自然懦弱胆小无责任心。

有的家长三观不正,你的孩子自然也不会三观正。

有的家长整天不在家,应酬不断,你的孩子自然和你有隔阂。

所谓种瓜得瓜,种豆得豆,有因必有果。

当我们发现一切呈现出来的时候,那已经是一个结果了。面对已有的结果,你无论怎么生气、发火、焦虑,都不能改变丝毫,唯一能改变的是,这个结果今后的发展。

如果我们清晰地知道,每个结果其实是另一个结果的因,你面对结果做的所有文章,都会产生另外一个结果,那么你就进入了觉知状态,而非无明。太多的家长用自己惯用的方法来对付自己的孩子,对付自己不想要的结果。他们往往气急败坏,冲孩子撒气,或者直截了当地要求我:请你帮忙用最快的速度调整好孩子。遇到这样的请求,我只能"呵呵"了。

一切都有其根源,追根溯源才可以固本清源。希望每一位父母都能认真地思考一个问题:在孩子成长过程里,我究竟起到了怎样的作用?我究竟该怎样做,才能真正让孩子改变?

真心希望天下的父母,都能做到真正爱孩子,而不是用爱来和孩子做交换。

8. 妈妈自己要改变

突然接到一个来电,对方是外地的女士,声音非常焦虑,说看了我的公众号文章,希望能够预约咨询,得到我的帮助。

经过沟通,我了解到原来是十七岁的女儿和妈妈之间发生了一些对抗,这原本在青春期期间很常见,但她的情况有点特殊,因为牵扯到隐私,我在此不再详谈内容,大致就是家庭中的一些情感问题所导致。

这位母亲很急切地想要我安排咨询,并说要和我沟通一下有关女儿留学的情况。但职业的敏感让我察觉到,这并不是单纯留学就可以解决问题的,女儿的心结如果不处理好,贸然留学只会让母女的关系更加恶劣,甚至对女儿的身心发展产生不良影响。

于是我和这位妈妈说:既然妈妈认为咨询主体是女儿,那么还是请尊重女儿的意见,看她愿不愿意来和我见面,好好谈谈。

母亲和女儿进行了沟通,并且又打了电话给我,希望我能在电话里和女儿做一个短暂的交流。

女儿很有自己的想法,看得出来她和妈妈之间确实是"剑拔弩张",有很深的敌对情绪。她对我说,学校不能请假,所以暂时无法过来。——这个回答是我完全能够接受而且能够预料到的。

于是我和她说:没有关系,任何时候如果需要我的帮助,可以提前预约安排好再过来。

然后女儿电话交给了妈妈。母亲对于女儿不能来有点小遗憾,我能捕捉到一些细节,女儿现在的结果一定不是无来由的,所以我提出了一个建议:既然女儿无法请假前来,您是否可以单独来一次,我们深入沟通一下。

其实,我们要看到整个家庭是一个完整的系统,无论作用于谁都可以改善另外一方。疗愈并不是单一的,可以说,作为家庭细胞的每一个家庭成员都责无旁贷,缺一不可。

可是妈妈一口回绝了我的建议,她说:和我谈就没有必要了吧!我这个人是改变不了的。

言下之意，我只要好好调整她的女儿就可以了，只要让她的女儿"变好"就可以了，她一切都不可能改变，即便和我交流，也无济于事。

我刹那间明白女儿为何会和妈妈如此对抗了，也了解为什么女儿会变成这位妈妈口中说的"问题少女"。

生命不是单一的，任何结果都有其因缘，追根溯源方能解决根本问题，否则无疑是隔靴搔痒，治标不治本。

然而，这位女士一句话就把我的建议给回绝了。

我是改变不了的——有多少人受到了这句话的局限？

我年纪大了，我是改变不了的，要改变的是他而不是我。

我没错，我是不可能改变的，错的是别人，要改变的也是别人。

我凭什么改变呢？我付出了这么多，我所做的一切都是为了他好，我是不可能改变的。

我知道你说的对，我应该改，但我就是改不了，你看有什么办法呢？

"福兮祸之所伏，祸兮福之所依"，在我们的生命长河里，哪一件事，哪一个人，哪一颗心，哪一段情，哪一个认知，是不可改变的呢？

世界分秒在改变，人生无常，时刻在变，我们身上的每一个细胞都在裂变、重生，我们的思想瞬息万变，那么为何对于一个活生生的生命来说，我们会斩钉截铁地宣布"我是改变不了的"？

单纯依赖外界改变，来获得自己的期待和满足，是非常脱离现实的想法，我们和身边的亲人是息息相关的，我们的身体、思想，都是有能量的。在你不经意间，你的能量就在影响着你身边的人、你的父母、你的先生、你的太太、你的儿女、你的整个家庭。这些统统呈现在你的面前，变成了你现在的生活的样子，所谓"因果不虚"。

所以，我们可以审视自己内在的地方实在太多太多了。

我是改变不了的——这句话是真的吗？

一个人真的改变不了吗？

当我们认可这句话的时候，我们就会做出一个决定——我不要改变。

当我们质疑这句话的时候，我们会勇敢地观察自己的内外，并且做出一个决定——我要改变。

唯有做自己生命的主人，才能为自己的生命负起百分百责任来。唯有愿意负起责任的人，才会具有接受改变的勇气。

所有认为"我真的很好，我不需要改变，需要改变的是你是他，却不是我"，或者认为"我改不了了,我已经是这样了,我没有可能改变了",拥有这样思维的人们,都是在放弃自己的生命主控权,但凡遇到了问题,行动力也不会太迅速。

昨天的这位母亲非常着急,希望我能立即排出时间来疗愈她的女儿。但是我很想说,如果自己一点都不想付出,自己都完全不想改变,那么,女儿的改变也是有限的。

改变从心开始,心念不转,一切都不会有改变。即便是外界产生了变化,若自己的心念永远不变,还会有不断的烦恼和问题产生。

作为生命的疗愈师,只能是生命中的助缘,唯有做好用爱来陪伴。我们永远无法代替和干涉一个生命的改变,这需要我们时刻提醒自己,要深刻地认知和尊重对方,一切生命的改变和疗愈,都永远发生在自己内部,发生在自己身上,自己永远是自己的主人。

当你是光,黑暗才会被驱散。

当你是爱,恐惧才会被消退。

当你自愈,方能愈他。

9. 妈妈别心急

现在家长的一个通病,就是心急。

心急的表现在于不断地把自己的孩子和周围孩子做比较,然后很快地得出一个结论,之后就按照这个结论来管理孩子。要求孩子、教育孩子。不过这并不能全部责怪家长,老师们也是这样。老师们每天在微信群里对学生们进行点名、评比,老师着急,弄得家长也跟着着急。

不由得不心急啊,好像看到孩子一次测验没考好,就立刻想到他今后长大会失业没饭吃了。

我看到很多家长都是这样心急的状态。

一棵小树从树苗到长大成材,不是一朝一夕的事情,我们要看到孩子内在的圆满和灵性,给他(她)鼓励和成长的空间,而不是贴标签。

——我的孩子就是内向不爱说话,急死我了。

——我的孩子就是粗心,该怎么办呢?

——我的孩子就是控制不住自己，所以学习成绩一直很差。

——我的孩子脾气不好，爱冲人。

——我的孩子学习成绩不好，将来可怎么办呢？

——我的孩子比较自私，真拿她没办法。

……

还有很多很多类似的说法，不绝于耳。

家长可以看一下，自己对孩子有没有这样那样的评价，有时候是和周围的朋友诉苦，有时候是斥责孩子的时候说出来的。总之，这些思想因为总是环绕在家长的脑海里，已经形成了一个"事实"，稍微一碰触到激发点，就会冒出来。

慢慢的，随着家长的心急，我们的孩子越来越不知所措，越来越没有了自信。

孩子的自信，从哪里来？

假如在一个孩子的成长过程中，家长只看到短暂的过程，看不到长远的过程，轻易地给自己孩子下结论、贴标签，那么这个孩子就会按照家长下的这个结论发展。

这看起来有点不可思议，但事实确是如此。

假如你的孩子偶尔因为情绪不高没有喊人，你就断言说她是一个不懂得礼貌的坏孩子，或者说她是一个内向不爱喊人的孩子，她最后就会变成这两种的其中一种。

你的想法原本是刺激她，让她成为你希望那种懂礼貌、开朗的孩子。没想到结果恰恰相反，于是你更加气愤，一遇到这样的情景就开始责怪她。殊不知你越这样责怪她，她越是按照你责怪的方向发展。

所以，心急的家长教育出来的孩子往往学习成绩不好，没有自信，因为他们早早就被自己的父母盖棺定论了。一个被盖棺定论的人，是不会再有发展前途的，尤其是孩子，他将很难挣脱自己亲人给自己的一个限制性的定义。

我们只能从自身下功夫，做一个淡定、不心急的妈妈。

女儿小时候由于我的管教也自卑不自信，每当我夸赞她好的时候，她都不是很相信我的话。

我一遍又一遍地给她讲花开的道理，告诉她有的花开得早，人们都喜欢、羡慕、夸奖，有的花开得迟，人们就以为它不会开了，所以就不会理睬它，也不会关注它，但它还是花，迟早都要开放的，完全不必和别人比较。

记得不到10岁的女儿当时很可怜地一遍又一遍地问我：妈妈，那我是不是那朵还没开的花？我真的过很多年会开吗？

我郑重其事地一遍又一遍地回答她:任何一个小朋友都是花,都会开,你也不例外。所以不要看不起别人,更不要看不起自己哦。

我很庆幸的是,自己没有轻易给她下结论,当她拿着数学68分、78分的试卷怯怯地让我签字的时候,我只是告诉她,把不会的弄懂就可以了,成绩不代表任何东西,无论你考100分,还是考0分,都是过去的事了。

女儿刚考入新西兰高中的时候,6门功课加起来总分不过二十多分,她照样会着急,会哭,会沮丧,仿佛三十多分离她无比遥远。我告诉她,你现在这个成绩,今后才有发展的空间,到时候大学录取的时候,看到你一路走过来,每个学期都进步,才知道你是一个有潜力的孩子,才知道你的力量是慢慢积累的。

后来她真的做到了,每个学期都进步一两分。别小看这一两分,成绩单上的一分,往往就是试卷上的十几分甚至二十分。

从二十几分的总分,到三十分,再到三十七分,我知道她付出了多少努力,也知道这里的辛苦。

最终她终于得到了不错的回报,考入了香港大学。

现在的女儿,阳光,开朗,自信,美丽。

所以无论何时问我,我都是那句话——每朵花都不一样,只要你欣然接受她,你全然信任她,你懂得用爱来浇灌,培育她,一定会绽放。

作为家长千万别心急,爱护自己的孩子,就好像爱护一朵花一样,耐心的浇水,施肥,相信他(她)终有一天会开放。

10. 我是勇士

坐在我面前的男孩子,大一,留学生,20岁,虽然第一次见面,有一点点局促,却总是报我以温暖的微笑。

我很喜欢他的温和和谦卑,以及直率。

我请他开始做沙盘,这是他的初始沙盘。

很少有人做过沙盘治疗,男孩儿也不例外。经过简单的讲解,他很快理解了我的意思,很快就做好了一幅沙盘。

我请他讲给我听,右下方有一道大门、一叶小舟、一弯海水,他说,这是他要走出去的地方。沙盘的左上方是一个巨大的城堡,面前有一位巫师,城堡上面站着圣母玛利亚,庄严而神圣。

在沙盘中间,还分布着两个建筑物,前面都有一个武士在守卫,其中一个建筑物前面,有一片小森林。

沙盘左边的空白处有一只猫头鹰,目光炯炯有神。

沙盘上,还有一个全身盔甲、手持短剑的勇士。

男孩子对我说,这个勇士就是他自己。

说着,他拿起了这个勇士,放进了森林中。

我请他讲述这个故事,原来这位勇士离开了温暖的港湾,踏上了艰苦而充满荆棘的道路,那两个不明建筑物,就是他要遇到的障碍,前面的武士也是他要对抗的困难。

而他现在,被困在森林里,迷茫中——非常适合他目前的心境。

猫头鹰,是一个智者的象征,会提醒他如何前行。(我觉得男孩子好棒,一方面知道自己在前进路上免不了会遇到种种障碍;另一方面,他又细心地布置了一个猫头鹰来指导自己。你能说他考虑得不周全吗?)

男孩子说,前进路上一定会遇到障碍,但最后,他肯定会克服种种困难,到达理想中的城堡。(你能说他对自己没有信心么?)

这就是他呈现出来的内心世界。我很赞叹,很欣慰,甚至有点心潮起伏。因为他妈妈一直很担心他,妈妈对我说,他被惯坏了,不知道好好学习,功课都要"当"掉了。

当然这是一个真实的情况,不过我们必须从表象找到原因,而不能被表象迷惑。

妈妈没有看到孩子的内心世界,或许看到了却不敢相信,因为现实中的结果是令人不满的。所以妈妈如此发愁,如此焦虑,以至于孩子欣然同意来我这里的时候,善意地对妈妈说,其实妈妈也需要看看。

我和男孩子说了我通过沙盘看到的一些情况:做事比较冲动,过后又会后悔,有时候有选择障碍,有勇气但不知道如何做,等等。他很同意,我们花了将近三个小时探讨了有关他内在的一些"问题"。在要求他写下父母的缺点时,他写的两个统统都是:脾气太急了。

男孩子的脾气却是非常温和,待人彬彬有礼,很有绅士风度,可以说是一个小暖男。说实话,我感觉到男孩子的高情商,我看到了他除了"学习成绩不好"之外的优势。

至于这次学习成绩不好,我们经过分析有几个原因:

(1) 没有选择自己喜欢和能 hold 住的专业;

(2) 没有很好地抓紧时间学习,整天玩游戏;

(3) 没有明确的目标,不知从何下手。

我们得出的结论是:

(1) 了解自己的兴趣爱好,调整专业方向;

(2) 增加意志力培养,从小事做起,不找理由,说到就要做到;

(3) 给自己订立一个大目标(取得学位),一个小目标(今年 5 月份前,雅思考到 6.5 分)。

咨询结束了,我肯定了男孩子,告诉他我感觉到他的勇气和决心,孩子说感觉收获很大。

我也和妈妈聊了一会儿,妈妈是一位很好的母亲,很有教养(也难怪孩子培养得很好)。她很爱孩子,也很信任我,这点让我非常感谢。

我希望能罗列一些妈妈在无意识中习惯性说出来的话,相信有很多家长可以对号入座。之所以写下来,是告诫大家,这些语言很容易让孩子失去信心和对自我的要求,我希望对大家有所借鉴。

(1) 孩子说:我考试心态好。妈妈说:就是没心没肺呗。

(2) 孩子说:我想做公司高级白领。妈妈说:我没那么高奢望,你就平平安安挺好了。

(3) 孩子说:我一定会努力。妈妈说:你就是认错态度好,但总是不改。

(4) 孩子已经大一了,妈妈还每天监督他读书学习。

总之妈妈一千个不放心,一万个不敢相信。

经过我们的沟通,妈妈也表示会逐渐改变自己的心态,放手让孩子去做回自己。

从尊敬的来访者身上,我学习到来自母亲内心信任的力量。

同时我也看到,不安和焦虑是如何制造负面情绪来困扰我们的行为、影响我们的心态的。

几天之后,我就收到了孩子从国外发来的微信,告诉我他已经顺利回到国外,要开始努力了。

我们都有理由相信孩子会越来越好。

写给家长的话

如何培养孩子的生命主控权？

* 一个不会管理自己的孩子身后,一定有一个事无巨细管理孩子的妈妈或者爸爸。

* 你不交回他自己的权利,他就永远也不知道责任是什么,所以家长要学会放手,放手的第一步,就是放心。

* 孩子是不断变化成长的,做家长的一定要正向引导,千万不要轻易给他贴上一个固化的、负面的标签。

* 要看到一个生命的全部,看到他不断变化的轨迹,父母要学会陪伴、支持、加油。

第七章 化担心为祝福

1. 让我看看你的眼睛

坐在我面前的,是一个十五岁的男孩子,清秀,身体修长,时而会露出紧张和羞涩的表情,也会露出好看的笑容来。

我问他:你觉得最近学习怎样?他说:不好,虽然老师讲的内容都很熟悉,但一到考试就紧张,结果总是考不好。说着说着还露出很难过的表情。

我安慰他:这很正常,很多人考试的时候都会紧张,这不是你的错误。

——是吗?

他稍许放松了些。

我又说:你为什么紧张呢?你担心什么?

——我担心考不好,妈妈不高兴。

——哦,原来如此,你真是一个懂事的好孩子啊。

——是吗?

他又放松了很多。

——对啊,你因为爱妈妈,不愿意让她不开心,所以才这么紧张成绩,你很难得啊!

——原来是这样。

他笑了。

——那么,每次你考不好的时候,妈妈是怎样的呢?

——她有时候会讲我几句,有时候不说话。不过我能看出来,她不开心。

——嗯,妈妈对你来说,真的是很重要啊。你不舍得让妈妈难过,所以就拼命想考好,但越是想考好,越担心考不好让妈妈难过,结果就越考不好,对吧?

——是啊!

——哦,这不是你一个人的事情,一会儿我再和妈妈聊聊,看看她是怎么想的,好吗?

——好啊。

他明显放松了,笑了。

男孩子说话的时候,始终侧着脸,眼睛不断地漂移,就是不看我,而且一紧张就不停地眨眼睛。

——你的眼睫毛好长啊!

我突然发出了这样一句感慨,让他很惊讶,他立刻很害羞地笑了。我不知道是不是我的赞叹带给了他一些喜悦,他表现很开心。

——可是,我注意到你从来都不看老师的眼睛,你能让我看看你的眼睛吗?

男孩子很奇怪我的这个要求,他显出一点为难的表情。

——你是不是和别人说话的时候,都不看别人的眼睛呢?

——是啊,我和我妈、学校老师、同学说话的时候,都不看眼睛的。

——知道了,那我们今天可不可以试着看看眼睛?让我看看你的眼睛,就一分钟,我们两人四目相对,你看一下老师的眼睛里有什么,好吗?

——好!

少年转头过来对着我,两只眼睛冲着我,我们四目相对。

——你的眼睛好清澈。你看老师的眼睛里,都有什么呢?你能不能看到对你的欣赏、支持和爱护?

少年的眼睛亮了,我知道他看见了。

——眼睛是心灵的窗户,眼睛是会说话的,所以我们看着彼此的眼睛的时候,就知道心里有什么了。喜欢或者不喜欢、讨厌一个人,都可以从眼睛里发现。你的眼睛很漂亮啊,发着光呢!我现在计算着时间,我喊停的时候,你就可以不用看我眼睛啦。

少年听了我的话,一直盯着我的眼睛看,我永远忘不了那双明亮的、纯净的眼睛,透过眼睛,你能看到他的心灵。

奇迹发生了,他原来一直眨眼的行为,突然停止了。就在我们彼此对望的过程里,眨眼停止了。

——时间到!你可以挪开眼睛了。

少年笑了,眼睛也没有立刻离开我的视线。

我问他:你现在和我说话,有什么不一样的感觉?

——我觉得舒服多了。

——是不是感觉心打开了?

——嗯,是的。他笑着说,随即又看了我的眼睛。

◎第七章 化担心为祝福

接下来的沟通，我已经不用欣赏他侧面的长睫毛了，我们经常可以视线相遇，非常的愉快。

我知道男孩子内心有一些自卑、担心，他从来不敢和谈话者视线相交，今天是一个突破。我教给他在家里如何练习，如何透过镜子看自己的眼睛，如何和别人交流的时候，看别人的眼睛。

接着，我单独和少年的父母做了沟通，我们也取得了一致的意见。

时间总是过得飞快，一家三口要回去了，临出门的时候，我和他们道别，而少年的眼神主动和我相遇了。

这是今天我最欣喜的事情，因为我教会了他，如何经由自己的眼睛，获得自己内心的力量。

生活就是这么美好，只要你愿意去发现，总能看到最美的事物。

后记：就在这本书修改之际，我惊喜地收到了这位少年妈妈的短信，她告诉我，孩子已经以优异成绩高中毕业，并且考上了墨尔本大学。

2. 妈妈是天使

因为职业的关系，我经常会遇到和我抱怨的妈妈，有的妈妈说：我快要崩溃了！有的妈妈说：我快要被孩子逼疯了！有的妈妈说：这么小的孩子怎么会这么折腾人？

我笑着对她们说：不要着急，冷静，安静，平静。

当孩子不听话，没有成为我们期待的样子的时候，作为妈妈免不了抓狂。是啊，谁不想让孩子如自己意呢？当我们的孩子不听我们的话，凭着自己的想法做出一些让我们瞠目结舌的事情时，我们该如何是好呢？

绝大部分的妈妈，第一反应就是气愤，接着失去理智，然后就开始抱怨，从抱怨孩子开始，到抱怨自己命苦，最后能抱怨到自己的丈夫和父母。瞧，我们总在寻找帮助自己承担责任的人，我们潜意识里，总在找一个能够让我们免除过错的人。

这个人是谁呢？

怨天尤人的模式就此展开，于是有人躺着也中枪了。

这里给出妈妈们三大秘籍：

第一,接纳结果。接纳,除了接纳还是接纳。因为如果你不接纳,你就会开始愤怒;你开始了愤怒,你就有了恶劣的情绪;你有了恶劣的情绪,你就完全没有办法搞定你面前的孩子,最后得不偿失。所以,无论他或她是多么的令你发狂和失望,第一步就是接纳。

今天有个年轻的妈妈很崩溃地问我:我的女儿死活不肯上幼儿园,已经连续四天了,我快要疯了。怎么办啊?我说:我女儿小的时候,连续一个多学期不肯上幼儿园,天天哭闹,我完全理解你的感受。

结果她的情绪立刻好转了。也许是看到我现在过得不错,女儿也考上了港大,所以觉得小时候闹着不上幼儿园,其实也没有什么大不了的。其实,真没有什么大不了的。

任何发生的事,只要不是攸关生命的事,都没有什么大不了的。我们第一步,首先要接纳发生的结果,才能冷静下来,思考对策。

第二,探寻原因。探寻是一个过程,是一个不可或缺的过程,缺少了探寻,只是在对错上和孩子较劲,没有任何用处。孩子不好好吃饭?探寻。孩子不听讲?探寻。孩子不想上学?探寻。孩子打架?探寻。孩子不肯上幼儿园?探寻。

当我们冷静接纳结果之后,才有可能不带情绪地探寻真实的原因。有时候孩子说话是带有掩盖性的,为了掩盖自己的心虚,为了掩盖自己的某种想法,会用不同的言语表达出来,这时候需要的是耐心、细致地探寻。

很多家长经常在我面前抱怨自己的孩子:我的孩子很胆小,怎么解决呢?

我反过来问她:孩子为什么会胆小?往往回答是:不知道啊!我们也没做什么啊,怎么别的孩子胆子都大,就他这么胆小啊!

由此看来,这些家长探寻的能力有待提高。家长无法探寻到因,只在果上纠结,则根本无济于事。即使父母再怎么训斥孩子,再怎么责怪孩子,甚至发火揍孩子,孩子还仍旧如此,无法更改。家长需要由表及里,由果追因。

第三,修正行为。接纳了孩子的行为,又探知了原因,最后一步就自然而然呈现了。家长可以很巧妙地通过修正原因而修正行为,从而得到不一样的结果。

在这三个过程中,第一步非常重要。没有接纳,就没有信任;没有信任,就没有探寻;没有探寻,就不可能修正。而第一步中接纳的关键是,将自己变成天使。孩子懂事的时候是天使,犯错的时候就是魔鬼。很多妈妈在孩子一开始闹人的时候,还能忍耐几分钟,多次之后,孩子就是小魔鬼,妈妈成了大魔鬼,脾气发的比孩子还厉害,心里的烦恼和愤怒都能"燃烧"整栋大楼,胸中充满了怨恨和悲凉、无奈,最后上演的就是一场魔鬼大战。

最重要的是,妈妈要把自己变成天使。无论你的孩子是不是魔鬼,你都要呈现天使的一面,当他是魔鬼时,你这个天使才能降服住他。

3. 早恋的孩子

今天接到好友电话,告诉我刚上高一的女儿似乎谈恋爱了,父母非常紧张,问我到底该怎么办?

我恰好前些天接到另外一位刚上初一的孩子家长的咨询,也是问我,说儿子每天晚上都偷偷和一位女生发无关乎学习的短信,她希望制止,怎么办?

下面我就来说说到底该怎么办。

(1) 两位家长的共同点都是,坚决不希望孩子过早地谈恋爱,怕影响学习,所以充满了担心、焦虑和不安。他们很反感孩子的行为,却又不知道如何说,如何做,如何制止。我问起两位家长,他们都异口同声地回答我:不想让孩子谈恋爱,因为会影响学习。

(2) 抛开谈恋爱是不是一定会影响学习不谈,家长如果从一开始就将其定义为"错误"的行为,孩子是不会将实情和家长和盘托出的。

(3) 这个时期的恋爱,大部分也是懵懂的好感和青涩的男女之间的小情怀,还不能上升到真正的恋爱,最多只是除了学习之外的一个兴趣点。那个初一的妈妈问我,为什么儿子会有那么大的兴趣发那些短信?我说那自然是因为他们的话题让他感兴趣。她不能理解,为什么一个孩子不去聊有关学习的话题,却聊同学之间的八卦话题。我很想告诉她,她对学习的渴望已经让她产生了幻觉,这个幻觉就是她会认为孩子在种种学习的重压之下,居然还会有兴趣和女生在夜里谈论如何做作业,这只能说母亲的想法犹如让鱼儿欢快地上岸爬行一样不合情理。

(4) 高一的妈妈说孩子从来不愿意和自己说心里话,我说那一定是每次孩子一说心里话,妈妈就开始批评她这个不对那个不对,久而久之,孩子就不想再和妈妈交心了。这位妈妈为自己辩解说,可是的确是女儿的错啊,难道就不可以告诉女儿怎样做、怎样想才是对的吗?我说:不能。如果你真心想成为她的引导者,最重要的就是让她愿意将自己的一切展现在你的面前,一个人愿意将自己的一切展现出来,只有一个前提,就是你是安全的,她也是安全的。在你的面前如果充满了指责和批评、不屑,你会把自己毫无保留地展示出来任人宰割吗?

(5) 错误是免不了的,既然是免不了的,那么父母就不要回避,也不要代替孩子来承担错误,阻止错误。在孩子把心事袒露给你的时候,你要保护和珍惜孩子的这一份信任和真实。你首先要做到的是理解、感谢,其次是鼓励他说出他的想法,然后才是心平气和地说出你的想法——如果他真的需要的话。别跟在他的后面唠叨个不停,让他生厌,那么"恭喜"你,你将永远不会听到他的真心话。

(6) 关于早恋这个问题,家长最好不要站在孩子的对立面。如果是女孩子,妈妈要和她如同闺蜜一样交流,让她知道怎样的男生是适合自己的,让她知道怎样的男生要远离,让她知道她自己是怎样的女生,也要让她知道如何保护自己不受伤害,教会孩子爱护自己。如果一个母亲总是用贬低的语气来教训女儿,那么这个女孩子会倍感自己毫无价值,很快就会投入到欣赏她的男孩子怀里。如果是男孩子,爸爸要教会他如何承担责任,让他知道恋爱是怎么回事,让他知道自己目前有没有能力承担这份责任,让他了解如何讨女孩子欢心,当然也要让他知道,怎样的女孩子是优秀、有内涵的女孩子,而不是光看外表。

(7) 总之,家长要想制止一件事,首先是站在孩子的一方,接受这件事,然后再出谋划策,让他们了解到这件事的价值和如何取舍,最后可以自动放弃它。恋爱也是一样。

(8) 最重要的一点是,如果家长不能做到倾听自己的孩子,那就失去了教育他们的资格和权利。在恋爱和性的问题上,他们会遭遇到哪些"老师",学会怎样的方法来度过他们的人生,你终究不得而知,那岂不是更可怕。

(9) 真心地陪伴孩子吧,学会不加评判地聆听孩子的心事,比用一套条条框框和大道理来要求孩子,有效得多。

4. 妈妈的心思

我们所面临的教育系统是固定的、无法选择的,在一个固定的系统里,我们如何将教育孩子的重点由外引到内,是每一位家长要思考的问题。
——是老师不好,老师对你不公平。
——学习压力大,我们能怎么办呢?

——实在上不下去，我们就出国吧。

——孩子上学真的好辛苦，一点办法都没有，只能认了。

——真倒霉，遇到这样的学校和老师。

——都是学校的错，和你没关系。

……

不知道这些语言和想法是不是很多家长经常使用？

由外归因，等于在推卸责任。其实孩子是否优秀，大环境虽然有关系，重要的还是内因起作用。作为父母如何将正面信息传递给孩子，让他们学会为自己的行为承担责任，是非常重要的教育内容。

如果将一切责任推给学校和社会，因为教育体系的不完善而放松自己的教育责任，是极其不负责的表现，也会令孩子从小学会不从内在寻找原因，转而从外部找理由。

在任何一个号称是好学校的学校里也会有不好好学习的孩子，在任何一个号称是落后学校的学校里也会有用功的孩子。培养孩子的定力、专注力，对自己生命负责任的态度，比一味盯着他们的成绩要来得重要的多。

说句老实话，我见过很多家长口中的"问题儿童""问题青少年"，但我经过交流发现，根结还是在家长的教育上，"没有教育不好的孩子，只有不会教育的家长"，这句话说得一点也不错。

不过，如何让家长诚心诚意地认识到这点，是非常困难的事情。

在孩子的成长过程中，家长扮演怎样的角色，是管理者、控制者、陪伴者，还是统治者？家长自身的言行举止、心理状态有没有需要格外注意的？我们做父母的心态、情绪、素养是否需要提升呢？这值得每一位家长深思。

在陪伴女儿成长的过程里，我也在同步成长。孩子有时候好像是我们的镜子，他们身上呈现的一切结果，都需要我们认真反省，这是不是我们的教育导致？

选择学校，选择留学，选择任何学习方式都没有对错，只有是否适合自己的孩子。在他们的成长过程里要通过不同的手段和方式，让他们变得更加坚强、果断、自信、大方，给予他们获得幸福的能力而非给予他们刹那间的幸福。

5. 鼓励孩子最重要

我们经常会听到这样的说法,对孩子要学会鼓励和欣赏,但很多家长未必知道如何鼓励和欣赏才能真正增加孩子的自信,很多鼓励往往流于表面,孩子未必能增加自信。

假如你是一位习惯于指出孩子的不足的家长,那么要警惕你对孩子自尊心的打击和自信的伤害。一般来说,假如不是原则性问题,家长最好不要太过于仔细地追究或探讨孩子的对错问题。例如有的孩子会一边听音乐一边写作业,家长认为会分心,所以通常的做法是武断地制止;或者有的孩子会偷懒晚上不刷牙,有的家长会责骂孩子"懒惰",而不是认真分析不刷牙对孩子本身的伤害,久而久之会对孩子心理造成伤害。

假如你是一位很容易从负面看问题的家长,那么也要警惕自己的负面情绪和认知对孩子产生潜移默化的影响。例如当你面对一道做坏的菜肴时所表现出来的气急败坏,无形中会影响孩子的情绪,也会诱导他将来放纵自己的情绪和脾气。

假如你是一位非常愿意赞美和欣赏孩子的家长,那么也要提醒你,适当的鼓励和欣赏会让孩子"好上加好"。盲目的、不分青红皂白的鼓励和正面支持,未必是真正的爱他,有时候反而会让孩子进入一个被催眠状态,导致心理承受能力低下,不知如何和逆境相处。

正确的鼓励是基于孩子遇到困难的时候,当他恐惧、犹豫、不安的时候,做父母的要坚定地站在他的一边,接受、承认他的恐惧的合理性,继而可以试图引导他从容地面对困难。鼓励不是盲目地诱导孩子去冒险,更不是无视孩子的胆怯,完全将孩子用权威性"绑架"进入一个你想要的状态,而是表明你的全力支持,让他自己做出选择。

假如他选择了退出,做家长的不能埋怨,更不能一反鼓励的常态讽刺挖苦孩子,激将法并不是对每个孩子都适用,这时家长应该给他一个温暖的拥抱,并且在事情过后,和他分析退出的原因,下次他的选择很可能就是坚持了。

假如他选择了坚持,家长可以为他鼓掌,也可以用欣赏的眼光鼓励他继续,不过千万不要说:我的孩子就是比别人的孩子棒!这种欣赏只能让孩子收到两个信息,一是他需要和别人竞争并且战胜对方;二是他父母的快乐都来源于他比别人强。这是很危险的一种鼓励和欣赏方式,将会带来更多的严重后果。

做家长的要时刻关心孩子的一举一动,自己的每一个行为和言语都是孩子的模仿对象,所以特别要注重。如何正确地引导和鼓励、欣赏孩子,是每个家长都需要认真体会的。这其中最重要的是,父母要让孩子意识到自己对孩子的无条件的爱。

6. 你家的系统是怎样的

孩子和父母的关系大概分几种:

(1) 紧密型。这种关系的建立基础比较稳固,一般来说通常是孩子从小由父母而不是祖父母带大,孩子和父母的关系比较紧密,属于那种有任何知心话都会和盘托出的类型。

优势:父母能够迅速掌握孩子的心理状况,了解孩子的心态和学习生活。

缺点:不利于培养孩子的独立、自信。

如何趋长避短:建立民主谈心机制的同时,相互尊重,防止太过于溺爱或干涉孩子的独立性。父母要学会放手,孩子要学会自己做决定、不要总依赖父母。

(2) 松散型。这种关系属于放养型,家庭成员相对比较独立,父母工作繁忙,孩子学习、生活比较独立。虽有祖辈在旁,但基本不做教育上的干涉。

优势:孩子独立性比同龄人强,能做自我决策、勇敢、自信。

缺点:不容易采纳父母的意见,亲情恐流于淡漠。

如何趋长避短:整个家庭要做到形散神不散,虽然各忙各的,但每周都要抽出时间来相互关心、相互倾听。父母要尽量抽出时间来关注孩子的每个表现和情绪上的起伏,孩子也要学会关心父母的身体健康。

(3) 冷漠型。这种关系属于家庭教育中比较失败的,因为父母工作繁忙,或者离婚单亲,无力管理孩子的成长,所以会将孩子托付给祖辈来照顾,一切生活、教育完全依赖于祖父母,父母难得关注孩子。

优势:对祖辈来说,是晚年的寄托和依赖。

缺点:孩子易造成心理上的不适,偏激、焦虑、无安全感。如果祖父母溺爱孩子,易将孩子培养成唯唯诺诺或自我、固执、冷漠的人。

如何趋长避短:父母一定要定期去看望孩子,平时给孩子精神上的鼓励和关注,时常打电话、写信关心孩子的教育成长,对祖辈的健康也要经常关心,让孩子了解亲情的可贵。

(4)抗拒型。这种关系是非常危险的不良关系,也就是孩子与父母之间是完全对立的关系,你让他去东,他偏要往西,这完全是父母在孩子幼时没有好好教育的结果,要么极端溺爱,要么严格苛求、打骂责备。总之孩子感受不到家庭的温暖,成长后自己有力量时就开始了对抗关系。

优势:孩子会有自己独立的想法。

缺点:孩子逆反、愤怒、抗拒,负面能量增加,有时候会陷入焦虑、抱怨中不能自拔,走极端,甚至酿成个人或整个家庭的悲剧。

如何趋长避短:当家长感觉到孩子在这种对抗的状态中三个月以上的时候,就要开始认真对待了。通过反省自己的教育方法、认真和孩子交流、学习一些成功的教育方式、咨询一些专业的教育人士来扭转不利的局面。

这四种孩子与父母之间的关系类型有时候会相互演变,每一种类型都不是固定的,相互掺杂,相互渗透,需要做父母的认真体会、认真了解。一般来说,个人与父母之间的关系是孩子生命成长的关键,也是个体成熟之后是否能够获得幸福的关键,作为父母一定要注意。

大家可以对照一下,自己和孩子之间的关系如何。不同的关系会导致不同的人生,父母与子女之间的关系不仅会影响孩子,更会影响父母,所以格外要注意。

7. 建立良好的家庭秩序

家庭教育里最重要的是建立一个正确的秩序,系统内需要有秩序地运行,这样每个人都会非常安心于自己的位置。

其次是尊重彼此的差异性,对于孩子来说,他或她会更愿意看到父母之间彼此的尊重。假设有不同意见,也要在尊重彼此的前提下进行沟通,切勿诋毁责骂对方。

举个例子,假如一个家庭中的父亲没有尽责,母亲就需要就事论事来沟通,倘若沟通无效,可以选择彼此暂时保留意见。但如果母亲在孩子面前诋毁父亲的形象,会使孩子不接受自己的父亲,母亲对父亲的不尊重,产生的结果会带给孩子一种系统次序上的混乱。妈妈可以这样说:你的爸爸这样做,令我很不开心,但他是你的父亲,我很敬重他。这样作为孩子就会明白地区分人和事,对于父亲的缺点不会模仿。

孩子是一个独立的个体,即使在他很需要父母照顾生活的时间段里,也要提醒自己面对的是一个完美的、独立的灵魂,而不要试图去控制对方,强迫对方按照自己的心意行事。父母对孩子的不尊重和掌控,会导致孩子自信心的缺失。

感恩也是家庭中非常重要的一环。看似简单、普通的生活细节,要学会时时感恩,对方的付出会得到心理上的回报从而产生良性循环。

赞赏是家庭生活中快乐的诱因。聪明的父母会时刻保持一种对孩子肯定和赞赏的状态,即使他做出了错误的事情,也要引导他从中取得经验,从而赞赏他的成长。

记住,在我们离开这个世界前,一切都是过程,不过是从一个点到另一个点,在每一个点上,都能保持淡然的心情。愉快地进入下一个点的人,是智者;纠结于每个点的转折并且将前一个点的情绪带入的人,是愚者。

我和我的身体、我的情绪、我的东西、我的想法,并不是一体的,所以不要用这些困住那个"我"。

8. 不做完美的父母

如今想要教育好孩子仿佛真是难上加难,要学心理学,要学教育学,稍微不留意,孩子就有了心理疾病,做爹妈的就要反省自己哪里做错了。

我昨天和一位老师聊天,他很郑重地告诉我,要想孩子教育得好,自己首先要做得完美。

我们首先要成为完美的父母,才能教育出完美的孩子——是这样吗?

是不是每位父母首先都必须是育儿专家,孩子们才能健康成长?上天让我们成为父母之前,并没有给我们发证书,也没有给我们做培训,我们就无法成为好父母,我们也不可以生儿育女了——是这样吗?

还看到一些心灵鸡汤上写：孩子的问题，百分之百是家长的问题。孩子一旦出现哪个方面的问题，例如恐惧、胆小、焦虑、说假话、暴力等，全部是家长造成的——真是这样吗？

我不这样认为。

如果是这样，圣人的孩子一定是最优秀、最完美的，因为圣人没有恐惧，没有情绪波动，圣人不会打孩子，圣人也从不会说假话欺骗孩子。

可事实并非如此。

智者或者圣人生的孩子，也并非完美无缺。

孩子和父母一样，都是一个完全的生命个体，我还不知道哪个生命个体是完美无缺的。即使养他（她）的父母多么优秀，多么懂得教育，我也不信孩子会一点问题也没有。

我们要学会做父母，并不是让我们学习如何做一个完美的圣人。

我们需要尊重生命，并不是因为我们需要把他（她）培养得多么完美，让世人羡慕。

我们其实是和他们一同长大的，在他们欢笑时、悲伤时，都会有我们的身影，我们会一同欢笑，一同流泪。

我们也会犯错，实属正常。没必要懊悔，也没必要长吁短叹。我们需要的是如何活在当下的每一个时刻，面对我们的每一个生命，从内在升起对它的尊重、慈悲和爱。

一直以来，无论是对自己还是对孩子，我们附加的东西太多了，看到的、学到的知识也太多了，现在到了该减负的时候了。

别忘了我们每个人都有属于自己的家族系统、家族能量。各司其职，各就其位，正向沟通，建立生命的完整观，孩子自然会有属于自己的价值。

所以，即使在我们没读过四书五经，我们没有学过儿童心理学，我们没有掌握几门外语，我们没有学会掌控自己的情绪的时候，我们还是可以生孩子做父母的。我们唯一要懂得的，是我们如何建立起正确的家族系统，做好区分，知道自己的位置，并且知道在这个位置上的呈现是什么，我们需要如何把握，就可以了。

一句话，用无条件的爱而非溺爱来陪伴自己的孩子，接纳自己的同时接纳周围的一切。

同时也别忘了告诉自己和孩子，父母不可能陪伴孩子一辈子，要让孩子学会用自己的眼光独立地看世界，用自己的心感受世界，让孩子学会尊重生命，拥有善良、坚韧、乐观的品质。

如此一来，就会是一个"完美"的父母。世上没有完美的父母，因为即使是圣人，也非完美无缺的。

不完美就是完美。

9. 恐怖的蟑螂

我最害怕的就是蟑螂，结果女儿不知为何，也遗传了我的这个恐惧。无巧不成书，有天晚上正要睡觉，突然女儿惊慌失措地跑到我的房间里，说她房间里有虫子，我让她去隔壁房间找姥姥（我的妈妈来到新西兰小住，我终于可以不用管虫子的问题了）。

姥姥从小在农村长大，不怕虫子，一进门就逮住了那个我女儿口中的"巨大的虫子"，原来就是一只奄奄一息的小蟑螂而已，很小的蟑螂。

但就是这只小蟑螂已经让女儿如临大敌了，她一惊一乍地尖叫，充分表达着她对昆虫的恐惧。我观看着事态的发展，果然，妈妈又开始用以往对付我的方法来对待女儿了。只见她捏住被纸包好的垂死的蟑螂，非要让她看一眼，说看一眼就不怕了，一边说一边把那蟑螂往呀呀尖叫的女儿鼻子下面凑。

可想而知，女儿的尖叫声越来越大，她已经吓哭了，而且蹦到了我的床上，并且说自己再也不回自己的床上睡觉了。

可怜的姥姥没有达到效果，有点失落，只好把蟑螂送出了窗外，然后回到了自己的房间里。

我看着抽泣的女儿，问她：你哭什么？

答曰：姥姥非要让我看一眼蟑螂，吓死我了。

我又问妈妈：你干嘛非要让她看一眼蟑螂呢？

答曰：仔细看看，就不会再害怕了。

瞧，这真是典型的两个层面的对话。

最后的结果是女儿和我睡了一宿，而且怀抱着对蟑螂的恐惧，久久不能入睡。

我开始和她探讨有关恐惧的课题，问她：你觉得我害怕蟑螂吗？

她说：害怕啊。

我问她：那如果姥姥不在家的时候，我是不是也需要亲自去帮你逮住蟑螂？

她说:那倒是。

我说:那证明我还是不怕蟑螂的。可为什么我妈妈一来,我就怕它了呢?我到底是怕它,还是不怕它呢?

她说:在有强者的时候,你就显得怕;在没有强者,只有比你还弱的弱者的时候,为了保护弱者,你只能不怕了。

我说:那就是了。所以说真相是我并不是很惧怕它,否则即使没有姥姥,我也不敢碰到它,如果那样,才是真怕吧。

她说:这也很正常啊,一般人不都是这样的吗?有人依靠才会显出自己的软弱。

我说:但认真想想,这份软弱是从何而来的呢?它到底是真的恐惧蟑螂,还是显示我们对别人支持的需要?

她说:我不想考虑那么多,也不想分析,反正我就是恐惧它,特别的怕它。

我说:你怕它什么呢?

她说:恶心,我一想到它的样子就恶心。

我说:这就对了。是你想到了它,所以恶心。你想到了什么?是不是想到它爬在你身上,贴着你皮肤的那种感觉?是不是感觉它很脏,你担心它传染不干净的东西给你?总之,你对它的怕,其实是建立在你对它的想象之上的。但事实上,蟑螂只是趴在墙上,一动不动,可是你的想象让你尖叫,对不对?

她说:对啊。

我说:那么我是不是可以这样说,你对蟑螂的恐惧其实和蟑螂本身没有关系,而是因为你自己想象了它的"恶心",所以产生了恐惧和抗拒?

她说:额,嗯。

我说:假设一下,你从小生活在农村,经常见到各种各样的昆虫,包括蟑螂,面对这些都习以为常,你还会恐惧它们吗?

她说:不会吧。

我说:假如你生活在非洲原始部落,有的民族专门吃昆虫,也有人喜欢吃蟑螂,你如果从小受到这样的训练,你还会恐惧蟑螂吗?

她说:……

我说:所以,你能看到你的恐惧其实是自己的信念造成的吧?你能看到你的恐惧源于自身而不是源于蟑螂本身吧?

她说:嗯。

我说:如果你坚信蟑螂很恶心,会伤害你,那么你的这份信念就会导致你的结果,那就是见到蟑螂尖叫逃窜;反之,你可能会坦然很多。你看到你的信念是如何影响你了吗?

我继续说:你知道这份信念是如何产生的吗?任何人的生命都是一种沉淀,源于他小时候成长过程中接受到的教条和信息,并贮存在大脑中,变成隐晦的信念,然后见到一个外境自然会升起无意识的反应——你看到这些了吗?

她说:嗯,是的。

我说:那么多的教条形成了你的信念,这些信念变成了你的局限,你的生活因为这些局限而产生了不同的结果。这就是每个生命的本质即使相同,但表现出来的形式却不一样,这就是原因,也就是佛教讲的因果和业力。

她说:似懂非懂。

我说:恐惧其实是建立在你对未来的想象中的,没有想象就不会有恐惧产生。因为当恐惧真实呈现在你面前的时候,其实你是不会恐惧的。

这份有关恐惧的谈话其实还涉及很多方面,有些女儿能听懂,有些她暂时还不能理解,不勉强她。

不过她倒是对我说:妈妈,你怎么从这么一件小事里就能引申出那么多道理来?

我回答她:一花一世界,一叶一菩提。如果你习惯于由表及里,看透事物的本质,你就会掌控自己的生命啦。

时隔三年之后,女儿在香港大学读书期间,参加了一次义工支教活动。她和同学们到了国内的一个偏远农村,在她的宿舍里,她经受到了史上最多的蟑螂的挑战,那些全是巨大的蟑螂,以至于有一次她在枕头下面居然发现了一只死去的蟑螂。

但是,那时候的女儿已经成长了,虽然对蟑螂还是充满了抗拒,却比16岁的时候冷静很多,她甚至在电话里调侃着和我分析:妈妈你说,这只蟑螂到底是被我压死在枕头下面的呢,还是本来就是死的,但我没有发现呢?

我在电话里哈哈大笑,我们开始讨论起那只可怜的被她枕头压扁的蟑螂。

而此时,不禁让我回忆起她在新西兰面对只有半只蚕豆大小的蟑螂的恐惧。

更不要说,她住在香港之后,房间、马路、走廊上到处都是成群结队的蟑螂,用她的话说,她天天目睹蟑螂排队过马路以及搬家。

我看到女儿当年对于因蟑螂造成的阴影,已经平复很多。

写给家长的话

如何面对孩子的恐惧心？

﹡每个人都会有恐惧的东西,有的是黑暗,有的是昆虫,有的是声音,这些都是从小生活中不知不觉收获到的体验。

﹡家长面对这些恐惧的时候,首先要接纳而非训斥和不屑。

﹡恐惧源于内心的幻象,发现孩子恐惧升起的时候,首先要做到的是平缓对方的情绪,其次淡化这份恐惧。

﹡偶尔有一两种恐惧的事物也不要大惊小怪,允许孩子保留一些自己的恐惧吧,只要不影响正常生活就可以。

﹡恐惧是一个过程,随着生活阅历的增加,恐惧也会消失的,所以家长不必太过着急和惊慌。

10. 化担心为祝福

很多父母对自己的孩子都存在着这样或那样的担心,他们看不到担心是如何形成的,他们也看不到有些担心其实是和孩子无关的,他们的习惯性模式,就只是担心,担心,担心。

有一位爸爸,他总是担心自己的孩子现在睡懒觉,今后该怎么办？于是他每次看到孩子睡懒觉,哪怕是周日的懒惰,他都不能容忍,而是大光其火,以至引发一场战争。

可结果是,孩子要么照样睡懒觉,而且心里充满了反感和不屑；要么孩子被迫起床,揣着一颗不爽的心,迫于父母的压力而起床的心,这是平静而愉悦的吗？

有一位妈妈,总是担心自己的孩子长大之后不会自己管理自己,所以她不停地管着孩子,她总是不敢放手,总是忧心忡忡地对我说:将来可怎么办啊？我的孩子离开了家,他可怎么管自己啊？

结果是,孩子越来越不会管理自己,而且也懒得管,反正凡事都有妈妈代理,慢慢的自己就不用脑子了。或者孩子非常抗拒,你不是要管我吗？我偏偏就反着来。

孩子的行为无非是告诉妈妈:我长大了,我有能力管自己,我希望拿到自己生命的主控权。

不过,做父母的每天都要操心、担心,他们的眼睛没有一分钟能够离开孩子,他们的心没有一秒钟能够不去想孩子,偏偏他们看到的都是孩子身上的缺点,偏偏他们心里发出的都是担心孩子的想法,于是一场战争就不可避免地拉响了。

作为父母要看到自己身上的缺陷,要看到自己为什么总是放不下孩子。总是担心孩子的源头,绝对不是因为孩子,而是因为自己。因为自己缺乏安全感,因为自己总想掌控孩子,因为自己对孩子的依赖,因为自己的恐惧,慢慢地变成了一个习惯性的固化思维。这种模式简直让自己活得苦不堪言,同时也使得被担心的孩子苦不堪言。

没有人愿意整天被亲人担心着,毕竟担心不是一种正面的能量。

有朋友问我,你为何不担心女儿?她一个人出国生活,你就一点都不担心吗?我说如果说一点都不担心也不可能,但每当我的担心升起来的时候,我都会思考一下,为什么会产生这种担心?我不会随便把这种担心扩散,更不会把这种担心传递到女儿那里,我化解担心的方法很简单,就是祝福。每当我担心女儿一个人独自在国外生活会不会遇到困难的时候,我就会坚定地升起一个信念,她一定会非常顺利地克服困难的。我毫不怀疑她的能力,她有很好的运气,即使偶尔遇到了坏运气,也会很快转好。一切都是值得祝福的。

结果女儿也的确如此,她离开我身边整整五年了,独自一个人在香港生活,后来又去了法国交换半年,这期间遇到了很多困难,但她自己全部都充满信心地化解了。

我不会忧心忡忡地活在担心里,那样我不会有时间充实属于我的生命,我也不会拥有属于我的生活,我会变成一个担心的奴隶。

当父母心神不定的时候,我们的孩子无论在哪里,都会感受到那份心神不定的能量。

所以,如果我们希望孩子拥有强大的内心力量,就放下担心,转为祝福。给孩子一份真切的信任和鼓励吧,这是最好的祝福,这是真正的爱。

第八章 为生命喝彩

1. 女儿十六岁了

周日是女儿16周岁的生日,她最近时常充满着憧憬地对我说:妈妈,我真不能相信自己都快16岁了。你知道吗?这是一个多么好的年龄。

我怜爱地看看她,很想告诉她,妈妈当然知道,妈妈也是从那个年龄过来的啊。虽然每个人的经历不一样,每个人所处的时代不一样,但我相信,每个十六岁少女的心都是一样的。

我的妈妈十六岁的时候,已经离开家到了外地工作两年了。对我的妈妈来说,十六岁,好像早已能够独立承担很多事情,能够独自面对生活的苦难了吧。五年之后,妈妈就和爸爸结婚了,再接着,妈妈就有了儿子、女儿。对妈妈来说,她的青春是和家庭共同成长的。妈妈印象中很少有和自己母亲撒娇的时候,十四岁就独自离开家的妈妈,十六岁是什么样子呢?充满了青春的活力,两条黑黑的长辫子垂在腰际,为实现共产主义理想而奋斗,纯洁、热情、天真,那就是我那十六岁的妈妈。

我十六岁的时候,正在父母的呵护下读书并面临着严峻的高考压力,每天做不完的习题,背不完的答案。可是,回想起自己的十六岁,依然充满着心动。神采飞扬地踩着脚踏车在清晨去学校早读,遇见男生会脸红,和同学们一起跳集体舞、唱校园歌曲,和好朋友一起分享男生写的情书,光着脚丫在玄武湖的石子路上疯跑,和几个胆大的好朋友夜里爬紫金山、看日出。

这些,都是十六岁的青春才能做出来的哦。忧郁、自怜、沉湎幻想,那就是十六岁的我。

女儿十六岁的时候,已经在异国他乡生活快两年了——不知道她多年以后回想起来,会不会在心里留下暖暖的回忆。

前两天,女儿在想,如何度过十六岁的生日。十六岁,在新西兰可以拿驾照,可以独自居住,可以自己签字决定自己的事情,可以自己去银行开户,而现在的她,每一份重要的签名都需要写上监护人的名字,都需要我这个妈妈在一边签字。还有四天,这一切都不需要了,在法律上,女儿可以彻底脱离我这个妈妈的监护了。

女儿问我:妈妈,为什么我现在好像对你不好了?

——没有啊,我觉得你对妈妈很好啊。

——可是,我现在不像从前一样了。我不喜欢整天黏着你,我也不喜欢和你一起上街,不喜欢你帮我买衣服,不喜欢什么事情都告诉你,妈妈,我是不是不喜欢你了?

——哈哈,没有。你还是喜欢妈妈的,只不过你长大了,你拥有了自己的思想和空间。你渴望独立,这一切都很正常啊。你的心里,还是很喜欢妈妈的,不是吗?

——是啊,是啊,我还是很喜欢你的。只不过,我有点难过,因为我发现很多时候我并不需要你了。

——嗯,你不需要我,但是你却始终爱着我,这不是很好吗?

——妈妈,你怎么比我还矮了?难道你原来一直是这么高吗?怎么我以前都觉得你好高好高。

你真的长大了,我亲爱的孩子,你可以轻易地抱起你的妈妈;你可以俯视妈妈;你可以拿起妈妈拿不动的东西;你可以穿妈妈的衣服;你可以用妈妈的香水;你可以笑话妈妈什么都不懂;你可以不屑妈妈的穿着打扮;你可以不用牵着妈妈的手过马路了。

你真的长大了,我亲爱的孩子。你开始审视妈妈的言行举止;你开始评价妈妈的装扮;你开始嘲笑妈妈的过时语言;你过马路的时候开始挽着妈妈的胳膊,并且责怪妈妈不注意看来往的车辆——正如妈妈曾经对待你那样。

你开始喜欢独处;你开始对喋喋不休的妈妈皱眉头;你开始逃避妈妈的关心,因为你把它视为妈妈对你的不信任;你开始不断地用各种反抗来表达同一个主题——我长大了。你自己搭配衣服,自己洗衣服,自己整理房间,自己上网,自己找同学玩,自己看电影,自己逛街。

你开始不喜欢妈妈给你照的照片,说照得太丑,开始喜欢自己拿手机自拍大头像;你开始愿意和朋友们聊天,开始在乎同学的评价。

十六岁的你,究竟是怎样的呢?我时常喜欢看着你,看着你的一举一动、一颦一笑。我很难把你和当初那个弱小的、整天赖在妈妈怀里的小女孩联系到一起。仿佛自己每天浇水的花儿,突然在一夜之间绽放了。

你渐渐拥有了自己的光彩,你开始焕发出自己的精彩。不知道从什么时候起,你突然不和妈妈睡在一张床上了,并且再也不让妈妈拥抱你了。亲昵的举动,让你像一只受惊的小鹿,从我的身边溜走,还常常伴随着你无辜的叫声:妈妈,你想干什么啊!亲爱的女儿,你就这么不声不响,却这么突然的,长大了。

虽然我们也会争吵,但常常是你占上风;虽然你也会流泪,但更多的是选择转身上楼。

昨天放学,你给我看自己受伤的手,告诉我是被同学制作作品时不小心用电火枪烧伤的,你告诉我虽然伤口只有西瓜籽一般大小,却很疼。我看到被烧掉的皮,露出的白肉,非常心疼,问你:当时哭了吗?

——哭什么啊。

——那同学说什么了?

——就说对不起。

——你呢?

——我说没关系啊。

好简单的对话。我问你:那你疼吗?

——怎么不疼啊!

——那你不怪同学吗?

——怪他干什么呢?又不是故意的。

我笑了起来:你在同学面前挺坚强的嘛,怎么一见到妈妈就开始娇气了呢?

你笑了,不好意思地说:你是妈妈嘛!

我也笑了,是啊,不管你长多大,在妈妈身边,永远是孩子,再坚强的伪装,在妈妈面前,都要去掉的。

你问我:妈妈你生了我几个小时?我告诉你:妈妈生了整整十二个小时,你爸爸一直在外面站着。其实生你的细节,我早就讲述了不止一遍,可是你偏偏还想听,于是我又讲一遍。

我不是一个完美的妈妈,我时常犯错,你又是妈妈唯一的孩子,现在想起来,生你的时候我才25岁,自己很年轻。你的每一天,都是妈妈陪伴着长大的。从某种程度上说,你见证了我的成长,当然,我也见证了你的成长。

年轻的妈妈和小小的孩子,就这样不知不觉中长大了。

有时候不免幻想,要是再生一个,兴许就会少走很多弯路,少犯许多错误。可是,若是再生一个,又怎么会有当时的幸福,当时的激动,当时的不知所措。

妈妈再也不会因为孩子发烧而吓得哭泣;妈妈再也不会因为怕孩子哭泣而彻夜不眠地抱着她;妈妈再也不会因为第一次看到孩子出牙而兴奋;妈妈再也不会因为孩子被老师批评而独自落泪。

太多的第一次,都是经由你和妈妈一起分享。快乐的,悲伤的,开心的,不开心的。连同你的十六岁,亲爱的女儿,我们也是第一次共同迎接它的到来——而且是唯一的一次。

2. 发脾气的女儿

女儿小的时候,我的耐心并不好。这就产生了一个后遗症,女儿的脾气变得很容易暴躁,我觉察到了这个状态后,慢慢地加以疏导。

昨天她做功课,无论如何也无法在电脑上绘制出心仪的图表,浪费了很长时间,结果别的功课也受到了影响。我开始坐在旁边,并未过问,希望她能自己解决,可是看着时针一分一秒地走着,她气得不停地埋怨电脑的不是,我也忍不住了。于是我耐心地问她:到底问题出在什么地方?她很不耐烦,只是抛过来一句:我不会画图表!按照原先的脾气,我一定会大声责怪她,但现在我很少发火,而是安静地对她说:把你的电脑给我用,把我的大电脑给你用,兴许能解决问题。

女儿无奈地和我换了电脑,但还是觉得不会操作,接着又是一顿半哭半闹的情绪。我知道她在着急,还是没有责怪她。尽管我当时正在用 QQ 和国内的朋友联系,但还是把她的问题认真地看了看,想办法帮她解决。

在解决的过程中,我发现其实我也不会用电脑画折线图,但好在我能耐下心来慢慢摸索。女儿在旁边开始时还很着急,但见我一声不吭,慢慢摸索,渐渐的她也没有了原先的怨气,而是全神贯注地跟随着我寻找制表的规律了。

最后,我们终于完成了制表,其实我只是做了一半的工作,女儿把接下来的任务完成了。

看着自己辛苦做成的一份实验报告,里面配合着精心绘制的表格,她很高兴。

这时,我才不紧不慢地对她说:你看,其实任何事情都能解决,只要你不要着急,一切都会好的,慢慢来。

这对我和其他家长也是一个提醒,就是在孩子发脾气和暴躁的时候,我们应该怎么办?是不分青红皂白地谴责她的情绪,还是装作看不见,轻描淡写地把情绪放在那里,自己安心做该做的事情呢?

以前我往往是前者,结果适得其反。现在我尽量采取后者的方法,抓住问题的关键,淡化情绪,不反应,却发现事半功倍。

长期下来,孩子的脾气也越来越好了。因为她发现,发脾气其实是一个笨办法,一个愚蠢的行为,除了浪费时间、浪费精力,没有别的用处,根本不利于理智地解决问题,也就不发脾气了。

现在我和女儿之间已经度过了青春期前奏的危险期,女儿和我非常融洽,基本上听不到我俩的争吵声,每个人都知道站在合适的角度考虑问题。女儿也变得不那么对抗我了,至少她明白,妈妈的很多说法还是切实可行的。

有天女儿回到家里,发现铅笔盒不见了。这是她经常出现的问题,就是东西常常不知道放到什么地方去了,经常忘记。回家之后到处找,还是没有,渐渐的又开始发脾气了。可是她知道这个怪不了别人,所以只是着急,并不敢大声乱叫。而且我知道,她的那种着急,其实也是虚张声势,还有一个含义就是怕我责怪她乱丢东西。我正在弄晚饭,她一个人像没头苍蝇一样楼上楼下乱找,最后失望地站在我的身后。我知道她想寻求安慰,又怕我责骂她。

于是,我还是不动声色地说:你安静下来,好好想想,最后一次看到它是在什么时候,什么地方。女儿说,就是在学校里,考完数学,但是我肯定放在书包里带回来了。

我说:家里既然没有,那肯定是在学校,你先别急,明天到学校找找。如果找到了,给妈妈发个短信;如果没有了,就用原来旧的铅笔盒,家里反正还有笔,总之着急也没用。

她听了之后,变得不那么急了。只是我又加了一句,下次你千万要看好自己的东西——不过这句话也是不紧不慢说出来的,并没有犯那些贴标签的坏毛病,也没有任何谴责她的口气。我相信她会接受下来。事实上,我发现,家长即使不去用力责怪孩子,孩子也会从错误中学到很多经验。

但是家长总是喜欢把孩子的错误拿来好好地点评一番,仿佛不这样就"对不起"孩子的这个错误似的。结果弄得孩子一肚子怨气,可能导致她早已忘记了自己的错误,反而把精力集中在家长对自己的不满之上了。

这也是我以前常常犯的一个毛病,害得丈夫经常说我,很多话请你说一遍就可以了,不要啰唆。

说多了,自己的情绪也上来了,渐渐的自己的脾气也无法掌控了,于是就适得其反了。

当孩子发火着急的时候,我们做家长的要学会灭火。

曾经看海涛法师讲法的碟子,有两句话讲得很好:爸爸要成为一个有度量的人,妈妈要成为一个慈悲的人。做妈妈的,要像天上的月亮,始终如水般的柔软、清凉、美丽,那么孩子的脾气自然坏不到哪儿去。

3. 叛逆的女儿

昨天我好好和女儿谈了谈,是因为这段时间突然发现女儿的反抗意识在增强,比过去敏感、不自信、好哭,总之情绪波动比较厉害,我一时无法接受。

我感觉她的反抗是全方位的,而且是没有任何原因、没有任何理由的,根本不去考虑我的提议是否合理,颇有点"凡是敌人拥护的,我们坚决反对,凡是敌人反对的,我们坚决拥护"的味道。毫无疑问,我就是那个当仁不让的"敌人"。

女儿对我说话的口气也不像以前那么"温良"了,动不动就表现出极度不耐烦的神情,眉头皱着,一个道理我只要多说一句,马上就嫌烦。

总之,那个让我安心、放心、引以为自豪的乖乖女,似乎一夜之间变成了另外一个人,一个让我面对她就会不知所措的人。

值得欣慰的是,从品德方面和懂事方面至少还是让我放心的。至少她知道功课要紧,每天会认真读书;知道朋友要紧,但是不会去学她们身上的不良行为;知道自己要内外兼修,所以一边照镜子抱怨自己的容貌和身材,一边痛苦地读背《古文观止》。

昨天,女儿居然对我说:妈妈你就知足吧!你总是说我,你知不知道现在的孩子是什么样子?我们班的同学是什么样子?——言下之意,她觉得似乎已经做得很好,很出色了,我应该感到满意才对,怎么总是批评她。

也是啊,认真想想,她除了对我的态度从一味的恭顺转变为偶尔的不耐烦,让我这个做了十几年妈妈的权威受到了严重挑战之外,目前看来,尚没有别的表现。

女儿在基督城穿了耳洞,可是 AIC 学校不允许戴耳环,她又怕刚穿好的耳洞堵住,只好每周六、周日戴上耳环美一美。

今天早上去上课,我突然发现她居然还戴着耳钉,连忙让她取下来——要是以往,根本不用我说,她会极其主动地拿掉的,对她来说,学校的制度是高于一切的。

可是现在她居然对我说:有什么关系呢?只有一个老师会检查,而且她还不一定看到我的耳环。再说了,即使她看到,也会提醒我拿掉的,我那时再拿掉就可以了啊！妈妈你别大惊小怪的好不好。

要是放在以前，我肯定要强迫她拿掉了，但是今天，我只是说：不管了，你自己看着办吧！

头一次，我们没有为了这些细节上的事情发生冲突，我知道，那是我在改变，让她的反抗没有了对手，可见家长的态度占了很大的因素。

她开心了起来，居然"耐心"地对我说：妈妈，你已经是（20世纪）60年代的思想了，要知道我是（20世纪）90年代的孩子，你不能总用你们那套理论来教育我。不适用，太传统，太守旧了。

要是在以往，我又快爆发了，肯定要开始和她争辩或者讲解一番传统和守旧的概念。

可是今天，我依然平静，而是对她说：是的，可能妈妈确实跟不上潮流了。你有你自己的想法，只要不是超越原则的，妈妈不再管你了。

女儿不敢相信地看着我，她一定在想，妈妈一定睡糊涂了吧？没有了对手的女儿，如同刚刚张开刺的刺猬，还没有来得及扎到东西，就被对方轻易俘获，刺也收了回去。

青春的激情第一次没有对我喷涌而发。

接着，女儿又发表了一篇大道理。内容是这样的：妈妈，你总是让我好好读书，做一个有学问、有修养的人，我也一直在努力，可是，为什么我现在要变得漂亮一些，你总是说会影响学习，这两个方面矛盾吗？

我说：妈妈希望你知道智慧比美貌重要。

她说：我当然知道，可是，我奇怪的是，一个人为什么不能做到智慧和美貌共存？为什么总要牺牲掉一个？

我说：可是你在顾镜自怜的时候，不如去读读诗书，你浪费了时间去追求那些不重要的东西啊。

她说：我没有读吗？你让我读的所有文章我都读啦！难道我追求美也错了吗？再说，爱美之心人皆有之，你怎么能说美是不重要的呢？而且，我也没有因为这些而影响学习啊。

我不再说话了——也许她是对的。

还有，关于她的交友问题，她也振振有词：我不可能没有朋友吧。我也知道她们有缺点，我还告诉同学，生日的时候，我决定送给她戒烟糖，我希望她能戒烟。妈妈，你就不要总是管我这些了，我有分寸的，而且她们早就邀请我出去玩了好几次，我都拒绝了，就是因为怕身边会有不良少年啊！我总不能在一个偌大的学校里独进独出,像一个书呆子吧。妈妈,你打算把我包裹到什么时候?我觉得自己像个傻子一样,什么都不懂。现在新西兰你都嫌乱,还把我管得死死的,生怕我出事,将来我一个人到了美国,该怎么独立生活啊?

听了女儿的一番话,我不得不承认,我确实有点太过敏感了。有时候说别人容易,具体问题到了自己头上,做母亲的就懵了。就好像医生不敢给自己的孩子开刀一样的道理吧!

也许,真的是我该放手的时候了。

也罢,我从今天开始,不去管她了,省得她整天为了挣脱我的束缚而反抗,把我们俩都弄得精疲力尽,像两只斗鸡一样瞪着眼睛看着彼此。

给双方一个自由发展的空间,相处起来反而容易得多。

我庆幸我按捺住她对我的不屑和语气上的不恭,尽量保持平静,了解她的内心。这让我警醒,其实和孩子沟通确实需要耐心和技巧,女儿还是愿意和我交心的,是我太过急躁和武断了,总是端着做家长的架子,权威一点都不能被忽视,并且高举着道德和伦理的大旗,这样是无法真正和女儿沟通的。

4. 我是我的主人

女儿和我经常有一些很有趣的对话,比如昨天早上她要参加学校组织的动物园活动,让她加一件外套,她非说不冷,就穿了一件短袖衬衫,我穿着薄毛衣还有点嫌冷,我提议了两三次,她都不为所动。于是我们的对话有点升级,我承认那时候我已经开始用母爱的特权来干涉她了。

我:一大早穿这么少,不冷吗?(一开始的确是关心。)

她:一点儿也不冷。(解释第一遍。)

我:今天是到动物园,是在室外不是学校里面,肯定要冷的。(开始用旧有经验判断,并下结论。)

她:不会冷的,我加了衣服会热的。(解释第二遍。)

我:你看我穿这么多还冷呢。(开始找理由让她服从,理由一:现身说法。)

她:(看了看我,很淡定)那是你,不是我,我不冷。(解释第三遍。)

我:……可是,你穿那么少,总觉得怪怪的。(理由二:把别人的感受端出来试图影响她。)

她:我觉得很好啊,你怎么还说这个事啊,烦不烦?(解释第四遍,终于开始反抗了。)

我:不是啊,哪有这个天穿这么少的。你穿成这样看你的人都觉得冷。(理由三:还在做努力迫使女儿就范。)

她:哈哈,我穿成怎样是自己感觉舒服就可以了,干嘛管人家怎么看,你不是说我不要总在乎别人的眼光吗?再说如果别人觉得我热难不成我得把自己脱光了照顾人家啊?(最经典的回答,让我无话可说,彻底把我的理由全部摧毁。)

我:……(笑了)你说的很对,好了,我不再强迫你加衣服了。(老妈屈服了,因为我发现女儿是对的,笑是因为我很欣慰,她完全在用我平时教育她的话来反击我,而且加以延伸和极端化。)

从这些对话里能够看到一个四十多岁的老妈和一个十七岁的女孩子之间的纠结抗争,平时家里因为教育产生的矛盾大多因此而来。

关心孩子的健康是没有错的,但是如果一而再、再而三地把自己的意见强加到女儿头上,最后就会爆发战争。事情虽小,给人思考的空间却很大。

除了劝说加衣,还有劝说睡觉,劝说吃饭,劝说看书,劝说不玩电脑,等等。劝说的起源和初衷都是因为关心孩子,但在劝说当中渐渐偏离了这个主题,已经完全开始忽视孩子的个体需求和解释,完全沉浸在自说自话的感受里了,而且有一种不达目的誓不罢休的气概。用的方法不外乎软硬兼施,评判加打压,总之只要对方按照自己的心意做到了,自己才会感到满足无比——实则是很自私的母爱。

我冷静地剖析了自己,发现我很多时候就是这样,所以说一方面我在用心教育孩子,一方面却在不知不觉中诱导她、伤害她。

其实即使少加一件衣服受了凉也不会怎样,即使因此而感冒了她下次也就知道如何增减衣服了,用不着在这些小问题上纠结计较。很多妈妈生的是儿子,可能会遇到的问题更多,因为妈妈很细心而儿子相对比较粗心、大条,面对生活的琐事,妈妈会不厌其烦地唠叨,儿子却快被折腾疯了。

想开了,其实他们是自己的主人,对于生活上的事情,只要不牵扯到人身安危,我们只有提醒和建议的份儿,没有代替和强迫的份儿。

发火是因为孩子不听话反复顶撞自己造成的,如同我前文所写的对话,很多家长可能到最后就会发火,我小时候爸爸就经常因为我不服从而发火,最终导致我的屈服。

但如果做家长的能够看高一点,看远一点,所谓的不听话只是因为孩子拥有自己独立的人格和思维,他希望按照自己的方式来主宰自己的生活,只要不对孩子的生命产生威胁和困扰,我的意见是该放手就放手吧,只有这样,我们的孩子才能越来越自信、越来越勇敢,经历了风雨自然会见到彩虹。

善意提醒、完全尊重、积极支持、用心保护,这是我总结的青春期教育的十六字方针,和大家共勉。

写给家长的话

如何面对青春叛逆期的冲突?

* 青春期的孩子是敏感多变的,家长要有足够的心理承受能力。
* 这个时期孩子最需要的是家长对自己的尊重,千万别再把他们当成小孩子来对待了。
* 朋友也是他们最重视的一个部分,家长要想和他们取得内在的沟通,就要学会尊重他们的朋友,假如他们身边的朋友不是很令人满意,家长也要耐心倾听,善意引导,切忌一棍子打死。
* 青春期的孩子对于权威是抗拒的,这是他们自身能量增加的表现,并非是道德上的问题,家长需要更耐心、细心地观察这一切。
* 智慧的家长首先会取得孩子的信赖,然后再说出自己的想法,切忌过分管束孩子。
* 给孩子一定程度的自由,是非常聪明的举动。
* 学会用爱来陪伴孩子,爱是用心、全然的陪伴,而不是高高在上的掌控。

5. 妈妈的信任

最近奥克兰的天气有点反常。一天之中也是忽晴忽雨,穿什么的都有,有穿薄棉袄的,有穿短袖T恤的,还有穿着夏天的裙子甚至吊带背心的女子,当然也有我这样穿着长袖衬衫和风衣的。看着街上人来人往,挺有趣,有的人拿着伞,有的人不拿伞,有的人还穿着透明的雨衣,有的人就这样毫无遮拦地走着——反正雨也不大,而且一会儿就停了。

天也是有趣,一会儿乌云滚滚,一会儿蓝天白云,不过风倒是一直在刮,尤其我们住在九楼,风声还是很大的。

女儿今天一大早就爬了起来——她要去学校参加 PSAT 的考试。这个考试被称为 SAT 的预备考,不过老师并不强迫每个学生报名——也许这就是国外的教育特色吧!老师只是发邮件到每个学生的邮箱里,写明考试的重要性以及报名方法和规则。至于学生自己想不想争取这个机会,就是学生自己的事儿了。

结果女儿主动报了名。其实我知道她未必能考好,不过勇气可嘉,我还是鼓励了她。

6 点半她就起来,和平常一样,我帮她准备好早点,她自己把考试用的 2B 铅笔、橡皮和护照以及计算器带好,7 点 10 分就自行离开了家——学校要求 7 点半到校。

从 8 点开始考,到 11 点结束,之后她又自己跑了回来。我发现这样的考试,对她来说确实是一个锻炼,也没有看到她有什么紧张,不过明年要考 SAT 的时候,可能要更加正式一些吧!

女儿说去报名考试的同学并不多,只有十几位。

我没有问她考得如何,她自己也没有和我说——我是想让她有个考试的感觉,毕竟这个成绩也不算什么。

回来之后,她就开始上网和同学聊天,还对我说:妈妈,你能不能让我有一天的休息时间,不要管我?

我笑笑说:你自己安排吧!

结果她真的开始疯狂上网,整整 5 个小时都泡在网上,和这个同学聊天,和那个同学聊天,又是看自己喜欢的网站。我当作没看见,而且我真的一点也不着急,也不生气,自然也不批评她。

刚才我接一个电话,回到房间里,发现她已经开始背单词了。并且有点讨好地看着我说:妈妈,我在背单词啊。

我说:哦,那好啊!

我知道她是一个自觉的孩子,并且一直努力把这种信任传递给她,这就足够了。她自己知道自己应该做什么,无需我多言啦。

6. 女儿的生日礼物

因为在国外,我的生日就在无声无息中过去了。事实上,我也收到了很多亲人和朋友们的祝福,所谓的无声无息,是指没有什么特殊的大事情发生,比如说一个大的party,比如说一场和朋友们一起的卡拉OK,再比如说一个盼望已久的大礼物,亦或说一个精美的生日蛋糕,等等。

不过我一点也不难过,相反我很平静,也很幸福,因为我收到了女儿的礼物——因为这件事情,让我觉得这个生日从无声无息变成了终身难忘。

女儿从生日的前一天就表示,以后放学要自己乘公交车回家。她现在一天天的成长,越来越脱离我这个母亲了。她的独立让我欣喜,又让我有点怅然若失。种种迹象表明,她对我的依赖正在慢慢减少,她的精神正在越来越抽离于我这个母亲——这让我倍感欣慰。

女儿说到做到,而且颇具探险性。她不许我告诉她从哪里上车,也不带我给她画好的地图。就这样自己找车站,然后自己找回家。其实车站很好找,家也离车站不远,但是对于我和她来说,还是有不一样的意义的。

女儿第一次独自回家,她便存了一个心眼,下车后想找一个商店给我买生日礼物,可是因为她和我一样路盲,结果走了很久,绕了很多弯路,等终于到达那个商店的时候,已经关门了。

我生日那天女儿又一次独自回家,这次她非常顺利地找到了那个商店,买回了那个礼物,并且又跑到了一个更远的地方,给妈妈买了另一份礼物——鲜花。这些都是她用自己的零花钱买的,而且事先我都是不知情的。

当女儿背着沉重的书包,汗流浃背,拎着大塑料袋,自己用钥匙开门出现在我面前的时候,我诧异地看着她像变魔术一样把一大盆玫红色的野菊花从塑料袋里拿了出来。我的眼前一亮,随即发出了惊讶的叫声——顿时家里面有了大自然的气息,这是我到新西兰一年多最渴望的事情之一:家里有花。但因为太贵,平时我绝对不会考虑的。

我心潮澎湃,是因为看起来大大咧咧的女儿悄然帮我实现了这个愿望,而且是在我生日这天。她走得气喘吁吁,汗湿了衣衫,我拎一下她的书包,沉重无比。

我很容易想象到一个场景,一个不到16岁的女孩子,在异国他乡怀揣着一个激动人心的秘密,向妈妈争取到独自回家的权利,放学后自己乘车回家,寻找商店,寻找合适而又便宜的鲜花,嘴角含着幸福的微笑,背着沉重的书包,一路跑回了家。

她一定不停地想象妈妈看到花儿时的快乐,她一定知道妈妈是多么喜欢花,可是原来住的地方没有条件养花,现在的院子里房东又不让养花,买插花又贵又不耐久——可怜的妈妈,愿望始终无法实现。

有心的女儿,一定是悄悄记住了哪里有卖盆花的,决定突然给我一个惊喜。说实话,我还真不知道哪个商店有卖盆花的呢。

这是我收到的最可心的生日礼物了。女儿除了买了花,还在另外一个商店买了一瓶香薰给我。在那瓶口,插上小木棍儿,香味就慢慢散发出来了。这也是我驻足良久的"奢侈品"——女儿帮我满足了愿望。

女儿说花儿很好看,但不香,加上这个香薰,就完美了。我宛然,这是一个多么善解人意的小姑娘啊!我想起来她之前一个劲儿地问我喜欢什么礼物,我刚要说,她又拦截了我的话头,说要给我一个惊喜,不许我说出来。她在猜测我,猜测我到底喜欢什么,需要什么,而我又在猜测她,猜测她到底会给我送怎样的礼物。

于是这个生日就过得非常难忘了。

我收获的是一个惊喜。即将长大的女儿,用自己的心,给她的妈妈送上了一份非常美好的生日礼物。我不得不说,女儿是爱妈妈的,女儿是懂事的,女儿是善解人意的,女儿又是可爱的。请原谅我一次又一次地夸赞自己的女儿吧,因为我的确发现了她的诸多优点,每一次的拔节成长,都让我觉得不可思议,让我觉得感动。

我生日那天女儿还对我说,学校里为全体女生开会,说新西兰会为所有的女生注射宫颈癌的疫苗,以保护她们的子宫健康。16岁以上的女生可以自己决定是否要接受疫苗注射,16岁以下的女生得回去问妈妈。她遗憾地说:可惜我是16岁以下,还是要回来问妈妈的。同时又憧憬地说:16岁以上按法律规定就是大人了,有所有的自主权。我看着她一脸神往的样子,酸酸地对她扔过去一句话:放心,你还有3个月就16岁啦!

耶!女儿一跃而起,她内心就如此期待独立于这个世界吗?她越来越大的变化让我惊奇,她的思想,她对人生的思考,她对生命的理解,她对将来的打算,都是那么冷静而明快。到底是青春少年啊,她继承了母亲的乐观、父亲的沉稳冷静,继承了母亲的感性、父亲的理性。从4岁半开始的不间断的书法练习,让她养成了无比坚毅的性格,她的忍耐力,在同龄人当中,是佼佼者。

出国一年多来,她不是享受者和旁观者,她是我们全部生活的参与者,很欣喜地发现她没有"娇、骄"二字,她没有不良嗜好,她不受别人影响,她不贪恋名牌,她对物质没有过分要求,她在乎的,似乎和我越来越接近——晚上她会拉着我去院子里看星星,我们会仰着头,看看那深邃的天空,夜里也能看到白云,白云缝里闪烁着星星,我们良久无语;她还会用自己的零花钱买好猫食,喂养那些野猫——原来新西兰也有无家可归的野猫,女儿已经养了3只野猫了,每天在家门口定时喂养。

我在想,一个热爱大自然,能够时刻愿意和天空、大地沟通的女孩子;一个热爱动物,愿意把自己节省下来的零花钱给它们买食物的女孩子;一个热爱父母,愿意自己独立寻找商店,给妈妈送一份最满意礼物的女孩子;一个热爱学习,每天主动读书学习到深夜的女孩子;一个懂得管理自己,把自己的房间收拾得井井有条,自己起床,自己叠被子,自己洗内衣,自己安排自己时间的女孩子,一定是一个优秀的女孩子。

回忆起十年前不遗余力地担心和教育女儿,我不禁会心一笑。

7. 又起争执

昨天和女儿起了争执。因为她要去台湾领事馆办理12月份赴台的签证,所以请我帮她把相关资料整理一下。

我虽然表现得挺积极,但是内心却难免抱怨——这些小事还需要我帮着做吗?难道自己都不会做一下吗?

可是我终究没有说出来,而是默默地帮她把护照、照片、表格、信件等一系列资料准备齐全,最后她提出来要我帮她把机票打印一下,我又去找邮箱里的机票,去楼下打印。

好不容易打印好机票,她又提出了一个要求,表格上要求写去台湾的酒店等信息,她不知该怎么填,我说这太简单了,你随便在网上找几个酒店,填上就是了,对方又不会查。

她磨叽半天,非要让我上网帮她找,帮她填。到这个时候我的怒气真的压不住了,我开始了抱怨:这么简单的事情,你就不能自己做吗?

她看到了我的态度十分不友好,非常惊讶,立即像刺猬一样开始迎战,她斩钉截铁地说:我不会!

我当时完全控制不住自己的怒气了,立即大叫一声:你讨厌!

◎第八章 为生命喝彩

女儿的眼泪立即下来了,她不可置信地看了我一眼,气愤地转身上了楼。

我这才冷静下来分析自己,从整个事件来看,完全是我不对,我至少犯了这几个错误:

(1) 我没有第一时间说出自己真实的想法。如果一开始觉得女儿太依赖我,完全可以直接告诉她,这些事情请你亲自完成,我不想帮你做。可是我并没有说,心里揣着不愿意,就带着怨气做事。随着她的要求越来越多,我的气也就越来越大,最后终于爆发了。

(2) 不该对她发脾气骂她。她完全不能接受一个平日里温柔如水的妈妈,突然变脸骂她讨厌,况且她也没做错什么,之所以说"我不会",完全是情绪被激怒的结果。也许她偷懒不想找,也许她怕自己找错了,填错表格耽误签证的事情,因为我不分青红皂白骂了她,让她觉得十分突然和不可理喻。

(3) 我内心深处早已对女儿的这种依赖感到不满,但为了让自己表现得像一个好妈妈,一个负责任的好妈妈,我经常压着火,帮她做这些事情,虽然每次都告诉自己,这是最后一次,但结果却永无止境。所以看起来是在向她发火,其实是向我自己发火——我觉得自己很没用,没有教育好女儿。

(4) 我内心还是对她的未来有着担心和恐惧的,虽然这种对未来的担心完全没有必要,却让我投射到当下。我会觉得连这点小事都处理不好的孩子,将来怎么能有出息呢?相信很多家长也会和我一样,让情绪指导行为。这种恐惧我没有很好地消化掉,反而变成了深深的压力,自己也时不时地反弹出来伤害了女儿。

(5) 发火本身就是一个没有控制力、没有水平的行为,但是我偏偏在被刺激之下,完全失控,并且失控得很突然,让女儿完全摸不着头脑。现在才理解为什么一定要真实地面对自己,真实地面对自己才有可能真实地面对别人。如果我有勇气承认自己不愿意帮女儿处理这些杂事,并且有勇气告诉她,哪怕她生气说我是个不负责任的妈妈,我也不至于最后爆发。这是我旧有的心智模式,我往往极善伪装自己的内心世界,也极善忍耐,结果当自己觉得不堪重负的时候,突然来个大撒手,女儿可能前一秒钟还乐呵呵地和我吃着饭,下一秒就发现我变脸了。通过昨天晚上的事,如镜子般让我清楚地看见了自己的行为模式。

(6) 我看到我对女儿的爱里,有掌控的成分,我对她的爱更多的是责任,更多的是面子上的东西,真爱成分并不多。例如,她一顶嘴,我就说妈妈生你养你不容易,你要感恩,剥夺她的话语权,这完全是道德绑架,我在用所谓的母爱压制她。我一方面说无条件地爱她,一方面又让她因为我的爱感恩我,不许顶撞我。这并不是真的爱她,这其中带着条件,有交换的成分,我希望她的一切都按照我的想法发展,她最好就是我想象出来的一个小人,最好处处让我满意,最好自己的事情自己做,不给我带来麻烦。我如果心烦发火,她不能捍卫自己,不能顶嘴,不能抱怨我。

(7)我口口声声说对女儿呵护有加,愿意为她牺牲一切,内心深处还是希望得到她的回报的,起码希望得到她态度上的顺从和尊重,否则我就会伤心,就会失望,就会觉得自己的付出没有得到应有的回报和价值——这不是自私是什么?

想清楚这些之后,我郑重地和女儿道了歉,我告诉女儿,妈妈是爱她的,发火骂人是我不对。女儿则对我说:我们是平等的,我们要彼此尊重,你就是我的妈妈,但也要尊重我,不能因为你是我的妈妈,就可以骂我。我承认她说得对。

我们心平气和地交换了彼此的观点,女儿同时提出了一个问题:为什么你会对我这么凶?你这么不喜欢我?我回答她:你是我的家人,我对你有爱,有时也会有怒气,我对你的爱,和对别人的爱是不一样的。所以在你的身上,我会发火,会失去控制,因为我知道我们是一家人,无论如何我们都不会分开,也不会失去彼此的爱,所以我才会不加掩饰地发脾气。对此她表示认可,但同时认为既然是一家人,更要呵护彼此的心灵,不能动不动就发火。

为什么我们一直提醒父母要不断自我修行,要不断觉察自己的态度,调整自己的情绪?那是因为态度是决定沟通的关键。

我问过很多孩子为什么会和父母起冲突,百分之九十的原因都是父母的态度不够尊重自己,可见态度比问题本身还要重要。当我们的态度让对方不能接纳的时候,无论我们说的是不是真相,他都不会听进去了。

反过来,为什么我们学会面对别人的态度要做到无所谓?那是因为我们要有定力,我们要学会无论别人的态度是倨傲,是谦卑,是得意,是不屑,还是侮辱,都能遵循自己的内在而如如不动,这样我们才能抓住事物的真相而不会被情绪误导,从而偏离方向。态度很重要,但屏蔽态度的能力同样重要。

如果我们能够不计较别人的脸色,不计较别人的态度,安然地抓住事物的本质,不在乎外在的形式,我们就成功了。正如《一念反转》作者凯蒂所说:这个世界上只有三件事,你的事,我的事,老天的事。可是我们往往因为对方的态度,会偏离自己的事,插手别人的事,无视老天的事,最后把一件简单的事弄得一团糟。

写给家长的话

如何做到真正的陪伴?

* 生活中的历练无处不在,父母需要给予孩子爱,但也要学会接受来自孩子的爱。

* 不要心疼孩子,有时候遇到挫折对于他们是非常好的历练。

* 孩子的成长需要父母无微不至的陪同,这种陪同有时候表现为亲力亲为,有时候则表现为父母的爱心。

* 孩子的成长是不知不觉的,也是一个量变到质变的过程,家长要有足够的信念来培养自己的孩子。

* 不要轻易地判断什么是对、什么是错,有时候你认为的错误,也许恰恰是正确成长所需要付出的代价。

8. 什么才是真爱

有的家长经常迷失在各种教育类书籍中不知所措,殊不知教育的真谛就是"真爱"。因为每个孩子都不同,每个人的内在都不同,千篇一律地模仿未必能够带来好的结果。

对于家长来说,教育好孩子的关键,是先把自己教育好,但即使是圣人和开悟者的孩子,我们也要看到免不了出现各种问题和缺点,这是为什么呢?是他们不会教育,还是孩子冥顽不灵?其实都不是,孩子还是那个孩子,他还是那个他。每个人都有先天的模式,称为天性,孩子也不例外,有的孩子是活泼型的,有的孩子则是稳重型的,有的孩子内向些,有的孩子则外向些,这就如同有的孩子长得高,有的孩子长得矮是一样的道理。

所以,其实孩子是没有问题的,出现问题的是家长看待他的方式。

有的家长忧心忡忡地问我:如何让我的孩子吃饭和别的小朋友一样快?写字也一样快?

我还曾经收到一位家长的问题,说看到另外的一个初中毕业生年纪虽然小,却很稳重,她很羡慕也很着急,问我,如何让她的儿子也像那个初中毕业生一样?

你瞧,每个人都不同,假如我们非要硬性规定一个标准来衡量生命,那是我们把生命看"死"了,是我们对生命的不尊重和缘于我们自己的局限性。

正如两片树叶永远不可能相同一样,每个孩子也永远不会像别人一样。我们的孩子永远是带着自己特定的印记来到这个世界,来到你的面前,成为你的孩子,成为独一无二的自己。

拒绝他此刻的生命呈现,就是拒绝了他的当下。要看到他当下生命的多姿多彩、多种变幻。

每个层次有每个层次的不同,每个层次有每个层次的真理。在一年级孩子的眼睛里,1+1=2就是绝对的真理,但在数学博士的眼睛里,却未必。

作为家长,需要做到的是,不要用普遍的社会标准来要求自己的孩子,要善于发现自己孩子的个性,并且扬长避短,努力发挥其长处,规避其短处,激发他生命中最精彩的那个部分,切忌削弱他的自信,无视他的长处,夸大他的短处。

有的教育专家说不能打孩子,可是就有的家庭,孩子被打了一顿之后,变得非常好;还有的教育专家说不能对孩子大喊大叫,可是有的家庭里,大喊大叫是常态,孩子反而欣然接受。

水无常态,圣人无常规,只有一个原则需掌握,那就是用心对待自己的孩子,给孩子以真爱。

9. 启发孩子的学习兴趣

我在国内和国外一直教授中国传统文化经典诵读,有些家长希望我的课程多一些吸引孩子兴趣的内容,希望他们的孩子从此爱上中文。我很了解,在学习的初期,需要一种兴趣的引导和培养,但贯穿整个课程的,并非全部由兴趣组成,而兴趣也并非全部由老师来提供。恰恰相反,有相当一部分学生在学习过程中,能自发地寻找出学习中的兴趣,从而坚持下去;一部分实在找不到兴趣点,但迫于父母的压力,继续学了下去,待到学了一段时间,突然又发现了兴趣;还有一部分学生,从头到尾都没兴趣,父母一看,既然没兴趣,就算了吧,于是结束了学习。

我的观点是,老师会引发学生的兴趣点,在家庭教育中,父母也需要从理性上引导孩子学习,而不是全程做一个旁观者。父母应适时引导孩子寻找兴趣点,并且教育孩子明白这样一个道理:兴趣是学习的动力,但不是唯一的动力。

记得女儿四岁半开始学习书法,一开始就是划横线,觉得挺好玩,有兴趣。我对她说:一旦开始练习之后是不可以半途而废的,一个人需要有兴趣,更需要有毅力。这是对她的要求,其实也是对我自己的要求,事实上很多时候孩子坚持不下去是因为家长先松了口。

在练习书法的整个阶段里,女儿不停地失去兴趣,然后又重拾兴趣,这就是老师所说的越过瓶颈期。有一段时间每一天的练习就如同是上刑一样,她依依呀呀,推三推四,我怒火万丈,但绝不姑息。后来我为了保持她的持久性,在失去兴趣的那段时间里,减轻了她的练习数量,只要求她保持在一个最低能够维持下去的水平则已。过了半年,我让她参加了书法比赛,得了奖,学校也让她写一些字贴在墙上,于是她又提起了兴趣。久而久之,练习书法成了习惯,兴趣不见得有多么浓厚,但绝对不再排斥。

学习也是如此。要想把一门功课学好,仅仅靠兴趣是不够的。因为人的兴趣是随时会转移的,何况是小孩子。一旦他对反复背诵和练习甚至习题觉得没有意思的时候,兴趣自然不复存在,那么接下来怎么办?所以我认为,学习一门技能,兴趣很重要,毅力更重要。家长应该在学习的过程中帮助孩子寻找兴趣点,或者鼓励孩子坚持,而不是一味地听从孩子的要求,一旦没兴趣就松手。要知道,孩子除了对糖和游戏能保持长久的兴趣,估计对别的都很难靠兴趣持续。

兴趣是孩子天生的老师,但兴趣只能把他引进门,之后的辛苦是需要毅力来战胜的。这时候兴趣退居到了第二位,大部分人包括孩子自己都认为兴趣也许不复存在了,其实兴趣仅仅是暂时退却而已——这是一个假象。当他的毅力引导他到达一个新的高度的时候,兴趣又会回到他的身上。遗憾的是,大部分家长都在第一个回合就缴械投降了,这就是为什么有的孩子能坚持下来,有的孩子却半途而废的原因(当然,一开始就完全没兴趣被逼的除外)。

我有一位朋友,她的女儿和我的女儿一同长大,从小就很熟悉。从孩子很小的时候,她根据孩子的兴趣帮她报了很多班,英语、芭蕾、画画、钢琴,等等,每一个都坚持不了两个学期,统统放弃了。每一次我问她,她都很无辜地说,开始孩子还挺有兴趣的,学着学着就没兴趣了,怎么也不肯学,只好算了。结果孩子长到现在,没有一项特长,也没有一项兴趣能够保持长久的。究其原因,在于家长自身没有参透兴趣和学习之间的关系。兴趣只是感性,学习却需要理性,万不可因为感性而放弃了理性。

当然如果一个孩子能永远对一项事物充满了兴趣并且主动学习,再苦再累也不放弃,那就恭喜你,他绝对能在那个领域获得成就。问题是,是否每个孩子都能够对所有应学的课程保持着感性加理性的和谐统一?在他实在不想学,而这门功课又必须学的时候,家长该如何处理这其中的矛盾?

我的建议是,让孩子学会苦中作乐吧。一个能在逆境中成长的孩子,才有可能超越自我。面对不得不做和不得不学的功课,只要理性上得到了这个认识,无论多么困难,多么枯燥,都能想尽一切办法坚持下来——结果必将成功。

问一下那些钢琴、小提琴考过十级的家长和孩子就会知道,兴趣并非是支撑他们达成目标的唯一动力。

第九章 负起自己的责任

1. 做义工的女儿

女儿所上的IB课程有一门社会活动课,学校要求学生一定要有150个小时的课外活动,才能毕业。女儿在新西兰参加了当地的慈善团体,但她还想利用假期的机会,回国做义工。

她的提议很快得到了几个好朋友的赞同,于是她们相约一起回国完成这项活动。

我通过国内的好友,帮孩子们争取到去四川汶川灾区学校做支教的机会,同时我也和孩子们说明了这个活动的意义。

我们绝不是因为要满足课外活动的学时,才选择了这个行动,而是抱着一种纯正的善心,来纯粹地做一件值得纪念的公益活动。

我将作为她们的指导老师,陪伴她们进行这四川7日支教之旅。

于是,在2010年的圣诞节,口号为"爱的传递"的活动正式展开。活动首先要报告给学校,得到校方的批准。在女儿用颤抖的双腿站在校长办公室,操着英文解释了一遍自己的设想之后,她的计划终于得到了校方的同意。女儿事后和我描绘她向校长做报告时的情景,她说她腿抖得厉害,手不停地捏自己的大腿,让自己不要发抖,我立刻大大鼓励了她。

与此同时,团队的另一名主干成员,一位当地的移民二代女孩子,在外校上10年级的Jessy,也在同步开展活动的前期策划。

她联合自己学校的多名学生,给灾区的孩子们写了很多信件和卡片,拍摄并剪辑了新西兰生活学习的视频,让女儿这个小分队带回国。

Jessy收集的信件都是英文的,所以女儿和同学们必须翻译成中文,在临回国前,她们几个同学分别拿了一部分信件翻译。我和女儿则带着全部的礼物以及属于她翻译的信件独自乘班机回国。

谁也没有想到在托运的时候行李超重,在时间紧迫的前提下,我们要么支付高昂的托运费,要么扔掉一个空箱子来减轻重量。我来不及思考,用最快的速度把一个箱子里的东西全部拿了出来,装在塑料袋里拎上了飞机,放弃了那只旧箱子。

然而,回到家里我才发现,那只箱子的夹层里放着属于女儿翻译的信件,居然全部忘记拿出来了。

这意味着,Jessy用心收集的爱心信件,还没到达孩子们的手中,就丢失了一部分。

女儿伤心欲绝,痛哭不已。这时候互相责怪已经不能解决问题了,只有坦然承认自己的错误,才能取得队员们的原谅。

我告诉女儿,立即写信给Jessy道歉,同时和其他同行成员道歉说明此事。女儿一边哭着,一边照做了。但我知道这整个过程对她是多么的残忍和痛苦,一个从小在妈妈严厉教育之下的孩子,是非常惧怕承认自己错误的,因为她的内心总是恐惧自己不够好,恐惧自己不被别人认可。

最终女儿完成了整件事的善后工作,幸亏信件没有全部放在她一个人的手中,还不算是全军覆没。

让人倍感欣慰的是团队成员们纷纷安慰她,这让女儿终于知道坦率承认错误并承担责任并不可怕。同时也收获了一个珍贵的经验教训,就是最重要的东西一定要自己收好。

我们一共7个人,从各自的城市飞到了成都。支教的内容是孩子们事先就计划好的,她们两人一组,每组带两个年级分别上课,课程也是在新西兰就商量好的,整个上课的过程既辛苦又愉快,同学们很快爱上了这些带着巧克力糖果、会唱英文歌曲、带着他们做游戏的大姐姐们。

支教结束之后,她们收获了很多孩子们亲手制作的卡片,孩子们天真纯洁的笑容、期盼的眼神,深深地打动了这些大姐姐们。

回来之后我问女儿:你觉得这次支教是谁收获最大,你们,还是孩子们?她回答说:我们。原本是打算送爱心的,结果自己被纯洁的爱感动了,我相信女儿从此懂得了什么叫爱的传递。

这次的活动给女儿以后的公益活动打下了良好的基础。

她进入港大之后,没有放过任何一个机会做义工。刚刚大一的她,就报名并通过了香港青年联合会的面试,假期就会去四川旅游局进行为期40天的实习。回来之后稍作休息,又约了新西兰的高中同学一起去北京郊区的一家儿童福利院做了20天的义工。

所有这些都是女儿自己主动联系后告诉我的,我很欣慰19岁还不到的她已经开始用自己的行动来回馈社会了。

写给家长的话

如何面对犯错的孩子?

* 在孩子的幼儿期,家长要做到外归因。孩子犯了错误,家长应首先从自身方面找原因,绝不可以只是简单粗暴地批评孩子,也不要把一切责任都让孩子承担,应该引导孩子共同寻找原因。

* 孩子到了童年时期,鼓励他,增加他的自信,让他学会承担自己应负的责任,无论是洗碗,还是整理自己的书包、自己上学、自己订正作业,这些都要独立完成,家长绝不可替代。

* 培养孩子良好的生活习惯,从细微的小事培养孩子的责任心。随着孩子心智的成熟,要让他体会到人生的一切都是自己主动选择的,从而学会自己承担一切后果,不怨天尤人,保持良好心态,学会反省自身,从而使自己心胸更加豁达。

* 随着孩子的逐渐成长,需要引导他内归因,让孩子懂得自己承担责任,要为自己负责。在学校读书、计划人生都是自己的事情,家长只是起到一个辅助支持的作用,同时让孩子懂得自己需要为自己的所有行为承担责任。

2. 并不轻松的高三

女儿的高三终于不可避免地来到了,其实在12年级的时候,已经感觉到她每天都忙得要命,但我对老师说的"到了13年级还要更忙"这句话完全没有概念。直到女儿上了13年级,我才切身体会到,没有最忙,只有更忙。

女儿周一深夜12点半睡觉,周二凌晨3点半睡觉,周三凌晨2点睡觉,周四凌晨3点睡觉,如此密集的熬夜实在让我大吃一惊,同时深感不安。

周五那天,她透支了一周的身体终于在下午6点半就进入睡眠状态,一觉睡到第二天早上10点,中间起来上了一趟厕所,没吃晚饭(据她说梦里吃过了),这才缓过来。

因为前一周要考试,要交中文的EE(Extend Essay,拓展论文),要交Art(艺术)作业,所以她日夜奋战。

一开始我选择陪"公主"读书——她做作业,我看书。后来支撑不住了,我就去睡觉了,让她一个人复习去。即使这样我也觉得吃不消,毕竟心里挂念着女儿,我睡得也不踏实。

直到她把老师布置的作业都按时完成上交,这才彻底松了一口气。

她说,周五的晚上本该是最惬意的时候,没想到一觉睡过去了,实在遗憾。

女儿算是认真、要好的孩子,其实本来不必这么拼命,但一方面是她自己平时没有抓紧时间做 Art 的原因,另一方面是她想要做漂亮一点,所以只能花费大量的时间在这个上面。

中文的论文也交上去了,她选的题目是《〈西厢记〉和〈牡丹亭〉中女性主义色彩的对比》,从写草稿到定稿,历时半年,经过无数次修改,方才上交。

我感觉国外和国内高三不同之处在于,这里的学习没有题海战术,大部分都是需要动脑动手的作业,完成的内容无非是做论文、写实验报告、做演讲之类的东西,基本上都是参与类的,但也挺费时间。不过相比较来说,女儿还是比较喜欢这里的学习,尽管辛苦,但很有挑战性,并不乏味枯燥。

这学期女儿的考试终于告一段落,因为这周每天都复习到凌晨三点半,不得已我给她喝上了红牛提神。

我实在陪不了她太晚,最多到凌晨一点半就再也支撑不住了,留下她一个人挑灯夜战,第二天早上 7 点钟照样起床准备上学。最后一天终于把生物考完了,回家已经下午 6 点了,她告诉我实在太困要睡觉。

很多家长和同学会抱着一个简单的想法来留学,这个想法就是:国内学习太苦了,出国留学不苦。

其实大错特错。

新西兰的高中最后三年并不轻松,每年都要参加全国统考,三年的统考成绩用来申请大学。我一个朋友的女儿在当地高中毕业,因为其中一门功课没有达到 A,所以被奥大拒绝了,只能上 AUT(奥克兰理工大学),后又转学到梅西大学。为了修好学分,考上美国的好大学读研,每天也是拼命地复习功课,从来不敢懈怠。

国外大学的宽进严出,老师一点情面都不讲,你没有达到要求就会被要求重修。我知道的一个留学生光在奥大就读了 7 年才毕业,绝对不是像国内一样,考进了大学只要不太过分,基本上都可以毕业。

女儿是 14 岁半出国的,先在当地的公立学校就读了 3 个学期,然后从 10 年级跳级到奥克兰国际学校读 IB 课程,一路走来实在是太不容易。

光是语言关,就需要强大的毅力来度过。面对那些有很多专用名词的功课,例如物理、化学、生物、地理,还有国内同学从未接触过的经济,大本的英文原著,写影评、写书评、做PPT、做演讲、写论文、写实验报告,真是苦不堪言。

但她说苦中有乐。

我问她:喜欢国内的学校还是国外的学校?

她说:当然是国外的,虽然很苦,但学的东西很有趣,不是像国内那种机械的苦,这里绝对不会看到放假的作业是十几张试卷。也是,我从来没有看到过她做任何抄写或者机械式的作业,她面对的"苦",虽然和国内截然不同,但依旧要依靠自己的毅力来完成挑战。

前几天女儿告诉我她的 TOK 得分比较高,按目前的分数可能会拿到 B,老师希望拿到 B 的同学再努力一下,争取拿 A,这样她中文论文的成绩如果也是 A 的话,最后的 EE 就会拿到满分 3 分了。

这 3 分实在是太艰难了。她付出的努力,绝不比做大量的试卷、背诵大量的课文简单。看到她绞尽脑汁想题目、想论点论据的时候,我除了干着急之外,帮不了她任何忙。

前几天在做一个英文的演讲(这些统统都要算入成绩的),老师要求结合英国的现实,找一个切入点来讲述英国文化,题目自己想。她想了无数个题目都觉得不理想,最后我帮她想了一个关于哈利·波特的内容。她请教老师后,老师说非常好,这才放心开始做有关哈利·波特的内容。先用英文写下具体内容,然后加入相应的图片,接着要全部背下来,最后当众演讲。

时间限于四分钟,既不能太长,也不能太短。

演讲完毕,老师会根据学生的主题、内容、语法、发音、表情等综合打分。仅仅是一个准备的过程,就耗费了她好几个小时的时间——绝不比做几张试卷来得轻松。

他们的论文要求非常严谨,对字数有明确要求,说了不超过 2 000 个单词,就坚决不能超过。和国内不同,记得国内的作文会要求 800 字以上,学生发挥多一些也无妨,新西兰则相反,每一个步骤都有得分点和扣分点,字数也会计算在内。

学习理科也非常辛苦,光是实验报告就要做几十张纸的内容,打印出来好像一本书。

女儿去年的一个实验报告是和生物、物理有关的,她们小组想的一个题目是"人的身体和运动的关系"(照例题目要自己想),然后就会开始检测,她们设计了跳绳这个运动项目,测量跳绳与体温、心跳的关系,最后得出一个结论,然后写出严格的实验报告。

但凡老师布置的作业,都绝无抄袭的可能性。因为内容都是根据自己的亲身体验来做的,一旦有同学的作业雷同就有抄袭的嫌疑,一定会被老师请到办公室,那里将有相应的惩罚等待着他。

我现在已经不可能过问女儿的学习了,除了在一些可能的地方帮她想个主意什么的,剩下的就是她自己折腾了。

不知不觉,女儿还有半年就高中毕业了,辛苦的高中生活终于快到头了。说实话我很心疼她,同时知道国外的高中生涯并不简单和轻松,事实上孩子们往往要花费比在国内念高中更多的精力,因为她们的语言不过关,这是硬伤,很少有留学生能够在历史、经济、地理等方面学过本地生的。

3. 学着自己申请大学

早就听说申请大学非常繁琐,"噩梦"终于开始了。我和女儿不得不面对浩如烟海的全世界的大学名单目瞪口呆,我们需要在这里面选择出十几所她想上的学校,然后递交给老师。

虽然之前我做了足够的心理准备,也没把它看得多严重,但真正拿着电脑开始寻找时,我却一次又一次败下阵来。此时此刻,我多么希望有一个无比专业的中介,能够帮我找出适合女儿的大学啊。

也怨不得中国的家长就认那几个名校,不是他们非要上名校,而是他们就知道这几所名校啊。

基于我们有限的知识层面,从来没有去过美国、英国、加拿大、澳大利亚,我们怎么知道哪所大学、哪个专业优秀?我们怎么能知道哪里的气候好、人文环境好?我们怎么知道哪所大学以哪种校园文化而闻名?我们又怎么知道,这所大学这个专业的师资力量和相对的影响力如何?

我什么都不知道。

套用网络流行的一句话,就是"伤不起啊伤不起"。

我花了一个晚上和女儿分工合作,我选择加拿大的大学,她选择英国的大学,经过几天的奋战,我选出来的加拿大大学是零。

不是我不认真,实在看不懂那些专业,对那些排名也一头雾水,对那些要求更是纠结得死去活来啊。

我动用了所有的脑细胞,打开了我能寻找到的所有网页,可还是很头疼。语言成了我搜索学校的一大障碍,女儿先是寄希望于我,后来发现我的速度比乌龟还要慢,终于忍不住哀叹:妈妈啊妈妈,你怎么到现在才搜了三所学校啊,而且都是我上不了的。

我能怎么办呢?美国要搜,英国要搜,加拿大要搜,德国要搜,澳大利亚要搜,恨不得搜到月亮上去。感觉我就是一个捞鱼的,面对一片茫茫的大海,漫无目的地拿着网到处乱捞一气。

关键的问题在于,我知道女儿成绩并不是拔尖的,虽然对着剑桥、牛津、哈佛、麻省理工流口水,可是我坚决看都不去看那些名校。为了节省宝贵时间,直接寻找符合成绩录取范围的大学,用女儿的话说,千万不要浪费任何一个宝贵的名额。我本想让她冲刺几所名校,可屡次被她犀利的眼神阻止。算了,我只能保持沉默,就安心做一个搜索机器吧。可是每一所大学的网页都不一样,为了寻找这些学校对IB成绩的录取标准,我简直快崩溃了。

最后我完全投降,任由女儿自己搜索。

学校老师要求下周递交名单,女儿需要借鉴自己的预估分数——衡量筛选。

经过反复讨论,我和女儿终于达成协议,理出了思绪。

第一步首先选择自己喜欢的专业,女儿想学的是教育心理学,这是她的第一专业,第二专业是传媒。

有了这两个专业打底,就容易多了。但这里面也有一些反复和纠结,比如有朋友建议说女儿其实可以学汉语言专业,有些很好的大学比如剑桥、牛津都有这个对亚裔比较偏重的专业。我内心里也挺喜欢这个方向的,而且女儿的性格似乎是偏静不偏动,按说她应该是愿意接受的。没料想和她提出来的时候,她坚决反对,说不喜欢这个专业,弄得我也没辙了。

我有一次气急,对她说:你要么全部听我的,要么我什么也不管,你自己说了算。

女儿冷静地对我说:妈妈,你能不能不要这么极端啊?我们就不能商量着来吗?

也是,可有些事情商量不来啊,我说这样,她偏要那样,如何商量?

现在的女儿,与往昔完全不同,深具独立自主的精神,对于报名大学她有着自己的一整套见解,结果在整个挑选的过程,我全部听她的。原来是欣喜于自己的女儿有主见、有思想、不盲从，现在则是"有苦难言"，除了举手投降，放弃妈妈的权威，乖乖配合她之外，我什么也做不了了。

女儿对我的要求是：需要我帮助的时候，她自然会问我，到那个时候我再"知无不言言无不尽"，当她没要求帮助的时候，我最好免开尊口。

我的想法是：你这个小丫头，吃的饭还没有我吃的盐多呢，你怎么知道该帮什么不该帮什么？

两个想法碰撞的结果，难免演变成激烈的冲突。不过冲突归冲突，我和女儿的心里还是明白得很，绝不会伤了和气，往往激烈冲突过后不到两分钟，两个人又会寻找出一条和平之路来。

以至于那天借住在家里的另一位妈妈，正巧听到我和女儿的大声争辩后非常震惊，说你下次千万不要再那样说话了，女儿的心灵会受到伤害的。我虽然不以为然，但听了朋友的话之后难免有点忐忑不安。我问女儿：是不是妈妈昨天说你的话让你很难过？没想到女儿睁大眼睛反问我：你昨天说什么了？

所以，我们会发现不同的家庭和关系中总有一些外人无法参透的交流秘诀，这种交流的方法是不二的，也是别人无法理解或者不可模仿的。假如这种交流的方式会让一份关系变得十分坚固，双方乐在其中，那么任何方式我认为都应该被允许，这就是所谓"法无定法"。

所以教育孩子千万不能单纯地学习书本上的东西，你必须清楚地知道那些全是死的，只有你面前的这个孩子是活生生的，是时刻都在变化中的，家长一定要用心爱他、揣摩他，这才是最可贵的教育。

在女儿的要求下，我开始百度心理学专业世界排名，然后打印出来，按照排名一所一所地看入学要求。我和女儿的分工经过磨合之后变得很明确：我初步搜好学校，落实好专业的分数要求，然后由她"审核"。她审核起来非常严格，除了看基本分数，还要看专业排名及网上对该学校的评论，然后再看学费、学校地点、将来的就业方向等，所以，单单通过一个筛选学校的过程，女儿就不知不觉学会了很多。

比如她开始主动问我：妈妈，我去英国留学将来是不是不能移民啊？

这说明她已经从单纯的梦想开始着陆了。我告诉她移民不移民不重要，你只要学到知识就可以了。当然花那么多钱留学绝大部分人都希望能拿个绿卡有所保障再回国，这没什么不对，也不能说这就是世俗，人总要解决最低的生活保障然后才有可能发展。

不过她很快从这个问题里摆脱了出来，因为我告诉她一切都是变化的，你不必为了将来而做打算，就算现在的政策是可以移民，也不代表四年后就能拿到绿卡，反之也是一样。与其为了这个目标做设想,不如选择当下最实际的,那就是自己到底能学到什么和自己将来想做什么。

女儿的个性和我不同,她习惯于把很多问题都考虑得很细致,有时候甚至是"消极"的。比如我说你可以试试要求高的学校,万一被录取了多好,她却反问我:万一没有录取呢,我不就失去了一个宝贵的名额了吗?再说如果凭借运气被录取了,我本来没有这个水平硬要上,到时半途读不下来怎么办?这个问题我无法回答,我不知道这是悲观呢,还是考虑问题周到呢?我不会这样想,我的性格会一鼓作气往前冲,可是女儿偏偏会留着劲慢慢使。但事后观察,这样的性格也有巨大的优势。

4. 女儿的不安

女儿递交申请之后,难免惴惴不安,生怕到时候一所都不录取她,那她该怎么办?万一上不了心仪的大学该怎么办?万一接下来的考试没有考好该怎么办?女儿开始担心了,正如她十几年前面对幼儿园和小学的种种障碍一样,无论她长多大,一样会面临人生不同的问题和挑战。

当然女儿也不是当年的女儿了,她照样读书学习,为梦想拼搏;而现在的我,也早已不是以前的那个妈妈了,我们终于在彼此的陪伴中,完成了华丽的转身。

我总结出一些上大学的经验供女儿参考:

第一,要明白上大学是为了什么。上大学不是你人生的目标,它只是为了达到你人生目标的一个手段,所以你即使上了理想的大学也说明不了什么,即使你没有考上理想的大学,也说明不了什么。就好像我们现在要到山顶上去,原本你打算从东面登山,因为那里比较容易些,而且风景还好看些。可惜你迷路了没有找到东面的登山口,你转向跑到了西面,那里人少一些,爬山的路困难一些,但那又怎样呢?如果你愿意努力,你照样可以登上山顶。名牌大学就好像是东面的道路,全世界的人都渴望从那条路登山,但你要清楚地知道,它仅仅是一条路而已,爬山的过程中唯独一样东西最重要,那就是爬山的人是你,别的都不是决定性因素。

第二,你要了解自己想在大学里学到什么。如果你认为上了大学就好像进了保险箱,以为十几年寒窗苦读之后就可以高枕无忧了,那你就错了。大学里给你的绝不仅仅只是知识而已,它好像给你打开了一扇通往世界的窗户,让你接触到更多的人、更广博的文化、更深邃的思想,而这里的绝大部分,都不是在大学的课堂上学来的。人的一生都在学习,每个人就好像海绵一样,一天 24 个小时都在吸收各种水分。有心人会汲取各种自己需要的营养来提升自己,千万不要简单地满足于考试及格拿到一纸大学毕业文凭,那是很肤浅的想法。

第三,你要不要和别人比较?因为有的同学成绩比你好,所以上了一所排名很好的大学,而你只上了一所一般的大学,这些在你的头脑里会有怎样的结论?如果你妄自菲薄,羡慕别人的好大学,你就会失去你自己上这所一般大学所有原本能学到的一切。记住一句话,你所得到和拥有的,永远都是最适合你的,别轻易地给自己的一生过早下结论,不要说:我想……我要……要告诉自己:我是……当你抱着"你是什么"的心态来面对一切时,外在的一切都不足以让你动摇,是金子总会发光,但前提是你要明白自己是金子,并且把自己当成金子一样使用,努力锻造自己的光彩,无论在什么情况下都不要失去正面信念和认同。

第四,是另辟蹊径还是随大流?在你面临人生的所有选择关口时,你要冷静地聆听内心的声音,通过和自我的对话找到自己真正想做的事情,不要随大流。人们之所以跟随别人,只是因为自我力量不够,放弃了自己对生命的选择权,不愿为自己的生命完全负责。所以我希望在所有人都一窝蜂做一件事的时候,你一定要保持如如不动的冷静状态,最好另辟蹊径。大家都学商科和金融,你要问问自己是否喜欢这两个专业。不要因为大家都说好读、容易就业而跟着别人报名。我希望你选择自己真正喜欢的专业,哪怕大家都很少去学,或者你去了一个大家都不太熟悉或知道的大学,安静地完成自己的蜕变。

第五,上不了大学该怎么办?虽然你成绩属于中上等,可是你依然提出了这个问题。我只想告诉你,上不了大学很好,因为你拥有了一样别人没有的经验。如果你上不了大学,通过自学或者通过别的方式达到了你人生的目标,这也是非常值得骄傲和自豪的。在我眼里,上大学和不上大学没有区别,如果你上大学是为了显示你的能干和优秀,那你就错了。一个真正拥有的人是不会为了显示拥有而去刻意向世人证明自己的。就好像太阳不会为了证明自己会发光而有意挂在天上 24 个小时一样,大自然的万事万物都是如此,因为它们是智慧的,它们相互连结又相互独立,它们从来不会依赖别人的赞扬和羡慕过日子。人也应该一样,只有当你明白生命的真相究竟是什么的时候,你才会明白原来生命是那么完美、那么独特、那么值得我们感恩和喜悦。即使没有考上大学,也不能动摇这份完美本质的分毫。

大学的选择尘埃落定,我希望女儿能继续保持对学习的热情和勤奋,把最后三个学期圆满地完成。很爱很爱她,所以一切的感受和经验都渴望和她分享,不过我知道她还小,对她来说一切都需要过程,亲自体验得到的结论远比我苦口婆心的教导来得深刻,毕竟经过自己的亲身体验,才是她真正得到的。

5. 被港大录取了

女儿收到港大预录取信的时候,正是三月份,新西兰的秋天。天蒙蒙亮的时候,我就醒了,女儿在我身边安静地熟睡。和往常一样,我习惯性地打开电脑检查邮件,赫然看到她的邮箱里有一封港大的信件,拉了女儿起来看,居然是港大的预录取信。

我和女儿当时就在房间里大叫起来,她拉着我的胳膊,拼命地大叫和摇晃,我们一遍又一遍地拥抱着,笑着,跳跃着,整个世界仿佛都在旋转中,有谁能想象到我和女儿当时的心情呢?我们在经历了这么多风风雨雨之后,终于看到了最好的回报。

我忘不了,在异国他乡一年之内搬家7次的辛苦,几乎每两个月不到就要开始找房子、装箱打包。女儿是我最好的助手,她毫无怨言地陪着我做那些琐碎的事情,直到现在我们一听到搬家就有了恐惧和抗拒,生活中最多出现的就是纸箱了,还有胶带以及记号笔。

即使是拿到录取书信的这个当下,我们还没有找到自己的住处,暂时住在女儿姑姑家,把所有的东西寄存在女儿叔叔家。我每天都要找房子,以应付接下来的两个月学习生活。

我忘不了,我和女儿刚出国的时候,她曾经因为英语不好不敢问路,以至于耽误了和同学之间的约会,绝望而无助地在马路上哭泣。

我忘不了,女儿曾经因为刚到AIC,听不懂老师讲课,回来大哭,郁闷地想办法到处找家教补课。

我忘不了,在回国度假的一个月期间,女儿每天冒着大雪深一脚浅一脚去地铁站坐地铁倒车去补习托福和SAT,每年放假回国期间,女儿完全没有轻松地玩耍过。

然而这一切的辛苦,都是她自己愿意承受的,这些年的磨炼已经让女儿从原来的胆怯变成一个有坚强毅力的孩子了。

女儿，终于不再是当初那个唯唯诺诺、胆小慎微、躲在妈妈身后的小姑娘了。

女儿，终于不再是那个害怕被老师骂，连上厕所都不敢举手报告的小女孩了。

女儿，终于不再是那个每做一件事，就要看一下妈妈脸色的孩子了。

经过了多少年，我们都得到了最好的成长，无论是我，还是女儿，都得到了生命中最宝贵的馈赠，这一切的努力，如今都有了令人满意的回报，还有什么可以阻止我们庆祝的呢？

但是，我们都清楚的知道，这仅仅是开始，最严峻的考验还在后面。如果她不能考上港大要求的分数线，她依旧无法进入心仪的大学。

6. 一边搬家一边高考

2012年的5月，女儿开始进入正式的毕业考试季。虽然她已经收到港大和几所大学的录取信，但都是有条件录取，最终的成绩还需要达到校方的分数线，才能尘埃落定。这就是被称为"final"的总分，而IB课程的统考，是全球统考，由日内瓦总部进行考核评定成绩，所以毕业班的全体学生们都非常重视这次毕业考试。

因为女儿的艺术作品已经完成，所以只需要考五门功课——数学、中文、英文、历史、生物，每门功课分两个部分考，每个部分考一个半小时，分为两天考完。所以整个考试跨度比较长，考一天歇一天，接下来的两周都将在考试中度过。用我的话说，简直就是慢刀子杀人。

学校给每个学生发了一张考试时间表，很详细地写明整个考程的科目、教室、时间等，自己在里面找到自己需要考试的科目，到时候根据时间直接去学校就可以了。

学校给家长也发来了电子档的考试表，另有一份IB考试说明，里面详细介绍了考试的细节以及考完之后如何从网上查自己的分数——7月份会有最后的分数出来。

因为我们毕业后会立即回国，所以这次高考完成之后就要马上退房，也就意味着女儿的整个高考阶段，正是我处理房间家具和生活用品的阶段。

伴随着女儿的高考，我处理家具的历程也开始了。

和国内剑拔弩张的高考形成了鲜明的特色,我不但没有刻意制造高考的紧张气氛,反而无意制造了很多小障碍。

看吧,女儿每天回到家里,都会发现少了一样东西,有时是椅子,有时是微波炉,有时是餐桌。女儿每天在努力考试,我每天在努力卖家具。因为是在网上卖二手家具,我并不能确保什么时候有人会来看,也不能保证什么时候会拖走,但对很快就要交房回国的我来说,尽快处理完一切东西是不得不做的事,毕竟交房在即。

所以,整个的高考没有比这个令女儿更加无奈的了。当时进入南半球的深秋,随着考试临近结束,房间里可卖的东西已经越来越少了。我们没有了取暖器,没有了餐桌,没有了女儿的写字台,没有了姥姥的床,家里一片狼藉,到处都是装箱打包的残余。女儿经常是考完一门功课回来,推门一看,会大叫一声:哇噻,我的书桌被卖了!然而她并不以为意,一边哼着小曲,一边跳着脚在越来越多的纸箱间游走。

这样的高考生涯,想必够让她铭记一生的了。

记得最后一天考生物的时候,家里已经没有任何她可以使用的桌子了,就连前一天当成桌子的椅子也被买主拿走了。她只好拿着一堆复习材料,和我一起坐在客厅仅有的沙发上复习。当时正好是新西兰的初冬,阴雨连绵,房间里阴冷无比。女儿看书,我也看书,一直陪伴她到深夜。最后实在冷得受不了,她强行把我赶上了床,自己继续复习。

可能越是艰苦的环境,越让女儿产生斗志吧。我的大大咧咧,不以为然,也让她变得很无所谓,从不会因为对外界环境的不满而抱怨什么。虽然对考试还是很重视很紧张的,但似乎从来不会因为这些而影响了学习,耽误了复习和考试。

这段时间在和女儿的陪伴过程中,我们始终秉承一个信念,就是无论外界发生了什么,我们始终坚守自己,把自己能做的做到最好。

我看到,多年的陪伴,让女儿成长,让我这个做母亲的也成长了,我们学会了用幽默的话相互调侃,学会了接纳、善待困境,学会了取笑自己,学会了淡化矛盾,也学会了忍耐和坚强。

整个高考期间,我和平常一样,接送女儿之后回来打扫房间,整理物品,卖掉不能带回国的东西,有时候接了她之后还会顺路去超市买菜买米。这十五天的考试中,我很少有惊心动魄的紧张情绪,也没有烦躁不安的焦虑,更是从来没有想过打听她考得如何。我们俩就这样平淡无奇、波澜不惊地度过了女儿人生中最重要的一次考试。

在考完试的当天,女儿学校在礼堂里举行了盛大的毕业典礼。看到亭亭玉立的女儿迈着坚定的步伐走上台,沉稳地从校长手上接过毕业证书,看到她稚嫩而坚定的面容闪着光华,坐在台下的我不禁泪眼婆娑。

当天晚上,女儿和同学们在一起唱卡拉 OK,做了最后的别离,每个人都哭了。

第三天,我们就交房离开了奥克兰,开车至北岛环岛游。我看着打扫干净、空空如也的房子,想起了四年前刚到新西兰的种种经历,唏嘘不已。

四年过去了,女儿和我都收获了沉甸甸的东西,我们没有空手而归。

写给家长的话

如何选择心仪的大学?

* 选择哪所大学,就读什么专业是技术层面的问题,但绝非一成不变,顺利录取也不是人的最终成功的象征。

* 相信自己的孩子有足够的能力和勇气面对今后人生的种种考验,放下斤斤计较和相互比较的心理。

* 上大学、上名牌大学并不是成功的标志,也不是我们教育好孩子的体现,这只是孩子在成长过程中呈现的一个结果。

* 用宽容、耐心、真正的爱来陪伴,结果定然会让你惊喜。

* 无论遇到什么情况,遇到什么样的问题,家长要做到的是淡定,是对孩子的全然信任和全力支持。

* 如果决定出国留学,最好找专业机构评估和检测一下,看看自己的孩子有没有做好相应的留学心理准备。出国留学手续比较繁琐,如果自己英文不好,工作较忙,最好是委托专业的留学中介机构来代理。

7. 孩子是一面镜子

其实我从来不知道如何教育孩子,我做过许多错事,也打过孩子。当我成为一个年轻妈妈的时候,我是一个特别幼稚的人。很难想象一个对自己生命都无法负责的女人,如何来教育自己的女儿,虽然我很爱她。

我爱女儿,但我不懂得如何教育她,于是就变成了我们一起成长。我突然发现,当我不把自己当成一个教育她的角色时,我们的关系和她的成长过程会更轻松;而当我试图教育她的时候,我们俩都很痛苦。

有人说我教育孩子很成功,因为她考上了港大。我一点儿也不这样认为,虽然我也很乐意她考上了港大,不过我认为自己的成功之处就是自己教育了自己。当我教育好自己的时候,生活在我身边的女儿也被教育了。

事实就是这样。

当我不知道如何把握人生的时候,我无法给女儿传递正确的信息;

当我失去内在勇气和力量的时候,我无法教会她正视外在的困难;

当我开始抱怨的时候,我无法要求她不要推卸责任;

当我做错事不道歉的时候,我无法让她学会认错;

……

我以为,孩子永远是家长的一面镜子。

有的家长会说,把孩子送到别人那里教育,自己教育不好,我认为这是自己对自己不负责任的表现。孩子当然可以送出去教育,也很有可能教育得很好,但自己的生命是否可以停滞不前?这等于说自己做的饭不好吃,把孩子送到别人家吃饭一个道理。

当我们把孩子推出去的时候,已经同时宣告了自己的"失败"。那么这个孩子将来遇到做不好或者做不到的时候,也会选择妥协或者放弃,这是一个深层次的影响,作为家长理应了解。

有时候教育并非表象看到的那样,形式永远不是我们所要关注的东西。然而我们常常为表面的形式所困惑,这就是为什么我可以面对女儿五年级 77 分的语文试卷谈笑风生,而换作别的家长会急不可耐地批评孩子和找各种家教。

我一直认为教育是终身的事情,既然是终身的事情,为什么一定要在小学阶段或中学阶段对一个孩子的错误那么大惊小怪呢?一个人的路太长了,假如我们做父母的没有教给她(他)自我成长和净化的能力,光看几个分数有什么用呢?

我们要学会,教育孩子的首要问题,是要认清自己,教育好自己的同时,那个和自己联系最密切的孩子也会承担起相应的责任。

任何教育的成功之处永远不是考取了怎样的大学,取得了怎样的工作机会,得到了怎样的外界表扬。对一个生命个体来说,没有什么能够比他愿意并且可以做自己最快乐的事更重要的了。

无论遇到怎样的困难,无论面对怎样的挑战,不把不良情绪外传,生命犹如一个过滤系统一样源源不断的得以循环清洁,这样的人,就是一个教育成功的人。

当然这种教育很大部分来自于社会和自身的内省,对父母来说,不要扼杀孩子的生命力、创造力、想象力,就是成功的教育了。

换句话说,父母的责任是让孩子明白生命的价值和意义,做自己生命的掌控者,而不是监督他(她)背单词以及周末的奥数班。前者是灵魂的教育,后者是大脑的教育,甚至不叫教育,只能是喂养——用知识喂养。

这就是当今教育的可悲之处,社会和家长看重的完全是孩子的学习成绩,却从来没有关注过她(他)的人格、心灵。

我们培养了一批大脑无比发达、记忆力无比发达的人,可是他(她)的心智发育却停留在最初阶段。

无论是背诵经典还是默写单词和解奥数题,如果不引导孩子们懂得生命的意义和价值,不引导他们懂得自己为自己的生命负责,让他们内在的生命闪出应有的光芒,单靠这些外在的知识给予将一无所用。

8. 女儿的台湾自由行

女儿要和同学单独去台湾旅游了。

在此之前,女儿离开我单独走的最远的路,就是从南京的家乘坐地铁到新街口,最多不会超过1个小时的路程。即使她到新西兰留学,也是我这个妈妈跟随着,每天接送外加做饭做菜,说实话,她没有离开我单独出门的经验。

这是她人生的第一次。

当初女儿提出来这个设想的时候,我极力赞成,毫无顾忌地赞成。我对她分析,将来爸爸妈妈带着你去台湾旅游的可能性委实不大,即使有那么一天,也是你老爸解甲归田之后了。那时候我们已经老了,你有自己的家、自己的生活,陪着我们到台湾的可能性几乎是零。而你现在正值青春年少,正是多走、多看、多玩的时候,和同伴在一起也有乐趣,若不趁此大好时机走它一圈,日后将追悔莫及啊。

小女听了我这个疯妈妈的一席话,似懂非懂,犹豫再三,被我口若悬河,三劝两劝,方才下定决心。

最终和一位最好的朋友,名叫索菲的女孩子,结成了奔赴台湾的旅伴。

不料原本要去台的另外几个同学,都以各种原因不去了,形势最终演变成只有这两个人去台湾七日游了。

不过即使这样,被我充上电打上鸡血的女儿,也还是兴高采烈地开始了准备。

在准备机票的过程中,她们二人不知怎的,又拉了一个男生。我更加放心了,因为有男生同去,万一遇到什么问题更好解决一些。况且女儿的另外一个男同学就是台湾人,已经答应等他们去台湾之后,陪他们到处玩玩。这样这个 mini 旅游团就变成了四个人,两个男生两个女生,很不错。突然发现在一个国际性的学校上课真好,你看,到哪里都能遇到同学。

女儿让我帮那个男生一并订票,我说 OK。

经过一番折腾之后,终于尘埃落定。机票订好,他们三人将于12月16号早上从奥克兰飞到香港,然后从香港飞到台北,12月23日两个女生从台北飞到南京,男生自行回家,然后索菲再从南京回到成都自己的家。

届此,女儿第一次离开老妈单独旅游终于从计划变成了实实在在的结果,她和索菲出去旅游我一点也不担心,毕竟人家离开父母单独在奥克兰生活了两年呢。这些孩子们现在是走南闯北,真是笑看人生啊,我这个做妈妈的只有羡慕嫉妒恨的份儿啦。

写给家长的话

如何学会抓住和放手?

* 尊重自己的本国文化不要轻易丢弃,让孩子有归属感,这样无论他们在世界上的哪个角落,内心都会比较安定。

* 在孩子和家长产生对抗情绪时,切忌简单地压制和说教,而是要循循善诱,注意说话的方式方法。

* 当孩子的情绪沮丧时,家长不要简单地怪罪他们,而是要采取理解和容忍的态度,过一会儿恶劣情绪就会消失,这时候再平心静气地和他们沟通。

* 注意正向交流,允许孩子表达和自己不同的意见,尊重他们独特的思维模式。

* 每个孩子都是单独的个体,家长有教育的责任,但前提是尊重对方。

* 权威有时候并非万能,平等对话更能拉近青春期孩子和家长之间的距离。

9. 好一朵美丽的茉莉花

这真是一个名副其实的"杂牌军",9 名 16 岁左右的女孩子,其中只有一个比较专业的舞蹈者,剩下的 8 名女生,清一水儿地都是"拼凑"出来的,功课紧,任务重,大家都不会跳——能凑成一个民族舞蹈团,真难啊。

我很佩服那个有舞蹈基础的 Leader(领导者),是她努力组织了这个团队,她们决定要在学期结束的 International Day(国际日)上表演中国的民族舞蹈《茉莉花》。于是每个周六,9 个孩子都要集合在学校的宿舍里,开始"艰苦"地训练。

女儿也是其中的一员,我很欣慰看到女儿正在从幼儿园时期对跳舞的恐惧中走出来。她似乎越来越不太在意自己是不是会跳舞,越来越不在乎自己的舞姿是不是会引起别人的嘲笑了,她只是认真地在跳舞。我很开心地看到,她正在学会从舞蹈中得到一种乐趣。

最简单的动作:劈腿、压腿、弯腰、打滚儿,孩子们谁都不会,好在她们肯慢慢学习。这个舞蹈队刚组建好的时候,每个知道内情的人,都会不以为然地笑笑,甚至连我这个妈妈在私下里也不看好她们。因为她们实在不会跳,不懂得节奏,没有任何舞蹈技巧——除了那个领舞的团长,她们也没有一个专业舞蹈老师作为指导者。这一切对于除了要应付考试还要额外学会这个舞蹈的她们来说,确实太难了。

可是这一切,统统被她们克服了。

她们的学习对象,仅仅是一段在网络上找到的国内天津医专的《茉莉花》舞蹈视频,她们的小老师,就是那位有舞蹈基础的领舞。

你完全可以想象到,如何把一群完全不会跳舞,而且没有任何舞台经验的姑娘们集中在一起,一个动作一个动作排练的辛苦。

我一直在旁观事态的进展,我甚至侧面提醒她们:是否需要找一个专业的舞蹈老师?

不过,孩子们都是国际留学生,她们心疼父母的钱,不舍得花费高昂的舞蹈培训费用,对此我十分理解。

就这样,日子轻轻地滑过去,每个周六下午练习跳舞,有时候周二也要跳。

一开始,女儿很郁闷,说自己完全找不到感觉,说简直不愿意跳下去了,我相信有这样心情的不会是她一个人。可是随着时间的推移,随着她们的坚持,当然最主要是领舞的坚持和热诚，她们 9 人就这样无怨无悔地坚持了下去，节目越排越顺利。

有一天，女儿说学校要进行节目的筛选，老实说，我很怕会被枪毙掉。她们排练了那么久，一旦被否决，岂不是竹篮打水一场空？没想到最后的结果出人意料，洋人老师大加赞叹，说中国元素很多，跳得也不错，建议放在开幕式上。

如此一来，孩子们的信心大增，女儿的兴趣也日益增长。也许是她们排练得比较顺利吧，我再也听不到女儿如同开头那样的抱怨了。

接下来的困难就是找服装了。要是在国内，服装是一件最简单的事情，可是在国外，到哪里找到 9 名女孩子的民族舞服装呢？孩子们辗转反侧，终于找到了一位华人老师，她在当地专门教舞蹈，也有服装可以出租。最后终于谈好了租借服装的价钱和时间，仅仅租用两天，就是每个人 30 美元，一共 270 美元，相当于人民币 1000 多块钱。可是如果从国内买加上邮寄过来的时间，也来不及了，没办法。

距离表演还有 4 天的时候，女儿请我帮她打个电话给服装的老师，商量取服装的事情，我当然是义不容辞啦。没想到的是，那位老师告诉我，说一直没有联系，以为孩子们不要了，已经把服装租给别人了。

这一下女儿大惊失色，我也觉得事态严重，好说歹说地和老师商量，好在老师借出去的服装要 5 天后才用，只好又和对方商定用完立刻送回去。

这是服装的波折，孰料一波未平一波又起。

昨天晚上女儿房间的灯亮到半夜了，今天难得自己没有爬起来，我还生气说了她一顿，怪她自己不懂得管理好作息时间，结果今天放学回来女儿才告诉我缘由。

原来孩子们发现表演用的配乐找不到，因为她们是照着视频学的，视频是天津一所医学院的学生表演的节目，整个视频的音乐杂音很大，掺杂着掌声和别的声音，根本不可能放在表演那天使用。她们打算上网找一模一样的音乐，没想到根本找不到，要知道她们练习的节拍都是那个乐谱的，如果不一样，完全跳不起来。这下子孩子们又头大了，她们想了很多方法，其中之一是剪辑音乐，这可不是一项简单的工作。

就在大家都不知所措的时候，女儿突然想到一个方法，这也是她颇为得意的一个举措。

她上网搜到了那个视频，查到了是哪所学校哪个班级的舞蹈，找到了她们的 QQ 群，没曾想因为她是一个陌生人，还没等她说完话，就一下子被踢出了群。

她只好一遍遍地央求对方，在验证信息里期期艾艾地写一大堆话，最后终于感动了对方，给了她一个学生会的群号。她再次申请进入该学生会群，没想到进去一次被踢出来一次，一共被踢出来三次。女儿说，她简直就是厚脸皮啊。她最后想到给群主发 QQ 邮件，终于感动了对方，成功加入了该群。可是，群主说她也没有配乐，又把社长的 QQ 号码给了女儿，女儿又开始问社长要配乐。因为新西兰和国内有五个小时的时差，不知不觉，就到了半夜两点了。在得到肯定能拿到配乐的消息之后，女儿才放心地睡去。如此一来，音乐问题终于解决了。

AIC 的传统是，每年的学期结束的最后一天，都会有一个联欢会，每个国家的学生都会把自己国家的民族节目拿出来表演，一来二去，每个国家的孩子们都在暗暗较劲。虽说这些孩子平时也看不出来什么爱国情结，但在整台表演中，作为中国留学生的孩子们，却非常希望能够让异国他乡的老师、同学们看到自己民族的风采，这也是在海外生活的游子们的一份爱国情怀吧。

最后，女儿和同学们穿着来之不易的服装，拿着从国内买来的扇子，惊艳亮相于 AIC 开幕式，她们代表中国学生，倾情献上一支《茉莉花》的舞蹈，取得了一片叫好。

时隔不久，她们还代表学校参加了新西兰举办的一个舞蹈秀节目，虽然最终未能获得大奖，但同样取得了大家的赞扬。孩子们很自豪，作为陪伴她们的家长我，自然也很骄傲。

第十章　我是我的主人

你们的孩子并不是你们的孩子。
他们是生命对自身的渴求的儿女。
他们借你们而来,却不是因你们而来。
尽管他们在你们身边,却并不属于你们。
你们可以把你们的爱给予他们,却不能给予思想,
因为他们有自己的思想。
你们可以建造房舍荫庇他们的身体,但不是他们的心灵。
因为他们的心灵栖息于明日之屋,即使在梦中,
你们也无缘造访。
你们可努力仿效他们,却不可企图让他们像你。
因为生命不会倒行,也不会滞留于往昔。
你们是弓,你们的孩子是被射出的生命的箭矢。
那射者瞄准无限之旅上的目标,用力将你弯曲,
以使他的箭迅捷远飞。
让你欣然在射者的手中弯曲吧,
因为他既爱飞驰的箭,也爱稳健的弓。

——纪伯伦《论孩子》

1. 女儿长大了

话说女儿突然间长大了。

标志之一，对妈妈百般柔肠的母爱关怀采取了一种藐视的态度，时不时地从鼻子里发出一声若隐若现的"哼"，仿佛妈妈的行为很弱智，用她自己的话说，就是"妈妈，我不是小孩子了，你能不能不管我了"，为此还屡次提出让妈妈回国，她自己留在新西兰住学校宿舍的要求。

标志之二，对自己的身体和容貌展现出前所未有的热情。妈妈悄悄计算了一下，早上起床，这个丫头每天会至少花 20 分钟在自己的发型和脸蛋上。天知道就是一个清汤马尾辫，还要左弄右弄，有时候我这个做妈妈的实在看不过去，气得在其身后做出呲牙咧嘴的愤怒状。

以前女儿是从来不擦护肤品的，也是从来不用洗面奶的，现在变得比妈妈勤快多了，每天洁面、护肤、隔离、防晒，一样不少。妈妈只能哀叹，自己这么老了，都不注意形象，一个如此年轻美丽的小姑娘，清水出芙蓉不就得了，捯饬什么啊？

标志之三，能言善辩了。以前妈妈在谴责其错误的时候，女儿最多撅着嘴不说话，连个臭脸都不敢摆出来。现在呢？小嘴一撇，开始回嘴了。往往是把我这个妈妈逼进了死角，一句话都说不出来，她才露出得胜的表情，自己蹦跶到一边，留下妈妈在那里气急败坏地苦思冥想对策。

妈妈对女儿的狡辩，就是一个建议，建议将来做律师或者做法官得了，因为她往往能抓住对方的软肋，还善于用循循善诱式的方法让对方掉进自己的陷阱，最后理屈词穷不得不举手投降，真正做到了不战而屈人之兵。

标志之四，要求独立、要求平等的呼声更加强烈了。以前女儿比较好骗，让她做什么她都会乖乖做，现在则相反，有点像阿凡提的毛驴，你让它向东它偏往西，并且还能说出一套套的理由来。

女儿原来恨不得钻到妈妈的肚子里，整天把妈妈黏得受不了。而现在开口就是长大了,闭口就是我要独立,整天在家里制造紧张气氛,给她一条毛巾都恨不得做成一面民主自由的旗帜。我冷眼看过去,心想:你妈在你这个年龄都玩儿过的把戏,现在轮到你了,哈哈。山人自有妙计,要自由吗?给!要民主吗?给!要平等吗?给!当然啦,同时捆绑的副产品是:责任!现在商家都开始促销了,买一赠一咱也要学着点儿啊。

女儿要的东西其实很正常,一个十五六岁的年轻人,正是开始心理断乳的时候,对自己的自信和对世界的藐视让他们恨不得飘到天上去,仿佛爹妈都是老古董,自己即使不是太阳,也是红彤彤的氢气球,早就开始俯视老妈了。唯一能拉她到地面的杀手锏,也就只有责任这个秘诀了,毕竟学会独立的同时,也要学会承担责任。

标志之五,开始计较妈妈说话的语气了,甚至妈妈一个不经意的眼神或表情都是导致人家不开心的原因。我记得女儿以前不是那么敏感的,妈妈说什么她都不会生气。现在妈妈随便说她一句话,就气得要命,经常对我说:请你尊重我!要么就说:你看看说话的表情!要么就说:你刚才说话的口气不对!总之妈妈现在要拿捏好分寸,不然女儿的眼睛就红了。不过还好,只要妈妈不理睬她,不会超过5分钟就好了,照样笑嘻嘻地往妈妈身上靠,这让妈妈觉得实在是不可思议。

标志之六,开始管起妈妈了。女儿不仅仅关注自己的外表,而且开始用挑剔的眼光看妈妈了,一会儿说:以后不要穿这件衣服了,不符合你的年龄;一会儿说:记得以后出门要化淡妆,你要注意打扮;一会儿说:你这样穿衣服搭配不好看。哎呀,总之把妈妈弄得真好像自己是一个土得掉渣的老妇女了。

唉,这就是我那可爱又恼人的小女儿。女儿开始长大了,妈妈又高兴又担心。

妈妈真希望你快快长大,变成一个勇敢的、坚强的、能干的、智慧的、积极的、阳光的、可爱的姑娘。女儿要是知道又该"嘲笑"我了——拜托你别做梦了好吗?

2. 和女儿的争执

16岁的女儿和我吵架了,说是吵架,其实就是因为一件小事我忍不住责怪了她,而她还了几句嘴,我大怒,觉得这个孩子怎么这么犟,大人在批评孩子,孩子还敢不停地还嘴,且咄咄逼人。于是立刻要求她道歉,可她偏不道歉。于是我们进入了冷战阶段,我们彼此互不理睬。我很气愤,觉得她应该主动求和,才能表示她对长辈的尊重。一直等到那周周日下午,此举未能奏效——这也是绝无仅有的一次。

我狂怒,于是又大吵了一架。我伤心欲绝,大哭一场,觉得这个孩子怎么这么冷酷。当时问她想不想和解,她说:不想。我气急,可是又无计可施。动之以情晓之以理也不行,不知不觉悲从中来,觉得自己真是好失败,平日里如此懂事听话的孩子,怎么变得这么冷酷无情。

最后,经过苦口婆心的沟通,我们终于和解了。我做了检讨,她也做了检讨,并且答应我,今后如果和父母吵架,作为晚辈一定要先发出友好的求和信号。虽然这有点霸道,但也彰显了我传统文化根深蒂固的观点。可能是我实在不能接受每次吵架之后,孩子冷若冰霜,父母小心赔笑脸的模式。不能惯着孩子的这种以自我为中心的坏毛病,我对女儿说:即使妈妈有错误,我们之间也决不能冷战,必须首先和解,然后就事论事,你可以和妈妈提出自己的意见,但绝对不能逃避问题。如果两个人有了矛盾,却因此而进入冷战阶段,是很危险的事情,而且因为我是长辈,所以首先发出和解信号的,应该是晚辈,这是对我的尊重,也表明你愿意解决问题的积极态度。她同意了,也表示接纳了我的看法和提议。

3. 要去非洲的女儿

女儿有一天放学之后,在汽车上突然对我说:妈妈,我想高中毕业后先不上大学,先锻炼一年,然后再读大学。我吓了一跳,不知道这个思想又是怎样钻入她的小脑子里的。于是我就问:这怎么可能?你到哪里去锻炼?

我当时的语调中带着不屑和嘲笑。孩子立刻急了,她非常着急和气愤地阐述起自己的观点。

女儿说:我要到非洲去锻炼。

我说:你去非洲锻炼什么?那里都是黑人。

此话一出,她顿时大怒:你这是种族歧视!

我突然惊觉,立刻稳住了情绪,我知道她是当真的,况且我刚才的反应确实不妥。

我看着旁边越来越大声的女儿,变得十分冷静。我努力让自己平静下来,很温和地对她说:妈妈同意。

女儿还沉浸在被激怒的情绪中,听了我的话,有点发懵。显然她并不相信,依旧很恼火地说:你骗人,你刚才的口气一点也不尊重我,怎么可能现在又同意了呢?

我停车在路边,停顿了十几秒,然后问女儿:你是认真的吗?你有没有具体的计划?你想到非洲的哪个国家锻炼?你怎么锻炼?上班还是打零工?

女儿噎住了,回答说:我只是想,并没有具体的计划。

于是我用无比缓和的语调对她说:你得表现得再成熟一些,才能让家长同意你的计划。我刚才之所以同意是因为你的理想并没有什么不好的地方,至少你的出发点是好的,我也希望你能拥有属于自己的理想。我之所以不同意,是因为你并没有给我拿出成熟的计划。另外,妈妈还要告诫你一句,今后无论你提出任何建议,都有可能遭到别人的鄙视甚至嘲笑或者拒绝,你在提之前要做好心理准备,不能一遭到拒绝或者嘲笑就恼羞成怒。你要准备好各种应对措施,理智而冷静地面对各种可能的回应,这才是成熟的人,你认为如何?

她不吱声了,我知道她听进去了。于是我对她说:不要着急,距离高中毕业还有两年,你还有两年时间做决定。妈妈希望你能拿出切实可行的方案来,并且做好充足的准备。如果你有了成熟的计划,相信我会同意的。否则,我们就先不谈这件事。

听了我的话,女儿顿时冷静下来,她欣然接受了,并且坦言自己只是一时兴起,并没考虑那么周全,也只是和我随便说说。

这场谈话到此结束,一场危机又化解了。我知道这个时期是孩子的青春期,敏感、多疑、冲动、逆反,往日的乖乖女,变成了一个有无穷无尽想法的孩子,有时候黏着你,有时候又像火药桶,稍不留意就一触即发。我既要考虑到她的自尊,又要保护她的安全,还要让她能服从我的权威,又不能压制她的自信和思想——其中分寸稍微拿捏不好,就是一场"世界大战"。

做母亲的,真的很不容易。

好在她还算懂事,当我冷静下来的时候,她也能跟着安静下来。其实任何矛盾,只要找出问题的关键点,沟通起来就容易多了。我的原则就是,有问题不能拖延,无论怎样都要解决好,这样孩子和父母之间才不会有芥蒂。冲突不怕,就怕有了冲突不会解决,千万不要等到孩子的心对你关闭起来,那时你再想进入就困难了。

另外,妈妈有了错误的态度,也要向孩子道歉。同时孩子也要懂得感恩父母,大原则是姿态要正确,不管发生什么问题,首先要灭火,稳定情绪,然后才能解决问题,冷战并不能灭火。

作为家长,不要一发现孩子的错误就上纲上线,这样最容易伤害对方——这是事后女儿对我提出的意见和要求,我虚心接纳。

4. 做个"自私"的妈妈

晚上吃完晚饭,本想带着女儿出去散步,结果她开始找自己的英汉字典,找了大概十几分钟才找到,原来她放在一个不用的书包里,忘了拿出来了。还好,我忍住自己的心烦意乱没责怪她,只是在她要求我帮她找的时候,对她说了一句:你的字典放到哪里我怎么知道?不过我还是装模作样帮她找了找——其实我知道压根就不在我的书柜里。

因为找书耽误了时间,我们就没出门。后来女儿开始刷碗,一边刷一边说:我最讨厌刷碗了。我听到之后立刻对她说:女孩子不能养成懒惰的习惯。话一说出口,我知道我又在贴标签了,其实她只是抱怨碗上的油腻让她生厌,她并不是一个懒惰的姑娘。果然,我这句话一出来,女儿就爆了,说:妈妈你怎么这样?我只是抱怨了一句,又没有不刷碗,人家也没说错啊。我赶紧道歉,还好"世界大战"没有打起来。

最后,她开始请我为她的作业设计出点子,我说了一下自己的想法,她觉得不错,准备在此基础上进行加工。整个过程需要用电脑搜资料,于是就一次次地赖到我身边用我的电脑操作。当时我正和朋友在QQ上谈事情,不时地需要接收一下文件,如此一来,我的思路就一次次被女儿打断。到了第N次的时候,我已经忍无可忍了,在她又一次蹭到我身边和我讨论设计稿的问题时,我终于拒绝了她。

我对女儿说:你能不能不要在妈妈这里?

她答:为什么你就不能关心我一下?我的设计稿难道不重要吗?

我说:你可以用自己的电脑搜索资料啊,为什么总是用我的电脑?

她答:我的电脑在楼上,懒得上楼拿。

我知道,第一,电脑开机预热很麻烦,上楼也确实略微麻烦,用我的电脑搜一下的确很方便;第二,她并不认为妈妈在谈的事情有多么重要,她潜意识里觉得她的功课是最重要的。

可是我还是对她说:你不能这样一次又一次地打断我的谈话,我不想让你用我的电脑了。

这下她大叫起来:妈妈你真的一点也不关心我!一点都不肯帮助我!

我也高声说:我没有不关心你,第一,我帮你想了点子,至于你用不用是你的事情;第二,你的作业重要,难道妈妈的谈话就不重要了吗?如果我在看大片不让你用是我不对,但我正在接收文件和谈事情,你能不能也尊重一下我呢?再说了,你请求别人帮助,态度首先要诚恳,别人即使没有答应帮你,你也不该发脾气,这个世界上没有人欠着你的。

几句话下来,她不吭声了,自己跑到楼上拿电脑了。其实,我暂时和线上好友打个招呼待会儿再聊也是可以的,让女儿借用一下我的电脑也是可以的,我拒绝女儿似乎有点不近人情,可是,我就是想让她明白一个道理,人和人之间是互相尊重的,即使是妈妈,也需要尊重,别总是和我谈平等,谈民主,谈尊重,一遇到学习和自己的事情,妈妈的事就要靠边站——凭什么啊?你学习是事情,妈妈的事情就不是事情了吗?

也许这和她在国内长期以来养成的思维定势有关系,就是学习是第一位的,任何事情都不能逾越它。我对女儿说:彼此尊重是体现在任何一个方面的,不能因为我是你的妈妈,你就可以为所欲为,妈妈也有自己的事情。虽然妈妈爱你,妈妈也愿意为你付出一切,但你的心里是需要存有感激之情的,总不能把这一切看成是理所当然吧。

这个问题,我还需要继续和女儿磨合,因为我是一个很具有牺牲精神的妈妈,女儿从小到大,关乎她的一切似乎都是第一位的,导致孩子觉得接受妈妈的"牺牲"很正常,一旦要求得不到满足,就变成了妈妈的错误。这是我以前的教育不当引起的,好在现在明白还不晚。经过几次磨合,她也知道妈妈有自己的独立空间,有自己的事情需要处理,任何人都不可以随意地逾越在别人之上,即使是最亲近的人,也需要感恩和尊重。

我对女儿说:你要记住,妈妈帮你做是情分,不帮你做是本分,因为这些本来就是你自己的事情。请求妈妈帮你做事,不可以颐指气使,不可以利用妈妈对你的爱来达到自己的目的。

我不知道这样说这样做,会不会引起别人的想法,觉得我这个妈妈越来越不近人情、太自私。可是我发现妈妈有时候真的要变得自私一些——要学会自己关爱自己,孩子才懂得关爱你;要学会自己尊重自己,孩子才懂得尊重你;要学会自己争取自己的权利,孩子才懂得妈妈也该拥有自我,而不仅仅是她的妈妈。

◎ 第十章 我是我的主人

这样你才会发现,孩子早上起来会知道悄悄下楼怕吵醒你,孩子会知道你在打电话的时候,不会打扰你;孩子也知道自己的东西找不到了不能赖在妈妈身上;也知道对妈妈为她做的事情,心存感激。

有时候做个自私的妈妈,让孩子也懂得一点付出,让孩子也承担一些责任是非常必要的。

5. 对女儿发火了

也许是母女两人住在国外太无聊了,在一次小冲突之后,我又忍不住对女儿发火了。不过这次发火,让我获益颇深,从这次发火之后,我越来越能控制自己了。

在和女儿发火的整个过程中我都知道我在做什么,虽然是短短的几十秒的小冲突,我还是按捺不住心中的怒气,恶狠狠地对她说了一句:明年你自己住宿吧,妈妈再也不管你了。然后转身就走。

发火的原因很简单,我想和她讨论一些自认为重要的问题,例如心态啦,人生啦,做人啦,然而人家却把耳朵捂起来,打开电脑自顾自地做生物报告。我一个中年妇女很尴尬地坐在她的床边,喋喋不休地重复着自认为的"金科玉律",直到自己都觉得讪得慌。可是那种感觉相信大多数父母都经历过,似乎有点欲罢不能。

我坚持说了大概5分钟吧,女儿看看我,面露不悦之色,说:妈妈你烦不烦啊,你知不知道我在做什么啊?我恍然大悟,原来自己还生活在梦境当中呢。一个施教者面对一个受教者,是不是天然会有些优越感呢?当她把我一把从神坛上拽下来的时候,我承认我摔得不轻。于是老妈很尴尬地闭了嘴,讪讪地离开了房间,临走时为了补偿某人的小我自尊心,遂恶狠狠地补了一句:明年你自己住宿吧,妈妈再也不管你了!

整个过程大概5分钟,人家把门关了,显然对你已然是烦透了,于是这个妈妈很气馁地坐在自己床上发呆兼反省。两分钟以后,妈妈想通了,原来施教者还是要看受教者的心情和接受度的。她烦你是对的,谁让你在人家做功课的时候拿着一个芝麻大的小事,拼命地说来说去?

于是我快速下楼,就好像什么事都没发生过一样,煮饭、炒菜、做女儿最爱喝的汤。少顷，饭菜毕，老妈快活地（注意，此处是真的快活地）大叫：宝贝，下来吃饭！

一会儿工夫，就听到屁颠屁颠的声音。那个刚才一副好不耐烦的小可人儿腆着脸跑了下来，她看看妈妈的脸色，一如常态，于是放下心来。再闻闻香喷喷的菜，面露喜色，简直像一个快活的小猪，咧着嘴大叫：啊，都是我喜欢吃的菜哦，妈妈你真好哦。

我默默地笑着，端菜、端饭，两个人并排坐在沙发上，一边吃，一边看电视。刚才紧张的一幕，早已消失得无影无踪了。我抱抱她，她抱抱我，像两个孩子一样哈哈大笑。

由此我得出一个结论：父母是可以发火的，因为父母也是人，是人就会有脾气。但是父母的发火是需要理智地控制的，既要知道发生了什么，为什么会发火，还要知道发火带来的后果，更要明白发火之后的善后工作。如何能做到心无挂碍，如何能做到不带有任何纠结地和孩子交流，是发火后最关键的问题所在。

女儿一定知道妈妈在用自己的行动来表示歉意，于是她也用友好的态度来表示自己的谅解和歉意。一切都转化成了爱，带着爱的发火是被允许的。

因为发火也是爱的一部分。

发火只是瞬间的自我被打击后的产物，明白这个道理就可以了。我们的心中都有一个自我，不时地跳出来接受各种挑战，一旦自我被打击，被忽略，被冤枉，被伤害，就会快速地启动自我防御系统——发火（实际上不过是保护自我的一个装置而已）。真实的我，是不会有这些感觉的，因为本我，是热爱一切真相的，哪怕这个真相是小我不能接受的，它都会热爱。

我因为女儿没有按照自我的预期去做，得到的是不友好的态度，使我产生了强烈的挫败感，于是开始动用保护装置，不时地找各种理由来评判她。

头脑里得出了上百种结论，什么不体会父母的苦心啦，什么让父母伤心啦，什么一点儿也不懂事啦，什么简直就要气死我啦，什么她不是一个从善如流的孩子啦，什么她这样今后一定会吃亏的啦，等等。瞬间我们的头脑就会创造出大量的信念，可惜，这些信念全都是假的，全都是谎言。你若是相信其中的任何一条，并且说了出来，必然会和孩子之间爆发战争。

幸亏我一句话都没说，那是因为我明白了这中间的道理，我知道那些所谓的结论都是谎言，我不能把谎言当成保护自己的武器，同时用谎言来伤害对方。

但我还是没坚持住，我还是悻悻地抛下了一句无奈而充满威胁的话语，然后转身离开了。这句话其实不可能兑现，之所以说出来，只是让自我感到舒服一些罢了，除此以外，起不到任何良好的作用。

这就是我的发火——已经控制得不错了,但离我想达到的目标还差得很远。我的目标是:女儿说,妈妈你好烦啊,你能不能出去？我心平气和地说:哦,对不起,我知道了,拜拜。

能够做到不受别人态度的影响,真心地接受一切的发生,自己的心不焦不躁,尚须努力。

在这一点上,女儿是我的老师,她一直在培养我、引导我,教会我该如何去做。

6. 拒绝妈妈的说教

我喜欢说教,没有了听众,可怜的闺女就成了我的"残害"对象。

我最经典的一句话就是:你现在长大了,妈妈不会打你,只是给你讲道理哦。

她最经典的一句回答就是:求求你妈妈,还是打我一顿吧,你讲的道理实在太长了,翻来覆去我受不了了。

这个经典的对话,从初一的时候一直被记到了现在。以至于孩子的爸爸明确规定我:教育孩子同样的事情不许说两遍以上,教育孩子不许超过半个小时,教育孩子需要言简意赅,不许七拉八扯。

我诺诺地答应了。可惜山高皇帝远,孩子的爸爸不在奥克兰,我这个话痨又逮住了机会,于是经常大讲特讲,弄得怨声载道,娃不聊生。我经常感慨:你呀,真是身在福中不知福啊! 她经常感慨:妈呀,我这是过的什么日子啊! 你快把我啰唆死了!

这些大道理,我明明知道女儿心里都知道,可不知怎么回事,遇到问题,偏偏要上纲上线拿出来显示一番,好像只有这样,才能表明咱是一个大人,咱有水平。弄得90后的女儿经常感慨说:妈妈,我无法和你这个60后的人对话啊。你能不能简单明了一些啊,拣重要的说,别拉拉杂杂那么一堆大道理,浪费我时间。

唉,亏得她遇到我这个民主的妈妈哦,不然又要讲一大堆"父母教须敬听"的规矩给她来个棒喝啊。

某天下午女儿高高兴兴去了学校练习跳舞,从前一天起她就告诉我,跳过舞之后要和同学一起去游泳,看得出来她很盼望这些课余的活动。她去跳舞前,特地准备好了游泳衣、浴巾、游泳镜,对我说:妈妈你接到我电话再来游泳馆接我,我回来得不会早哦。

下午两点半的时候,女儿高兴地发了一个短信给我:妈妈,我们跳完舞了,等一下就去游泳哦!

到了四点半,我又收到了女儿的短信:妈妈,受不了了,你来学校接我吧!

我看她的口气,知道她没去游泳,否则不会这么早,更不会让我到学校接她。等到接了她,果然小脸气得雪白,说:妈妈我以后再也不和×××一起约着出去了!实在太不守信用了!

那个×××是她最好的朋友,也是这次游泳的提议者,我很奇怪到底发生了什么事。原来两点半就结束了跳舞,女儿和朋友们到处找这个×××,却不见她的人影,只是发了一条短信给女儿说自己要去上妆,让她们等她一个小时。

于是女儿就和别的同学在学校里等着"主角"的回来,没有想到"黄鹤一去不复返",她们等了她一个半小时,都不见人影,打手机不接,发短信不回。等到两个小时的时候,女儿实在忍不住了,终于让我去学校接她回来了。接到女儿的时候,我看了一下表,已经快五点了,也就是说,从两点半跳完舞直到快五点,女儿都一直在学校百无聊赖地等着那个叫她游泳的朋友回来,好一起去游泳。女儿愤愤地说:来不了至少也该给我们一个音讯啊,这不是浪费我们的时间嘛。我给她发了那么多短信一条都不回,电话也不接,我们都不知道她到底是怎么回事。

我准备了一肚子的大道理,一句也没说,只是看着她快哭的脸,为她难过。最后我开车带着女儿跑到外面兜了一圈,又吃了汉堡干,喝了一肚子的可乐,在女儿抱怨×××的时候,我也附和地说:×××实在是太不像话啦,怎么这样放你们鸽子啊!要是我,也会被气死。你以后可千万不能这样,否则别人实在是太难过了,为人一定要言而有信——这可能是我今天就这件事说的唯一的一句大道理了。

女儿的手机没电了,她实在气那个好朋友,于是不充电也不开机,对方的解释始终也无法进来。直到回家之后,我帮着女儿布置好房间,翻译好信件,女儿的心情好了很多,充电、开机,铺天盖地的短信进了她的手机,不用说,一定是×××的解释和道歉。

结果还没有一分钟,两个人就和解了,反正我看到女儿的脸上又充满了笑意。这个丫头,从来都是不记仇的,轻易就会原谅别人。我问了她到底什么原因被放了鸽子,原来是那个女孩子在舞蹈老师那里又被安排跳舞,临时不能打电话和发短信,结果害得约好一起游泳的同学们都在学校里等她。

不知道被放了鸽子的别的同学是不是原谅了她,不过我知道女儿心里早就放开了这件事。下次人家约请她出去,她肯定又屁颠屁颠地准备了。

女儿对我的"不说教只陪伴"的态度似乎很满意,其实我知道,她只是希望我能用一个90后的心态来体验她、接纳她,遇到她情绪不佳或者愤怒的时候,还是把那些大道理封存起来比较好。

7. 青春期遭遇"更年期"

女儿是青春期,我还未到更年期,但女儿经常这样调侃,我也就笑纳了。

刚才两个人又进入了战争状态,其实也不能算是战争,就是两个人说着说着,一语不和,女儿转身就走,把自己房间的门恶狠狠地关上,临走时还丢给我一句恶狠狠的话:我这辈子都不会再和你住在一起了。

顿时把我一个人丢在痛苦的情绪中了,当然我估计她也不会高兴到哪里去。

起因是这样的,女儿突然问我:到底是住宿好?还是住在爷爷奶奶家好?

这个问题,我们已经讨论了无数遍,最后才决定住在爷爷奶奶家。我没想到都已经板上钉钉的事情,她居然还在犹豫。

犹豫的关键是,学校本来决定10月份搬家到爷爷家附近的,现在变成明年2月份才搬。而女儿如果住在爷爷奶奶家,就要每天坐公车上下学,至少要提前一个多小时从家里出来,她有点不愿意。主要是马上面临13年级的冲刺了,如果每天都把时间耽误在路程上,她觉得很冤枉,所以还是想住宿算了。从这个角度上来说,女儿并没有错。

我不同意住宿是因为住宿的条件自然没有家里好,同学之间会互相影响,她自己也说四个人用一个卫生间,每天洗澡、上厕所都要排队,上网也会受到限制,住宿还有很多不便。最重要的是,吃的饭菜质量太差,远远没有爷爷奶奶家做的可口。

从我作为母亲的角度来看,自然是住在爷爷家我比较放心了。原本她也是同意的,这两天我就忙着整理东西,还把她的一些暂时不用的衣服拿了过去,爷爷奶奶也一心盼着孙女过去住呢。

没想到她今天居然又开始犹豫了。我说:你自己看吧,无论住在哪里,都不可能十全十美。你要是想十全十美,还得妈妈陪你,上学又近,还有好吃的饭菜。结果她一口否定,坚决不许我再陪她,并且说:你不是已经决定回国了吗?干吗又要陪我呢？你要是回去，就再也不要过来陪我了。

我说：妈妈并不是不放心你。你不让我陪你，总要接受一个选择，不能犹豫来犹豫去。结果她说：随便吧，你说住哪儿就住哪儿。

我说：这是你自己的事情，你自己看着办，想住哪儿就住哪儿。

拐点出现了。

她说：那我就住校。

我说：最好还是住在爷爷奶奶家吧！（心里不接纳她住校。）

她说：你看你，就是在和我唱对台戏，刚才还说你没意见，现在又反对我住校了。

我说：你刚才不也说你随便，所以让我来决定的吗？那我现在决定，你不要住校。

她说：那好，我偏要住校。（反抗升级。）

我说：这样好不好，我们先住在爷爷奶奶家几天，你上学放学坐公车试一下，如果能接受，就继续，如果不能，就住宿。

她说：不，你现在就要给学校老师留言，我一定要住宿。（和我杠上了。）

我说：今天老师不上班，不在线。

她说：所以说你留言啊，老师上班就能看到。（咄咄逼人。）

我说：周一再发。（内心已经升起了愤怒的火焰。）

她说：不行，你必须现在发。（她也在愤怒中。）

我说：我偏不发，你不是说听我的决定吗？你不许住宿，只能住在爷爷奶奶家。况且即使你决定住宿，也要先通知爷爷奶奶一声吧，你为何如此自私？（第一个标签）你做事从来不考虑别人吗？（第二个标签）你想干吗就干吗，怎么能这样？（第三个标签）

她说：我就不！！！和你没话说，你快点回家吧，我这辈子都不会再和你住在一起了。（彻底被激怒，然后夺门而去。）

她走了之后，我半天没有平静下来。我承认她说的最后一句话让我非常非常的痛苦，刹那间我觉得万念俱灰。我没办法给她爸爸发短信，因为说也说不清楚，我也不知道和谁去分享我此时的痛苦，朋友？家人？我找不到任何可以和我分享此时感受的人。

于是我就一个人坐在沙发上，沉浸在一片痛苦中，一边流泪，一边开始觉察自己此时的情绪、此时的感受。为了让我清楚地觉知头脑中的念头，我用手机把当时的念头一一标明，事实证明，这对于我尽快脱离痛苦的情绪，很有效。

◎第十章　我是我的主人

第一条短信：有些话，能说给谁听呢？谁又能理解你安慰你呢？永远行走于外求的道路上，依赖于别人的宽慰和理解，是多么愚蠢的事啊！因为即使是最爱你的人，都不能代替你。

当时，我觉察到自己悲哀的另一个原因，是没有地方诉说这种难过的情绪。因为女儿的态度，我受到了伤害，所以我急切地想和一个人诉说，其实是抱怨，希望对方能够安慰我，肯定我是对的，女儿是错的。不过我还是觉察到这没有用，所以编了第一条短信。

第二条短信：没有人能够代替我的生活，所有的人，都在活着自己的生命。就连最爱我的人，都不可能代替我。此刻我在体验痛苦，不过最终都会过去，这就是生活，没有任何意外。

我觉察到我希望能够立即联系一切能联系上的人，来帮我分担这份痛苦和不满，但我又清醒地知道这不可能，每个人都有自己的事情，该我面对的，我还是要面对，不能对任何人有所期待。第二条短信写完之后，我安定很多，虽然还在流眼泪，但至少没有那么愤怒和悲哀了。

第三条短信：当你最爱的女儿高声宣布说这辈子都不愿意再和你住在一起，并且把门用力关上的时候，你是否会感到无奈和悲哀？我会，我承认我期待她的爱和体贴，而不是愤怒。

我寻找自己痛苦的导火索，原来是女儿对我的态度，那么我希望她什么态度呢？难道她那种恶劣的态度不是我刻意刺激出来的吗？我对她一而再、再而三的评判和贴标签激怒了她，所以她才口无遮拦，所以说，其实一切都是我造成的，自己需要为自己的行为买单，而不是别人。假如你期待爱和体贴，你首先就要付出爱和体贴，才能够收获，否则，你的愤怒同样只能收获愤怒。

当我写到第三条短信的时候，内心的痛苦无助已经无影无踪了，我开始调整呼吸、观察呼吸和聆听户外的鸟鸣，并且体会眼泪流过脸颊的感觉。

第四条短信：痛苦的时候，人们会哭泣、无助、愤怒、无奈、自责、后悔、抱怨，痛苦过后，一切都会归于平静。但痛苦来的刹那，我们会体验到很多负面的情绪，不要太执着于此，因为一切都会过去。痛苦是因为没有得到自己期望的，当下是不会痛苦的，痛苦永远是过去和未来的产物。假如一个人放弃对过去和未来的纠结，保持临在的状态，他就会远离痛苦。

至此，我已经安然度过了刚才痛苦的情绪，并且非常的平静，就好像暴风雨过后又出现了彩虹一样，我的心情非常愉悦，好像被水冲洗过一样。

我如实地记录下自己的心态发展，同时有个新的体验，和别人倾诉以及和自我倾诉是一样的。假如你身边没有其他人,你又非常难过,可以像我这样,自己向自己倾诉,把浮现出来的念头都写下来,一一对治,加以盘问,你很快就会摆脱困境。

写完后我就上楼看看女儿了,她的情绪,需要我耐心地解决。

8. 打扫情绪战场

硝烟过后,需要共同来打扫战场。当我安静下来的时候,发现天已经黑了,女儿在上面一点声音都没有。可是过了一会儿,她轻盈地跑下楼来,歪着头看着我笑,于是我也看着她傻笑。

瞧,两人都已经平静了。

此时此刻,她用不着说话,我就能读懂她的心,我能听见她说:对不起,妈妈。

我相信她也能听到我的心:对不起,女儿。

我冲女儿张开双臂,我们拥抱了,我们拥抱了很久,彼此都能听到对方的心跳。

不知道妈妈们还会不会和自己已经长大的孩子拥抱,我建议最好建立一个良好的拥抱习惯,当两颗心贴在一起的时候,你会发现什么隔阂都没有了。

我们什么话都没说,只是拥抱,然后就微笑着看着彼此。最后我大叫一声:别煽情啦,你饿了吗?我们出去吃饭吧!妈妈请客。

女儿大叫一声:太棒了!立即上楼换出门的衣服,她下来时,对我说:妈妈我想过了,可以先住在爷爷家两个月,假如我觉得路途太远,耽误时间的话,你再帮我办理住宿。

我说:OK。

这次是真心的OK,她也是真心的OK。

其实,我上篇文章里着重想写的并不是我们吵架的缘由,也不是想讨论一件具体的事情,更不是想解决什么问题,因为生活中处处都会有矛盾,处处都可能发现问题,解决了一件,还会有第二件,层出不穷。作为母亲,我不免被女儿激怒过,也不免被女儿伤害过,当然,我也不免伤害过她,这里只是把一件具体的事情拿出来讨论一下:假如真的遇到被激怒、被伤害的情况时,作为一个善于控制自己情绪的人,该如何处理?

无论是被蜜蜂蛰了,还是被马蜂蛰了,都会疼痛,现在不去纠结到底是被谁蛰了,现在讨论的是，假如被蛰了，如何处理？如何上药？

人的情绪是不可能一直平稳的，就好像湖面一样，一有微风吹动或者投石子进去，免不了起涟漪，但涟漪平复之后，还是平静的湖面。

这就是我想表达的真意。

对于我来说，无论女儿住宿，还是住在爷爷那里，都会面临一些困难，不是吃得不好，就是路途遥远，但只要决定，就不是问题。

问题都是自己的心理产生的，问题是解决不了的，问题只能消失，当你发现吃的不好或者路途遥远无所谓的时候，这个问题就自动消失了。

所以，关键不是吵架的诱因，相信每个家庭都不一样，我们每时每刻都会遇到不一样的境遇，也会产生不一样的反应，我只是写出了那一刻我的亲身经验。

刚和女儿吃了火锅回来，外面在下雨，我们已经完全和好了，一副亲密无间的模样。而将来她到底是住宿还是住在爷爷家，我相信都不重要，重要的是她如何克服将要面对的困难。

女儿有点不爱做选择题，生活中一旦有选择，她就会纠结半天，对她来说，宁愿妈妈给她安排好一切。可是，随着年龄的增长，她的内在越来越不满足于被安排，她想要挣脱权威的暗示，她希望展示她独立的力量。

面对她的挑战，实际上我还是高兴大于难过。因为只有在一次次的自我实现中，她才会逐步建立起认知自我的能力，也才会逐步脱离母亲的掌控，所以那种刹那间的难过，很快就消失了。

很多家长，当面临被孩子冒犯和冲撞的时候，都会经历和我一样的"万念俱灰"的感觉，觉得自己白忙乎了十几年，白养活孩子了。可是我希望大家冷静下来看待这件事，这件事情从头到尾，我都十分明确，那份不安和难过的情绪，只不过是我头脑里的信念被挑战之后产生的抗拒罢了。而且我内心明确地知道，女儿是深爱着我的，不会因为这件事，就真的和我老死不相往来。

要了解青春期的孩子，一方面他们渴望挣脱父母的掌控，一方面对于未知的一切又有点恐慌而惧怕，害怕自己不能胜任，所以他们的表现也是时而这样，时而那样，反复无常。

我希望女儿自己做出决定，可是她做出决定之后，我又提出许多负面的意见让她考虑，并不是我故意和她作对，而是希望她能够从决定中体会到一份责任，她后来也表示理解妈妈了。

而对于我个人来说，无论是住宿还是住在爷爷家，都可以接受。只不过因为已经和爷爷说好了，房间都已经空出来了，再改动觉得老人家会不开心，所以我才坚持了一下。

以前每一次反复,我都没有任何的意见,完全任由她自己考虑。

所以,她和我的对抗,缘由并非是否住宿,而是我因此对她产生了一系列评判。写出来是希望做一面镜子,很多家长都会犯我这样的错误吧,本来是就事论事,到最后就变成了"大帽子"满天飞,所以两个人的冲突一发而不可收。

写给家长的话

如何控制自己的情绪?

* 随着孩子青春期的到来,孩子和家长的冲突会越来越大,父母要首先学习克制自己的情绪,以免被点爆。

* 从一个逆来顺受的听话者一夜之间变成反抗者,证明了孩子自我意识的增加,父母要为此高兴而不是烦恼。

* 协调这个时期的紧张关系,在于父母拿捏好自己谈话的角度和分寸,以免造成新的伤害。

* 父母要接纳此时孩子的一些反常情绪和行为,并且耐心疏导,切不可强制训斥,否则会造成更为恶劣的后果。

* 权威有时候要放在一边,用尊重的心来对待面前的青春儿女,会起到意想不到的好效果。

9. 善良和同情心

成长中最重要的一点,就是培养孩子的善良和同情心,这个品德远远比成绩考得高要重要百倍。"人非草木,焉能无情",我们生而为人,当珍惜自己的生命,同时也要善待一切众生,对万事万物都要心存善念。从小到大,我都给她灌输一个道理,那就是为人要善良,"吃亏是福",不要斤斤计较,"心宽世界才宽"。这些道理慢慢地渗入她的内心深处,带她去菜场买菜的时候,我从不为了几分钱几毛钱和商贩计较还价,路上遇到行乞的人,也会主动给对方一些零钱。在新西兰的时候也会参加慈善救助,为的就是告诉她,这个世界上还有很多吃不饱穿不暖的人,他们的生活条件远远不如我们。虽然我们不是大富大贵,但能给别人一点方便,让别人多赚一点小钱，于情于理都是必须的。

四川地震之后，我带着她捐款，两年之后又带着她和他们班级的几位同学到灾区的学校支教，为的就是让她明白一个道理：爱是无处不在的，自己有能力把爱传递给别人是一件多么幸福和幸运的事。在四川的七天七夜里，我一直教导孩子们，我们绝不是单方面的帮助者，恰恰相反，我们是来学习、来收获的。

是啊，施与受是相互的，没有受者，施者无从存在。所以我们要感谢别人善意的接纳，要心存感恩之情。

女儿从来没有看不起过任何一个生活在社会底层的人，甚至是乞丐，她也心存尊重，路上遇到，不会担心是否受骗，她总要给对方一点零钱，似乎这样她才心安。我想，这就是善良的力量吧。

她报考大学专业也是考虑了很久，最后选择了教育学和心理学，她说也是想对社会多做一点贡献，这是作为一个社会人义不容辞的责任。

在这点上，我认为她具备了初步的社会责任感和公德心。

对此我十分欣慰，虽然她的成绩在学校里不是顶尖的，在强手如林的港大，女儿依旧是"中等生"，但是我依然为她感到自豪和骄傲，就是因为她的单纯、美好、善良。

第十一章 做一个会陪伴的好妈妈

1. 家长该不该管孩子

家长作为孩子的第一任老师、终身的榜样,在孩子的教育和成长过程中要担起不可推卸的责任。那么家长到底该不该管孩子呢？如何管才是把握好尺度了呢？这里需要好好探讨一下。

第一,作为家长,到底该不该管孩子？

关键是这个"管"字的概念,每个家长有不同的理解。有的家长认为,管就是事无巨细一把抓；有的家长认为,管就是管理,一切行动听指挥。我认为,管其实就是关心、引导、了解,是作为家长把心放在孩子身上,是一种陪伴的感觉,但又不仅仅是陪伴,因为家长角色的特殊性,所以这个管,比单纯的陪伴还多了一点责任、一点规范、一点引导。

第二,作为家长,到底该如何管孩子？

每个时期有每个时期的不同和侧重。

在孩子婴儿时期,家长的管,体现在对身体的呵护方面,从吃到拉,没有一样不是家长要细心管的。既要身体发育良好,又要精神发育健全,这个管体现在各种营养和全方位的身体呵护上。

在孩子的童年时期,家长的管,更侧重于行为习惯的养成和对学习兴趣的培养方面。例如告诉孩子如何过马路,如何规避危险,如何保护自己,如何养成良好的卫生习惯和学习习惯,这些都是家长需要管的地方。

因为在这个时期,孩子的自理能力和独立能力都有待加强,就好像一棵小树一样,该修条的就要修条,该架起棚子避免暴风雨袭击的时候就要做好防备,该固定的地方就要固定,这样才能长成参天大树。如果在这个时候家长放手不管,很有可能埋下一些隐患。

很多家长在孩子七八岁的时候,正在拼搏事业,所以孩子都是爷爷奶奶或者外公外婆在管,他们很少能够得到自己父母的照顾和陪伴。要知道家长的漫不经心,将来难免会遇到很多挑战,等到孩子长大因为学习习惯不好再去纠正,那就要花很大的精力和时间了。

所以这个时期非常关键,家长的管理力度要跟上,这时候的陪伴,要和风细雨,孩子才比较能接受。切忌动辄打骂羞辱孩子,因为这个时期,孩子正在成长发育期,他们的人格还有待于形成,对世界的认知也很不全面,建立一个合乎道德规范的信念非常重要,但也不能因此而忽视了孩子的天性,为其增加过多的束缚,不能贬损孩子的自尊和自信。

这个时期的孩子,是在游戏、玩耍中认识自我的,要让他们得到充分的玩耍时间,同时要让他们树立起时间概念,学习如何管理时间,"学习的时候认真学习,玩耍的时候使劲儿玩"。

这个时期家长要管的,是身体的安全,生活、学习习惯的养成,社会公德的建立,自信的建立。

等到孩子再大一点,就是上了初中之后,这是他们第二次"断奶"的时期,这个时期是家长最不容易管的时期。他们有强烈的自我认同感,容易和家长起各种各样的冲突,家长的管理方法需要改变,从过去的事无巨细、监管型的,发展到尊重型、放手型的,但作为家长,始终要用爱心陪伴着孩子。

有的家长不服气,觉得自己管得挺好,可不知为何孩子突然变得不听话了,于是变本加厉地严格管教,这样要不得。这样会导致家长和孩子之间产生对立的结果,要知道家长对孩子的管理,目的是让自己的孩子能够更好地成长,更健康地成长,今后顺利走向社会,而不是培养一个唯唯诺诺地傻听话的人。

所以,听话未必是好事——因为他不会发表自己独特的看法,他的头脑已经完全被家长的头脑所代替,前景堪忧!

这个时期的管,要侧重于心灵层面,身体方面和生活习惯方面因为已经有了前面的铺垫,加上孩子已经长大了,如果再事无巨细地管理他,势必让他感觉自己还像小孩子一样无能,反而会引起强烈的反弹和冲击。

家长要多和孩子沟通交心,关注他们平时的喜好,他们感兴趣的新闻,不要对他们略显幼稚的语言嗤之以鼻,也不要动不动用自己的"那时候"来教育现在的他。

真正做到理解他们,理解处在这个年龄层次的他们。比如当他(她)青春萌动,每天早上对着镜子左顾右盼的时候,你不要用斥责的语气来制止他们,你可以用调侃的语气和幽默的语气来表达一下自己的想法,反而会起到事半功倍的效果。

当他们和朋友之间产生矛盾时,不要用世俗的想法来介入,而是引导他们看到自己的不足,看到友谊的可贵。

这个年龄层次的孩子，听朋友的话远远大于听父母和老师的话，那是因为他们迫切需要建立自己的社会认同感，他们所处的那个层次的圈子里，也需要得到同伴的肯定。作为家长千万不要轻易地评价孩子的穿着，因为也许他在同伴中得到的是鼓励而不是如你这样的贬低。

要宽容地对待这个年龄层次的孩子，因为就连他们自己都不知道什么是对什么是错，他们就好像一匹迷路的野马，到处乱窜，怀着青春的热情和无比的勇气。让他们有犯错的机会，这不是纵容，而是一种对生命的宽容和尝试。

当然，家长要管的地方也是有的，一是他们的身体健康，例如抽烟喝酒吸毒，这些不良的行为方式一定要杜绝；二是他们的交友，正是因为朋友在这个年龄阶段的重要性，所以家长对孩子身边的朋友一定要熟悉、要了解，要知道他平时交往的对象是怎样的，试想一下，儿子交了一些爱打游戏、爱泡卡拉OK的朋友，他怎么会用功读书呢？

在学习方面，家长要管的实际上不多了，这个时候如果孩子还没有办法建立良好的学习习惯，仅凭家长的"苦口婆心""耳提面命"，是很难奏效的。

这个时期要管的就是心理方面，了解自己孩子的心事，掌握他的"动向"，让他知道作为家长对他的关怀，可是又不要给他一个感觉，让他感觉你总是干涉他。

有的家长在这个时期，要么愈加严格，最后弄得不可收拾，孩子反叛得要命；要么就干脆放手不管，结果孩子学习成绩一落千丈，整天和一些社会上的朋友混，家长再也无力管束。这都是要不得的。

对于生活在海外的小留学生，家长应该怎么管？

有的家长是只要平安，给钱就行了，他们认为这就是最好的"管"。因为孩子远在万里之外，说实话家长也无从管起，孩子每天只要报喜不报忧，家长也会放心。

但事实果真如此吗？

有的孩子上了一半就上不下去了，还有的孩子深夜还流连于网吧或者歌厅，最后很可能酿成大祸。

作为家长，生活上省心了，可是精神上是有很大负担的，那么就要多了解一下孩子在学校的生活和学习情况，她都如何选课？选的什么课程？这些课程是否容易读？对孩子的挑战性大不大？什么时候考试？等等，这些都是家长应该了解的信息和内容。

现在有互联网，了解这些信息非常容易，加上学校也有老师可以和家长进行反馈，所以作为家长千万不要连这些最起码的东西都不知道。

我有时候会遇到这样的家长，问之：你孩子都选的什么科目？对曰：不知道。

再问:他读得是否困难?对曰:他不和我说,我也不知道。再问:他准备上什么大学?再对曰:不知道。

这些不知道,很可能会让你失去和孩子对话的最重要的部分。

不是让父母干涉孩子的选课和选大学,而是需要关心一下孩子的想法和动向,至少作为家长可以起到一些引导的作用。

好像风筝一样,不管飞得多远,至少那根线还在手上,不能把最重要的线给弄丢了,孩子怎么飞,飞到哪里,自己都不知道了。

所以,对于每个阶段的孩子,有不同的"管",一份关心、呵护和充满爱的管,是每个孩子在任何一个阶段都渴望和需要的。

2. 收获赞美的女儿

女儿很快就要高中毕业,我去参加学校组织的一个活动,见到了她的同班同学们,在那里,我听到了同学们对她的称赞。

有一位同样来自国内的女生,当她知道我是释之妈妈的时候,非常真诚地对我说:阿姨,我想告诉你,是释之陪伴了我这两年的时光,她是最好的聆听者,是我最好的好朋友。

我听了之后很感动,也很诧异,因为这位女生我从未听女儿提起过,当然我也很欣喜。

和同学们交往的细节,女儿很少和我详尽说明,但我知道她是一个极善良的女孩,善良到连不小心打死一个飞蛾都要自责半天,所以她总是从善处看到同学的好,总是在我面前说他们每个人的好,我从来都听不到她说同学的一句不满的话。

我认为,这是我做妈妈最感欣慰的地方。

在女儿18岁即将来临的时候,我听到、看到自己的女儿和同学相处得如此融洽,看到她的善念,看到同学对她的欣赏和信任。

作为妈妈,没有比这个更让我欣喜的了。

即使取得了最好大学的录取书,和这个生活中最本质的东西相比,我也会更喜欢和欣赏后者。

在学校,我遇到释之的几个好朋友,对我都很有礼貌,我邀请她们今后有机会到南京的家里来玩儿,她们都很开心地答应了。我想,高中三年的同窗好友,一旦分别,定然会有许多不舍吧。

那天我和女儿探讨了这个问题,我说:妈妈都有同学会的,每过十年大家相约聚会。你们也会有吧?

她摇摇头,说:我们太难了。高中一毕业全都天南海北了,有的到了美国,有的到了英国,有的到了澳大利亚,还有的到了加拿大。你们聚会还有个地点,我们聚会到哪里呢?

我沉吟良久,觉得也是啊。同学们上了全世界的各个学校,再要聚在一起,谈何容易!在海外又不像在国内那么便利,坐个飞机动辄就是十几个小时,还要找到各种假期来凑,对她们来说,十年之后的聚会,的确是两茫茫了!

就连女儿自己,她都不知道自己将来会在哪里就业、安家。现在交通、通讯发达了,她们好像地球人一样,我说,那你们将来的聚会,估计只能在网上视频了。

孩子的能力、谈吐、个性、优异的成绩、文雅的态度,是值得父母欣赏的一个层面,可是我最欣慰的是,女儿被同学赞扬是一位最有聆听能力的朋友。

我喜欢她和所有的同学都如此友好地相处,并真诚相待;我喜欢她从不背后搬弄是非;我喜欢她永远从好处看待别人;我喜欢她这一质朴的层面。

也许她的成绩不是最突出的,能力不是最突出的,长得不是最出色的,但是,我听到同学真诚地在我面前感谢她,说她一路陪伴了自己两年,最懂得聆听,我知道这将成为女儿今后一生的财富。

事实证明,无论是生活、学习、交友,学会聆听实在太重要了。女儿在港大第二年就搬出学校宿舍,和两位读研的港大女生合租一房,她同样收获了友谊,也是得益于她懂得聆听,懂得不去评判对方。

3. 价值观的树立

在漫长的18年陪伴过程里,我走过不少弯路,也不免做过伤害女儿的事,唯一值得欣慰的是,我这个做妈妈的一直没有放弃过学习和成长。

对于女儿的陪伴,真可谓一路充满了坎坷,也充满了欢声笑语。

其实,最难的陪伴,并不是有形的吃穿住行,而是精神方面的陪伴。在陪伴孩子的岁月里,妈妈最关心的不应该是作业、分数,最重视的应该是"价值观"的建立。

什么是价值观呢？价值观有两种,一种称之为"社会价值",另一种是"生命价值"。

社会价值是一个社会普遍的价值体系,但它并不能涵盖一个人的一切价值,比如说,很多人把物质或金钱的富有、社会地位的高低、文凭看成是价值的体现。在孩子读书期间,家长会比较成绩的高低,能不能考上好的学校,认为这是作为一个学生最重要的。如果孩子受其观点影响,久而久之,就偏离了生命价值的轨迹了。

《大学》有云:"物有本末,事有终始,知所先后,则近道矣",与社会价值不同,生命价值恰恰在暗暗影响着一个人的性格、情商、抗挫能力、品德,它应该是社会价值的根本,是一切价值的核心,社会价值再高,也不能代替一个人的生命价值。这就是为什么有时候即便是名牌大学毕业的孩子,依旧不能让父母省心,依旧无法和周围人和谐相处,依旧有各种情绪障碍。

生命价值是无形的,是一个人内在的价值,一个人的品德,它包含了"同情""良心""善良""自控""同情心""公正""宽容"等诸多方面,正是这些德行,在一个人的生命过程中起到了"定海神针"般的作用。

在孩子幼小的时候,做妈妈的不需要给孩子穿过多的名牌,我自己的育儿经验是:小时候孩子长得快,买的衣服不需要很贵,挑全棉的,洗得干干净净的给她穿。对于家里的电器或者她的学习用品,也是选那种实用性大于外表时尚的,铅笔盒就是铅笔盒,从来不弄那些多功能的,大部分时间就是一个简单的笔袋。从小给她的观念就是物尽其用,要对万事万物有感恩之心,要珍惜物质在整个成长过程中,没有让她有物质缺乏的感觉,但也没有让她有铺张浪费的习惯。例如笔袋如果没有用坏,第二个学期不一定非要给她买新的。说句老实话,笔袋真的很不容易用坏,所以隔一年还是会买一个新的送给她(否则难免审美疲劳)。那个旧笔袋就装一些剩余的铅笔圆珠笔之类的,隔年洗洗干净再交换使用,挺好的。

不要因为自己的富有而骄傲、贫困而自卑。在金钱方面,家长不能失去了管束,让孩子花钱大手大脚。良好的家风,一定要从妈妈身上做起。

孩子也是社会人,即便在上学中间,也难免不遇到社会上丑恶的一面,作为妈妈,一定要适时引导,帮助孩子分辨是非、不偏离道德的轨迹。这样孩子面对外界诱惑有了一件"防护衣",这也是培育孩子诚实、责任心、正直等重要美德的奠基石。

因为经济快速发展,整个社会对于金钱、物质倍加推崇,也难免影响到我们每个人,这时候作为妈妈一定要能够坚定自己的信念,不要随波逐流。

女儿初中住校三年,是她三观成熟的三年,她目睹了很多同学的炫富、攀比,她却丝毫不受影响,我觉得还要归功于家庭教育,父母要行得正、立得端,孩子自然会受到影响,从小不要让她对物质产生太大的兴趣,不要拜金主义。有些妈妈难免会和外面的朋友比吃比穿,比老公,这是最要不得的。

我经常对女儿说,做人千万不要"金玉其外,败絮其中","腹有诗书气自华",所以,女儿的心目中,已经养成了比吃比穿是很俗气的观点,炫富更加让她觉得浅薄无比,所以她一直以来也是一个简简单单、不去追求新潮和流行的女孩子。

孩子在十四五岁的时候,是"三观"养成的重要时期,他们往往充满了热情和公正,面对社会上的不公平现象气愤填膺,家长一定要从自身做起,善加引导。

4. 自控力的养成

妈妈在陪伴孩子的过程里,还有重要的一点,就是让孩子尽快掌握自我管理的技巧,拥有自控能力的孩子,长大会让妈妈省心不少。

我从小就让女儿学会掌握时间,孩子对于时间一开始是没有概念的,一二年级的时候,学校会教孩子认识钟表,但他们很难有具体的时间概念,例如一分钟有多长?十分钟有多长?我们家长觉得非常简单的事,在孩子那里却非常困难。

很多妈妈抱怨说孩子一大早起来上学,是最痛苦的一件事,妈妈们常常会大光其火,那是因为没有事先让孩子了解如何把握时间。有些妈妈经常会着急地催促孩子:快点吃饭!我们五分钟后出门!但对于孩子来说,他们并不知道五分钟意味着多长。所以这就需要妈妈平时和孩子做一些小的时间游戏,我常常做的一种游戏,就是猜猜看。比如,我会经常和女儿比赛,看谁可以准确地猜出一分钟是多长?误差最小的获胜。别小看了这个小游戏,渐渐的孩子就能判断出时间的概念,她就会懂得一分钟到底是多久,十分钟到底是多久,她会了解,自己吃顿饭大约是多长时间,这对于管理时间非常重要。

我会让她明白时间的重要性,每次只要告诉她看电视多长时间,她就会看着墙上的钟表,自己掌控,从来不会因为没有人监督而放松。有了这个管理的能力,在她的成长关键时期,我就会省心很多了,她总会知道什么事是可以做的,什么事是绝对不可以染指的,也会知道控制自己的欲望。

从她四岁半开始,我让她学习了书法,这样一写就是十年,每周一次上课,每天一小时练字,从不间断。记得那时候还小,练字的时候就是站在小凳子上,每天悬腕练字还是很辛苦的,但我告诉她一旦选择就要坚持,好像很少听到她抱怨,偶尔有情绪出来,就对她说每天的练字是没有商量余地的,她那时候小,也就听从了。每天放学回到家第一件事就是练字,然后是写作业,这些必须做的事情完成之后,才去玩儿,习惯了她就知道如何安排自己的时间了。如果有时候要考试功课紧张,书法可以少写半小时,但不能间断。久而久之,她的忍耐力和自我管理能力都非常强,我们即使在旁边看电视,她也可以做到一心不乱安心练书法。

有的家长为了让孩子安心学习,自己在一边陪读,其实就是监督,妈妈并不是真的安心读自己的书,而是眼睛一分钟不离地盯着孩子的一举一动,自己完全没有专心自己的事。殊不知,这样的结果只能让孩子成为一个被监督者,成为一个被动学习的人,他将无法学会自我监督和自我管理,将来长大之后,也不会对自己的行为负责。

还有的妈妈,摇身一变,成了孩子的书童,只要孩子肯好好读书,妈妈可以帮他做好一切琐事。削铅笔啦,拿本子啦,找尺子啦,端水、端水果啦,这种行为也不可取,因为学习是孩子自己的事,妈妈如此尽心尽力地陪伴和服侍孩子,会让孩子觉得,学习并不是我一个人的事,学习是妈妈的事。

同时,有的妈妈因为牺牲了自己的时间无法做自己想做的事情,满肚子都是委屈,假如看到孩子不认真学习的时候,情绪往往难以控制,所以,这样的"陪读"真是没有一点儿好处。

正确的陪读方式应该是相互尊重、互不干涉,让孩子独立完成他需要完成的作业,妈妈在旁边做自己事情的时候,也要一心不乱,全神贯注。自己做自己事情的好处是,一方面让孩子知道每个人都有每个人的事情要做,另一方面让孩子学会独立,学会管理自己。

记得有人采访过一位诺贝尔奖得主,追问他到底有什么秘诀能够让他在科学上取得这么大的成就?他的回答耐人寻味,他说,没有其他的特别原因,我就是从小自己管理自己,我的东西都是自己放在一定的地方,久而久之,就养成了良好的习惯,效率也很高。

所以,聪明妈妈的做法就是让孩子从小学会自主管理自己,做自己的主人翁。当然这里面有"风险"也有不确定因素,风险就是"管不好自己",管不好自己就会犯错,很多家长不能接受孩子犯错误,于是干脆自己动手,他们认为这样反而节省时间,提高了效率。也许从表面上看是如此,但实际上,从长远看孩子的发展,那是有"百害而无一益"的。

自我管理就是要孩子做到去除依赖性，增加独立性、责任感，学会自己对自己的行为负责，家长做一个用心的陪伴者而不能做一个全职的监督者。

在放手的同时，妈妈要学会信任孩子，哪怕做得不够好，也不能轻易把管理权收回来，而是耐心教导孩子如何更好地管理自己。要让孩子知道自己的人生是没有任何人可以代替负责的，所以自己必须掌控好、规划好。

5. 培养孩子的责任心

所谓责任感，就是一个人面对自己的行为有所承担的那份使命感。

孩子小的时候，很多家长是很难培养他的责任感的，为了心疼孩子，哄孩子开心，恨不得凡事都是对方的责任。最常见的就是：孩子摔倒了，做家长的不是鼓励孩子自己爬起来，而是作势打桌角、打地面，打那些影响孩子走路的物体，把所有的责任都推到这些外界的物体上。叫你碰我的宝贝，打你！都是这个桌子不好，都是这个地不好！在家长责怪了一遍又一遍对方之后，孩子也渐渐习惯了推卸，仿佛走路摔跤原本就是地不平造成的，完全推卸本属于他自己的责任。

中国的家长一贯喜欢大包大揽，似乎不这样就不能表达自己对孩子的那份爱。久而久之，孩子做任何事情都依赖父母，小到削铅笔，大到写班级的发言稿，家长统统代办。

如果孩子不慎闯祸了，家长也通常是一顿呵斥，之后立刻把孩子放回到自己的羽翼下面，跑去收拾残局，还美其名曰：孩子还小，他已经知道错了，这些事情不要让他参与了。其实，孩子一点也不小，是我们把他看小了，小看了。一个孩子如果从小不培养起责任感，那么他始终都长不大，永远都不会自己面对生活中的艰难困苦。

可能没有一个做父母的愿意自己的孩子一辈子都生活在自己的庇护之下吧！

自己管理自己，进而慢慢就会滋生起一份责任感。

孩子一年级的时候，家长会在一边帮着削铅笔、整理文具；

孩子二年级的时候，家长会在一边帮着背单词、包书皮；

孩子三年级的时候，家长会早上把早饭做好叫孩子起床，迟到了还要被孩子责怪；

孩子从小到大，学校都要求父母要检查孩子的作业，发现错误要孩子及时订正。

……

如果作为家长把这一切都大包大揽做到了，那么你要注意，你的孩子将来很难成为一个有责任和担当的人。

记得有一次，我的女儿二年级的时候，我没有检查出作业中的错误就签了字，结果女儿被老师批评了一顿。回家之后女儿非常气愤，和我哭闹了半天，怪我没检查好。我对她说：从今以后，我再也不会给你检查作业了，因为这不是我的责任，你自己的作业自己检查，我只管签字，错了活该。奇怪的是，她从此很少错了。

孩子越来越大，但家长要烦心的事情却不见减少，反而越来越操心。这是为什么呢？

因为家长已经完全取代了孩子的责任。

我们仔细观察一下提线木偶，如果指挥者不去动那根线，木偶自己是不会动的。可我们的孩子不是木偶，他们会一天天地长大，越来越独立于这个世界之上，内心如果没有一份责任感，如何能承担起今后对家庭的责任，对社会的责任呢？还谈什么修身齐家治国平天下呢？

孩子的责任感，表现在他能够做到自己的事情自己做，然后帮助父母做事情，之后帮助团体做事情，继而帮助整个社区做事情，最后帮助整个社会做事情。责任感越大，孩子的成就就越大。一个没有责任感的人，是难以承受任何重担的。

家长如何来培养孩子的责任感呢？

第一，自己的事情自己做。自己能力之内的事情，家长一定不要插手。

第二，如果孩子喜欢养小动物，家里也有这样的条件，可以让孩子在照顾小动物的过程中学会承担责任。但在整个过程中，家长一定不能"心软"，绝不能越俎代庖。

第三，孩子之所以有时候表现得没有责任感，是因为承担责任是需要勇气、毅力和付出汗水的，有些孩子则会临时逃脱。家长在磨练他们的同时，一定要不断地强化他的能力，夸奖他，让他知道一个有担当的人才是一个值得骄傲的人。

第四，既然孩子是这个家庭的一份子，家里有任何事情应该及时通知他，让他承担起自己应该承担的那份责任。我偶尔看到报纸上有这样的报道，某某孩子十年寒窗苦读，结果高考前夕父亲不幸快要病逝，家里家外所有的人都瞒着他，指望他能够一举中第，报答他的父亲。姑且不论孩子是否得到了应有的尊重，这种做法完全把高考看得比亲情还要重要，高考一年有一次，可是父亲的去世却是一辈子的伤痛。我不知道考上大学的儿子是否会抱憾终生，也许做父亲的可以含笑九泉（因为没有影响孩子的前程），可是，一个家庭发生这么大的事情，都不让唯一的儿子知晓，还美其名曰不能干扰孩子的高考。这正常吗？这能培养孩子的责任心吗？肩膀上的重担是压出来的，不是拿出来的。你不给他责任的压力，他的肩膀能承受住什么？

第五，重视对孩子的承诺。这是作为家长的责任，也是教育孩子遵守承诺的好方法。

第六，让孩子学会面对所有的结果。告诉他，父母可以帮助他、支撑他，但是所有自己做出来的结果，都要自己去面对，无论好坏。有一个非常能干的孩子，他每次考试结束，如果考得好就给自己买一盘喜爱的CD作为奖励，考得不好，就自己找原因。久而久之，学习方面的责任感就形成了，好坏成绩都需要自己面对和负责。现在的孩子，好像读书是为父母读的，考得好了，父母奖励，考得不好，父母安慰，就好像和自己没有关系似的。

第七，家长可以经常有意无意地交待一些比较重要或者正式的事情让孩子去传达、去做。一次做得不好，不要批评，可以再锻炼，直到他顺利完成为止。有时候家长也可以示示弱，你会发现，孩子比自己想象的要能干得多。

第八，每逢孩子做错事的时候，家长切记不要过分批评，只要他知错，并且改正就可以了。我有一个朋友，总对我说孩子没有自控能力，没有责任心。我说：你把他跟得那么紧，他哪里来的自控能力，哪里来的责任感？只要一犯错，就是一顿责骂，骂过了，解气了，孩子也无所谓了，他自己好不容易产生的愧疚和想负责的想法全被你骂光了。

6. 女儿丢了钱包

女儿平时做事非常认真，钱包用了好几年，从来没有丢过。可是大一暑假，她遭遇了第一次丢钱包，损失惨重。

这次暑假，女儿参加香港青年联合会举办的香港大学生去四川实习的活动。我给她带了40天的生活费，居然还剩了近一半带回来，同学借了她的港币，也还了她现金一千多元，小荷包满满地踏上了归乡路。

从成都回来的航班其实可以直飞南京,但指导老师讲究团队精神,不允许学生私自半路回家,所以女儿只能和所有同学一起从成都飞回香港,再从香港飞回南京。飞机到达香港已经是晚上了,这样一来,她干脆在香港机场停留一夜,坐第二天一大早的廉价航班回来。

晚上我和她通话之后放心睡去,就等一大早去机场接她了。

一觉醒来是清晨六点,想必她应该已经到达候机处,于是打她手机,却没人接。再上网看她QQ,方知大事不好,昨夜我熟睡过程中,她独自一人经历了丢钱包事件。

她的手机是香港卡,但是卡内无钱,她无法打出。幸好香港机场可以上网,于是她一遍又一遍给我语音留言,试图联系上我,但怎奈我的手机因为睡觉没有联网,所以微信一条也收不到。

一开机,女儿十几条微信蜂拥而来,前面的两三条都是女儿带着哭腔说:妈妈,你醒醒啊,你来个电话啊。

我看了时间,那时是凌晨三点左右,我睡得正香,却不料女儿正在无助中哭泣。

她上洗手间的时候把钱包丢了,因为是半夜,她联系不到我,只能去警察那里报警。从凌晨一点多一直折腾到五点多,最让她担心的是,钱包里的身份证也丢了,她担心无法登机,回不了家。

身无分文,守着两个箱子,手机里也没钱,打不出一个电话,报了警备了案,闸口又没开,她联系不到航空公司,只能枯坐着,焦急着,难过着,唯一能做的事情,就是给我这个妈妈发微信了。

我听了她所有的微信,从凌晨一点多钟惊慌失措,哭泣无助,"我真倒霉,钱包丢了,证件也丢了,我上不了飞机了,完蛋了"。

到凌晨三点的无奈,接受现实,"我现在只能等天亮了,天亮之后去核实一下能不能登机再说"。

到五点多的冷静,"已经和航空公司确认过了,可以登机,用港澳通行证"。

直到早上六点半我才打通她的电话联系上她,那时她已经换过登机牌,并且在去登机的路上。

我能够体会这一夜女儿经历的种种"惊心动魄",也能看到她自己出现状况后的处理能力。我告诉她:没事的,把该处理的事情处理好再说,遇到问题一定要冷静、淡定。女儿后来告诉我,其实她发现丢钱包之后,先赶紧报警处理好一切,最后才哭着找我的。

我做了以下几件事

◎ 第十一章 做一个会陪伴的好妈妈

(1) 理解她：

妈妈也丢过钱包证件，我了解你的感受，没事的，都过去了，人平安就好。

(2) 接纳她：

千万别自责了，谁没丢过钱包啊，你真是一个能干的孩子，一个人处理好了这件大事。

(3) 提醒她：

下次把重要的证件和大钱分开放，发生意外状况就不至于乱了分寸。

(4)) 安慰她：

人生哪能不丢一次钱包呢，你还能和妈妈用微信联系上，已经很不错了，你还能换到登机牌，也已经是很幸运了。

(5) 引导她：

万一你手机也丢了，无法和我取得联系，航空公司又不让你登机，你如何是好？想想遇到这样的情况，该怎么处理。

(6) 鼓励她：

你的经历很难得，证明你真的长大了！

(7) 支持她：

你辛苦折腾了一夜，回来妈妈给你做好吃的，你好好睡觉休息，妈妈爱你！

如此这般，女儿很快平复下来，开心地踏上回来的旅途。

这是女儿有生以来第一次丢失这么重要的物件，从现金到证件，丢得一分不剩，一件不留，实在是难得的体验。

无独有偶，女儿大三到法国里昂做交换生的时候，刚去一个月不到，就又把书包"丢"了，里面有所有的证件和钱包。但因为经历过大一的丢钱包经历，女儿虽然很焦虑，还是操着半生不熟的法语，有条不紊地处理问题。先向当地警方报警，接着立刻和学校取得联系，并同步办理所有证件的补办手续。好在第二天就有人报告警察捡到了她的书包，这才虚惊一场。

所以，我看到女儿经历的这些窘境越多，她独立生活的能力越强，处理问题的方式就越理性、越平静，情绪也越容易平复下来。

那么，丢钱包从这个角度来说，对于女儿的成长，难道不是一件好事吗？

7. 一波三折的交换生

女儿大三的一天,我收到她的微信,说自己交换生的资格被学校批准了,这真是令人高兴的事,要知道这次交换生的申请多么来之不易,堪称一波三折。

女儿原本大二寒假就开始报名港大的交换生,她兴致勃勃地报了几所学校之后,就开始了无尽的等待和憧憬。可是到了3月份突然给我发来一个坏消息,说不能去交换了,原因居然是她没有将申请递交成功,那些学校压根都没有收到她的申请,既然这样,也就不存在什么录取和落选了。

女儿原本做了很多憧憬,因为要在港大学习五年,自然希望有机会能够离开香港到另外一个国家学习一段时间。何况又是港大内部的交换名额,学校也要求他们这个专业需要有交换的经历,她满怀信心和期待地选择了几所学校,并且想象了很多次在异国他乡交换的情景。孰不料她百密一疏,居然在发送文件的时候出了这么大的差错,粗心的她以为已经成功申请,乐悠悠地在等待,没想到到头来却是一场空。看到别的同学都兴高采烈拿到了录取信,她内心的失落和自责可想而知。

我第一时间收到了她充满焦虑和自责的密集留言,立即安慰了她。我知道她内心绝对不允许自己犯如此"弱智"的错误,她试图挽回,但根本不可能,学校一切要靠申请资料说话,她只能眼巴巴地吞下了自己粗心的苦果。

"妈妈,我完蛋了,我去不了交换了。学校说压根就没有收到我的资料!"

"这怎么可能?我明明递交了!天啊,我真是蠢到家!"

"我没有看到确认回复,就以为递交成功了,我忘记确认一下了!"

"我怎么这么弱智?"

"我再也去不了交换了!我该怎么办啊?我恨死我自己了!"

……

如此这般,我在一天当中收到了她无数次翻来覆去的自责和内疚,一大片负面的情绪把她包围。按说她的确没有做好,我即使是骂她一顿也不为过,但我知道责怪解决不了问题,她需要的是安慰和解决问题的具体方式,而不是家长单方面的"马后炮式密集型责怪模式"。

——不要着急,想想还有什么别的办法能让你得到交换生的名额?

◎第十一章 做一个会陪伴的好妈妈

——没有了,学校怎么会认可呢,我压根都没有递交申请啊!

——那么,除了这次申请之外还有没有另外的机会了?

——没有了,就这一次!

——怎么可能呢?你这次申请不上,应该还有下次的,不要着急。

——下次的学校就不会有这么多了,也不会有这么好了。

——谁说的?只要有一线希望,你都要争取,再说也许下次你交换的大学很不错呢!

——不可能,这次的名额又多又好,下次的名额特别少,我更进不了了。

——那是你的想象,现在别想那么多,先把手头上的事情做好,补救工作就是如何争取下一次的交换机会。

——可我不想下一次,我想这次拿到录取信!

——那也没有办法,你这次疏忽了,只能接受这个结果了。

——我不要接受……

——那怎么办?现在唯一能做的就是重新申请,争取下一次的机会。

——下一次的机会更加渺茫了,我还要重新考托福,我不想,实在太累了,平时还要考试。

——那也没有办法,你只能接受,相信妈妈,一切都是最好的安排,说不定下次机会会更好呢!

于是女儿只能咬牙接受这种令她极其痛苦的结果,她每天除了上课、写论文之外,又一次考了托福,然后再一次提出了交换生申请。这次当然吸取经验教训,把整个步骤看了一遍又一遍,确认了一次又一次,用她的话说,都快成强迫症了。

就在获得交换生资格一周前,她还沮丧地对我说:妈妈我还是没有收到学校的通过信,看来是没有指望了,那我只有再申请或者去上暑假班,可是暑假班时间太短而且费用昂贵,我真不想去。

——不要着急,你一定会通过的,安心等待吧。万一通不过,也是另外一种安排,未必不是好事呢。

一周后,我终于收到她激动的语音:妈妈,我的申请通过了,我明年可以去交换了,而且是去法国,我喜欢欧洲,我喜欢去法国!

瞧,这不是很好吗,女儿一直说准备暑假之后报名学习法语,不料提前被法国的大学录取,做半年的交换生,这样一来,又和她的想法不谋而合了。

我由衷地替她高兴,同时也看到——人生一切的安排真的是最好的。

她反过来对我说:妈妈,幸亏上次没有选上我,不然我只能去美国或者英国了,现在我居然可以去法国了,还能多掌握一门语言,这多好啊!

是啊,这多好啊!

所谓"塞翁失马,焉知非福",我们看似失去的一切,只要你用心,上天都会加倍还给你的。

女儿开始和法国那边的大学用信件沟通,她原本打算只选英文课程,因为她的法语程度是零,结果那边大学说,最好选几门法语授课的课程,法语要达到 A2 等级,这对于她来说又是一个挑战。

她立即在网上寻找了一个法语班,从零起点开始学习,一共 200 个课时,她需要在暑假两个半月,天天上课,最终会达到 A2 水平。

女儿很开心地马上报了名,并且信心满满地决定在暑假把自己的法语搞定,达到学校要求的等级。她说下学期在港大再学习一个学期的法语,到了法国再学法语,这样一来,她的法语肯定会突飞猛进的。

——学校这是逼我快速提高法语啊。

——哈哈,如此甚好,甚好!

——妈妈,这一切的安排真是太好了,我太高兴了。

——女儿啊,这次的机会是不错,可是你要在半年之内把法语学到可以上课的程度,谈何容易?你有决心吗?你要接受很大的挑战,你要面对很多的困难啊!

——我不怕,反正我已经决定了,我一定可以的。

是的,我了解,她得到了这么好的机会,一定会珍惜,也会不惜一切代价战胜困难,接受严峻的考验。

这一切是谁安排的?不知道,但我只知道所有一切的错误都不可怕,只要我们用最良好的心态、最饱满的精力来面对即将到来的一切,那么等待着我们的,永远都是最值得期待的惊喜。

这次交换生的风波终于告一段落,我会继续跟进她的交换路程,她在法国的见闻和学习,相信是令人难忘和期待的。

8. 脱离了妈妈手掌心的女儿

女儿进入港大之后,就完全脱离了母亲的掌控,达到了"海阔凭鱼跃,天高任鸟飞"的境界,以至于我从未去香港看过她,她完全能独立自主,安排好自己的生活、学习。

到了大三,我对她在学校的事情几乎已经完全"不闻不问"了,一来是女儿似乎完全成为大人了,她在学校的学习和生活完全不需要我"大惊小怪"地参与了;二来她自己的生活和实习完全自己做主,我这个做妈妈的几乎处于完全的"被边缘"状态,现在也基本上不需要每天视频,我忙她也忙,只要微信报个平安即可。

女儿有天和我说:妈妈,我很快要实习了,是在香港一所最好的男子中学高一年级做老师,天啊,我真是害怕,我只比他们大四岁而已!

我知道她的担心模式启动了,也难怪,她一个未出校门的大学生,突然要给一群15岁的男孩子做老师,而且还要用英文全程教课,对她来说的确是一个挑战。

单纯的说"没事啦,不用担心啦,没关系啦"这些话,都没有用处,我在视频里让她好好夸张地说了所有的担心,然后和她讲述了我当年第一次站在讲台上的紧张,并且告诉她"紧张是正常的",然后我教给她如何让自己和紧张在一起,如何应对课堂上发生的种种状况,如何面对学生,如何做好自己……

好吧,我想我也只能说这么多了,该应对的,她必须自己应对,我完全代替不了她。

她也知道,所以最后悠悠地说:好吧,反正我担心也没用,只能硬着头皮上了。

我说:我知道的,你一定行。

女儿已经长大成人了,甚至到了应该找对象的年龄了,我对她的掌控也越来越少了,和女儿在一起,我们越来越像一对姐妹或者一对特别知心的朋友、闺蜜,我想这样的母女关系是最好的了——平和、尊重、聆听、支持、和谐。

女儿年底会去法国交换半年,从申请到学习法语到准备好所有的资料,我一概不知。暑假在南京学习法语的过程中,出现了一个小插曲,女儿经历了一次很艰苦的磨练,我相信这对她的成长是一次很大的突破。

她起初找到的语言学校不太认真,老师天天领着学生们聊天、喝红酒,她心急如焚,觉得再继续下去就是耽误功夫。可是她脸皮薄,不知道如何办理中途退学,我提出由我和培训中心交涉,她坚决不让,她说她已经长大了,这事不需要我出面,但是她纠结了很久,就是不敢打通电话,直到我拨通电话,她才鼓起勇气夺过电话,亲自提出退学申请,经过交涉拿了退回的学费。要知道,她以前是好人模式,很难和别人提出诸如此类要求的,接着她又找了另外一家一对一教学,才把她需要学习的法语课程全部给补上。

我很欣慰看到女儿终于长大了,她越来越懂得管理自己的生活,所以,事实证明我当初的"静待花开"理论一点儿也没错,尊重和符合一个完整生命的节奏,不用自己的标准来强行管制和要求,才是真爱,女儿这朵花终于要开放了。

9. 什么是成功的教育

女儿刚上港大的时候经常和我说,她写论文写得都快疯了,每过一段时间,她就要开始忙着写论文、考试、熬夜、饮食不规律,把几个月长的膘都掉没了。我虽然心疼,但也无能为力,只能安慰她几句。

到底什么是成功的教育?

经常听到家长说,某某很能干,把孩子培养成了一流大学生;某某很出色,孩子考入了名牌大学……从这个角度来说,似乎我的教育也是成功的。

但,这些对我来说,真谈不上"成功"二字。

我给成功下的定义是,成功是完全属于内在而非外在的一种对自我能力肯定的品质。

那些文凭,那些美丽的光环,其实都是浮云,都是拿来给别人看的,真正拥有的东西,绝非人们看到的这些。

所以我绝对不会因为哪个孩子考上了清华、北大、哈佛、牛津、剑桥,而认为他是一个成功的孩子,父母是成功的父母,我也不会趋之若鹜地询问他——您是怎么教育出来这么优秀的孩子的?

我却会因为看到一个孩子主动帮妈妈拎重物,主动帮迟归的父母做饭,主动帮助别人,而认为他的父母是成功的父母,孩子是一个成功的孩子。我会欣赏他们的教育,我会了解这些品德是如何养成的。

有些东西是内在的品质,不到关键时刻不会显露,但人们往往会被外在的形式迷了头脑，大家都会让各种各样的风云人物来做报告，讲述自己是如何成功的，却很少有人看到他们身上内在的品质。

坚持、乐观、自信、善良、宽容、勇气……这些都是成功的品质。

挣钱的多少、文凭的高低、容貌的美丑、谈吐的好坏……这些都是外在的包装，遮羞布而已。

一直对女儿说：生命是个过程，我不在乎你将来会到达哪里，在乎的是你走过了哪些路程，你遇到了荆棘坎坷会如何？你面对美景又会如何？我们每时每刻都面临着考验，我们在无常人生的面前没有一个片刻是孤立的。

女儿回忆起高三和同学们去台湾旅游的快乐，对我说，去年的此刻她在台湾看周杰伦演唱会，今年的今天却在港大苦读。我说：这就是了，人生的每一段都不同，正如你去年在高雄小巨蛋挥舞着荧光棒扯着嗓子大叫周杰伦的时候，完全不会意识到明年的今天你会坐在港大的宿舍里面对一堆论文痛不欲生、欲哭无泪。你同样不可预见明年的此刻你会在哪里，做着什么。后年呢？大后年呢？人生就是如此奇妙、美好，全在于它的永不重复，充满悬念却又被你制造。

也许你明年的此刻到了美国做交换生，也许后年你此刻在山区支教，也许十年以后的你已经是孩子的妈妈了，也许，我们会有无数个也许。

但我们此刻能把握住的只有当下，去年的小巨蛋已经不在，明年的今日还未到来，我们能拥有的只有当下、此刻。

我曾经犯过的一个大错误，就是对女儿的管束方法。她很小的时候，我就会教导她如何做事和待人接物，只要她做错了，我就会说：你不能这样，这样会让人家笑话的。或者做出一副痛不欲生的表情，然后说：你这样好丢人啊，羞不羞啊。于是两岁的女儿就会不顾一切地改正。

以前毫不知晓我在犯错，还洋洋自得自己对女儿管教有方，因为她长大了绝不会逾越雷池半步，她绝对知道是非善恶、好坏曲直。可是，我突然发现自己犯错了，而且是犯了大错，是因为我无意中已经把别人对她的评价作为她的行为准则了，她变得无论做什么，都要想一下会不会丢人？会不会让别人不喜欢？会不会被别人笑话？

我知道自己犯错之后，开始痛下决心改正。但是，那时候根植在幼小心灵中的痕迹，变得如此顽固和坚强，我要花费不知道多少的毅力来和它战斗。女儿的内向，女儿的不善言辞，女儿的唯众人马首是瞻，全部都是我这个大错结出来的果子。

我现在对她说的最多的话是：管别人干什么啊，自己喜欢做就做呗！我想女儿若是想逃学，如果有正当理由，我可能不但不会生气，反而会窃喜并帮她请假的。

好在我觉醒得不算太晚,还知道弥补,女儿现在渐渐地越来越开朗,越来越能够掌握自己了,也有自己的主见了。虽然女儿开始和我反抗了,但我情愿她反抗,这表明她开始用自己的头脑分析问题了。

我以为,一个能够活出自己本来的人,是幸福的,也是成功的教育。

每个人都有适合自己的生活方式,每朵花都有属于自己的花期,家长们请尊重孩子的个性。无论是哪里的教育,只要能够对孩子的心智发育有利,就是成功的教育。

第十二章 来信答疑

1. 如何帮助面临挑战的孩子？

问：南老师您好！女儿今年五年级了，您知道的，对她来说面临的最大的挑战就是冲南外，这是她一直以来的梦想，我想请教的是在这段时间我该做些什么，谢谢。

答：你好！这个过程我也曾经历，因为当时我女儿的梦想就是考上一个很棒的美国大学，于是她非常努力地用功读书、背单词，我相信您的女儿也同样在经历类似的过程。我们该做什么？

用她需要的爱，安心陪伴她。同时接受这个过程，把它看成是生活中的一种经验，告诉女儿，考上了有考上的好，考不上有考不上的好，整个这件事都是我们生活中的一个过程，无论生活的水流如何，我们只要快乐地顺应即可。

接受这个过程，让自己把心从上面放下来，让女儿也把心放下。努力是一种状态，挑战也是一种状态，有的人面对挑战会激发出内心的潜能，这没什么不好，既然她想试一下，就让她试一下吧。关键是你自己要知道结果都是好的，在整个面临挑战的过程中，对孩子已经是巨大的考验和提升了，这就够了。至于结果，那只不过是最后对她接受挑战的一个奖赏而已。进入南外的奖赏是：你的努力达到了南外的分数线；没有进入的奖赏是：你的努力没有达到南外的分数线。这两个结果都是奖赏，不过表现形式不同罢了。因为你永远无法确定，到底是进入南外好呢，还是不进入南外好？当然，我们从一般情况来分析，自然是进入南外好一些，可是还有一些进入南外的学生，由于各种原因退学或者并非十分快乐。所以，从整个生命的层面上来看这件事，无论怎样的结果，其实都是好的——所谓的好，就是接纳结果之后产生的积极力量而不是负面能量。

我们该做什么？我们能做什么？

当女儿充满力量地冲刺南外的时候，告诉她你很棒，鼓励她，支持她，同时告诉她这件事只是她的一个选择，没有对和错。人生的选择没有对错，只要你能把握住自己,勇敢地面对一个又一个挑战,你就永远能成为生活的掌控者,不是吗?南外只是一个挑战,一个她第一次努力面对的挑战。

也许她并不知道自己到底为什么要选择上南外,也许她只是听老师和同学说,上南外是好孩子,南外是一所好学校。你可以告诉她,上南外的目的是什么;南外能提供怎样的教育;假如上不了南外,我们可以做什么。

我的女儿要考美国的大学,我没有阻拦,但我会告诉她这些,并且告诉我自己,考上了如何做,考不上如何做。反正生活都在继续,怎样都没有错,不是吗?

不要把紧张注入孩子的内心,在她努力的过程中,她的内心应该是放松的。这种放松的状态一部分来自于家长,因为你的紧张会传递给她,你对外界的评判和被风暴影响的强度也会传递给她。

我们都在一个巨大的漩涡里,所有的人都在拼命考南外,这就是漩涡。那么什么是最好的方法?静止。静止并非是不作为,你可以同样努力,为了你的目标,但你的内心要保持静止,你才不会被这股漩涡带走。当你无论考上还是没考上的时候,你还是你自己,这才是我们从生活中学习到以及体验到的真相。

这是她一直以来的梦想,我们该做什么?

有梦想,就有实现梦想的幸福以及未实现梦想的沮丧。我们该做什么?

告诉她,这是梦想,你在做一个非常美丽的梦,你很努力、很开心地经历这个梦,在梦想的过程中,我们已经得到了我们的收获。如果梦想实现了,我们可以继续做下去,那很好。如果梦想破灭了,你只要知道,那是她醒了,从梦中醒了,可能这对她来说是一个噩梦,因为她没有得到想要的结果。我们该做什么?帮助她醒来,从噩梦中醒来。当然为了让她知道这一切,理解这一切,首先我们自己要理解这一切,我们要知道,这些都是人生的经验,都是生活的一部分,假如梦想破灭,没什么,重新建立一个就是了。

信念创造经验,而不是经验创造信念。

关键是我们应该创造怎样的信念以及教会她建立怎样的信念。

我的信念就是:考上很好,考不上也很好。享受努力的过程,把它当成生命中美好的一部分来经历。

2. 怎样对待不爱打招呼的孩子？

　　南老师您好，我是×××的同学××，很感谢您能帮我指点孩子教育的情况，我的女儿今年6岁，刚上小学一年级，现在有以下几个问题很困扰我，特咨询您。

　　问：碰到认识的人，不问好。比如，无论哪次去奶奶家，进门都不喊奶奶好，每次出门或者是到了奶奶家门口都嘱咐她要问好，她总是嘴上答应，但是见面就不喊。有时在小区里碰到邻居，她也不问好。这个问题我也跟她强调很多次了，甚至还打过她，但是都不管用。

　　答：我不知道您的女儿是什么时候出现这样的问题的，您有没有认真想过或者和她好好沟通过，为什么她不愿意喊奶奶？有时候我们看到的只是一个现象，它内在的原因我们并不知道。如果您只是从一个形式上对孩子做出要求，那是很难取得您想要的结果的。更别提因为这个打过她了，您的行为只会让她更加反感喊人。对一个孩子来说，没有什么比因为没有做好一件事而受到责打更难过的了。所以，您说您用尽方法都不管用，我能想象到，您的强调可能更多的是贴上很多道德方面的标签。例如不喊人是不礼貌的，不喊人是不讨别人喜欢的，不主动喊人是坏孩子，等等。您已经给她贴上了一个不愿意喊人的坏孩子标签，又不能认真、耐心地和孩子沟通她为什么惧怕和不愿意喊人，就轻易给她贴上这样的标签，这是您的不对。

　　问：对家里人说话非常蛮横。有不太如意的地方，就乱发脾气，摔东西、跺脚，有时还敢动手打，但一般她只要动手，我都会严厉地批评她，甚至打她。但是在学校里，无论同学对她有多无理的要求，她都会答应，不会拒绝别人。我有时问她为什么对无理的要求不懂得拒绝，她就说她除了会说同意以外，不知道该说什么。

　　答：当她第一次对家里人说话非常蛮横的时候，你们就及时制止，估计就不会发生现在的这种状况了，她的这种表现完全是大人给宠出来的。乱发脾气、摔东西、跺脚等，虽然这些是令你们非常郁闷的行为，但乱发脾气是为了什么原因？乱发脾气的标准是什么？你有没有认真地站在她的角度想想？如果她不动手，上述行为您和家人是如何对待的？如果她动手之后，您有可能严厉地批评她，甚至打她。您有没有看到，您的打骂，本身也是很暴躁的行为。如果您都不能控制住自己的情绪，她如何学会控制自己的情绪？您下次可以转移她的注意力，如果乱摔东西，要事先和她说清楚，规则是什么，你们会如何惩罚她，摔一次惩罚一次，绝对不能手软。

还有,她之所以在学校里不敢拒绝同学,是因为她害怕失去同学对她的肯定,我觉得她的内心深处很自卑,你们需要让她增加内心的力量。

问:跟同龄人接触时,不太有自己的想法,比较喜欢跟风,爱模仿别人。会模仿别人的说话、动作,比较依赖别人。在她的同学当中,只有经常在一起玩的,她才觉得是她的好朋友,有时在外面碰到了才会打招呼。如果其他没一起玩过的同学跟她打招呼,她就不理人家,还说"他不是我的朋友,我才不理他"等这样的话语。针对这个现象,我也说过她,无论是不是好朋友,只要是认识的人,见面都应该打招呼的,但是没有效果。

答:孩子不是你想让她怎样,她就会怎样的。例如,有的孩子就是喜欢模仿别人,喜欢依赖别人,那是因为从小父母控制欲比较强,造成了她不太有自己的主见,凡事喜欢听别人的。遇到这样的情况,首先从自己身上找原因,不能动辄怪罪孩子。另外,孩子和孩子不一样,有的孩子不是那种领袖型的,却是一个非常好的服从者,所以作为家长不一定非要硬性要求自己的孩子是怎样的,而是让她成为她自己就可以了。您对她的各种要求,首先要想一下,是不是她愿意成为的?您的孩子目前不太自信,遇到不认识的同学不愿意主动打招呼,并不是不可以啊。您如果一味要求她,并为此责怪她,那肯定是适得其反。

问:不能接受自己的错误,比如下棋、玩牌的时候,她输了就会大哭、大叫、乱闹到家人承认她赢为止;比如她日常中说错什么话,或异闹了什么笑话,家人会笑一下(不是取笑的那种),但她就会受不了,觉得我们嘲笑她了,她就会发脾气大哭,不允许我们再说了。

答:您想过没有,她为何不能接受自己的错误?为什么她不愿意接受输,而一定要赢?为什么她那么不能接受你们的笑话,哪怕是善意的?因为她内在对自己缺乏自信,所以她不愿意接受失败,她担心失败的结果,会让她失去父母的爱。你们没有从根本上让她感受到你们的爱,除了衣食住行都很照顾和宠爱之外,在心理上你们需要更加呵护她,了解她,支持她。

问:爱跟家里人对着干,比如我在家里加班时,跟她讲明了我在工作,希望她不要来打扰我,她就会像故意来我的房间没完没了地在我旁边跑来跑去,无论跟她好言相劝多少次,都管不了多长时间,一会儿就又回来捣乱了。有时给她说急了,她还说就喜欢看我着急,给我捣乱。

答:她的行为不外乎两个目的:① 测试你的底线;② 看看你到底有多爱她。对治的方法是:① 用平和的语气明确告诉她,妈妈需要多久时间才可以陪她玩儿,并且希望这段时间她能配合你保持安静;② 明确告诉她,妈妈很爱她,非常非常的爱她。

问:总是管不住自己的言行,比如在外面的时候,爱用手指人,当着别人的面议论别人的某些缺陷。我反复跟孩子强调这样做是不礼貌的,但她当时承认自己错了要改正,下回还会犯同样的错误。

答:这也是她内在缺乏自信的表现,只不过更加极端一些。借由对别人缺陷的议论,反衬自己的优秀。您就是讲一千遍都没有用,因为她急切地需要别人对她的肯定,更需要她自己内心知道自己的美好,否则会变本加厉,甚至表现得不太善良。另外,你们在家里,有没有经常议论过一些你们不喜欢的人或者事物?口气是怎样的?有时候孩子也会模仿的。

问:说了这么多问题点,肯定是我的教育方法出现了问题,希望南老师给我指点一下,在我跟孩子出现矛盾、孩子不听我话的时候,我该怎么办。我基本上很少打她,打也没有用,我的孩子是那种你打得多狠都不会求饶说好话那种,而且还会越打她越拧着劲儿,越惹家长生气的类型。

答:当你和孩子出现矛盾的时候,你首先要站在她的角度,了解一下她真正的想法,然后再做评价。你切切不可用你所认为的标准来责罚她、打她,这样的教育是很难有好效果的。

问:我之前尝试过罚站、自省的管理方式,但是没有起效,也许是我执行的方式不对,请南老师在百忙中帮我出些主意吧,我是实在没有办法去管理我的女儿了,希望您的方法能帮助我改善她的一些缺点,多谢您了。

答:孩子不需要管理,家长不是监狱长,孩子是我们的镜子,她们时刻反应出我们自己的各种表现,我们唯有用爱毫无条件地接纳他们,陪伴他们,支持他们——静待花开,是最好的方法。

3. 孩子考试退步怎么办?

问:女儿现在八岁,上三年级,可从二年级下学期末开始,学习就退步很大。那段时间我开了新店,忙得没有管孩子学习,当我发现孩子问题后,我停下了手上的所有工作,一心在家里辅导,当然这中间有不少的责骂。直到二年级期末考试完,她数学却只考了 87 分,这个结果是我没有想到的,当然我也不想那么的重视分数,可是中国的教育和学校却不得不逼得你去看重啊!

答:从您的这段文字中至少能够看到几个信息:

第一,你很着急并且采取了极端的方法,从一开始很忙不去管到后来停下了手上所有的工作来教育孩子。

第二,你采取的方式方法并不是很有效,你对孩子的责骂,并没有让她的成绩提高。

第三,你没有想到这个结果,所以你越来越心急如焚,因为你认为在中国的教育体制下这个成绩是不可能被接受的。这是很多家长的惯性思维,其实即使在中国教育体制下,大家都重视分数,也不代表一个二年级考试 80 多分的孩子就没有前途了。因为她现在的考试成绩不会是初二的成绩、高二的成绩,除非你把这一切都看成是日益下降的。

所以孩子的自信往往建立在家长的信任之上。你对孩子的责骂,就表示你对她没有信心,所以通过责骂希望她来改变现状。那么假如你对自己的孩子都没有信心,就不能怪孩子越来越没有自信了。

家长永远是孩子自信的源泉。

我的建议是无论孩子考试多么糟糕,一个对孩子有信心的家长是完全可以做到淡定自若的。也往往正是因为家长的这份淡定的情绪,让孩子很快稳定下来,走出成绩低迷的泥潭。否则你先乱了阵脚,孩子就更惊慌了。

淡定不代表不采取措施,该采取的措施都需要采取,淡定是家长的内在心理,一定不能惊慌失措,责骂孩子。

问:当时我想了很多,而且孩子那时也有一点厌学的苗头,所以我决定在那个暑假不提这个事,而且还带着孩子出去玩了几天,这个举动是孩子没有想到的,和我也热乎起来(因为在家里她只怕我一人)。而我也用很平和的心态和她谈了一次,我告诉她这一次没有考好,我相信她比我还伤心,更着急,相信她在三年级一定能赶上去的。她流下了感动的泪水,下决心一定会好好学习。

答:第一,您已经发现了孩子有厌学的问题,并且尝试着从责骂的教育方法转变为鼓励、理解型。

第二,您和女儿很好地谈了一次,她很感动并且下了决心。

但我想告诉您这还不够,仅凭一次让孩子感动的谈话,并不能彻底扭转她的思维定式和惯性。假如孩子不喜欢学习、恐惧学习,仅仅因为妈妈改变了谈话的方式,她感动于妈妈的理解,是不可能让她立即从旧有的行为习惯中转变过来的,这里面需要你的协助。就比如孩子是一条小船，在航行的道路上偏离了航道，我们做父母的不能仅仅是和颜悦色地谈一次话就能解决根本问题的，关键是她需要我们的力量帮助他们把住舵，用很大的力气转移到正确的轨道上来。所以，您的这次谈话只能从心理上起到让她不再因为考试不好惧怕你的效果，却很难达到实质性的改变。

我的建议是，你最好有一套行之有效的方法，让孩子乐于接受，并且在这个改变的过程中不停鼓励、肯定和监督孩子，这样会好很多。当然这个方法的制定是需要你根据孩子个人的情况来做的，至少她自己要很愿意接受。

我们做家长的经常犯的一个错误就是给孩子指出了错误，规定了目标，却往往没有提供相应的配套设施——具体的方法。指望靠他们自己来扭转劣势，很难。

问：可是到了三年级，她早就忘了这个事情，上课讲话，而且还影响边上的同学，搞得老师给她换了好几次位置。直到现在，老师把她和一个也爱说话的同学放在一起坐，至少可以对周围的一些同学没有影响。我现在是一心扑在孩子教育上，为此没少看书，尽可能地做得好一些。对于她每一次考试没考到理想的分数，我都会说比上一次有一点进步了这类的话来激励她。但是我觉得她现在有一点把这当作自己没考好的台阶下，甚至自己都会对我说"我这一次没考好，不过比上一次好，上一次作文还没有写完，这一次我都写完了"这类的话。说实话，我很气，认为她没有上进心，甚至不知道考不好很丑。但还是平静地告诉她自己不能有这样的思想，不能给自己的错误找借口。

答：第一，我上段分析的情况开始出现了，她又一次输给了自己的惯性，这其实是很正常的表现，因为你并未提前和她做具体的规定（也许有，但信里没有反映出来）。

第二，你已经开始注意方式方法，但却变成一种虚伪的鼓励和表扬。所谓虚伪，是因为"只许州官放火不许百姓点灯"，作为家长，一方面你鼓励孩子告诉她这次没考好没关系，但当她接受了你的心理暗示并且用这样的方法来自己鼓励自己的时候，你又觉得她没出息，自己在找台阶下，你对此很生气，并且为此批评了她，说她是给自己找借口。

你发现自己的问题了么？一方面自己强迫自己按照书上说的那样教育孩子，一方面又希望快速达到目的，同时你给孩子的心理暗示又不许她采纳用在自己身上。这在很多家长身上都是普遍的表现，也就是我可以这样说你，但你不可以这样没志气。殊不知，你给自己和孩子规定了双重标准，其结果是她不知所措。由此可以看出，你对她的那些鼓励都是假的，你的肯定都是虚伪的，并非发自内心的，因为如果你真的认为考不好没关系,她若是这样说,你便不会这么生气,你反而觉得女儿学会了自我心理减压。

问:今天孩子又一次拿着80多分的试卷回来,我真的控制不住心里的气愤,我这样用心地带着她,辅导着她,相信很多家长都不能像我这样用心,但别人家孩子却很争气。但还是压住了心中的怒火,加上今天的语文作业她又丢在了学校,我说了几句,便不多说了。她可好,做完了数学作业后像没事发生一样,还问我能不能看电视,我很严肃地反问她,她又接着问我,那可以去玩吧!我真是气不打一处来,便说:玩吧!你以后就天天在家玩算了!哎,我的老天,她居然真的去玩电脑了,您说她是不是缺心眼啊!(确实她没有听出我这是反话,不是对着我干。)吃饭我没有叫她,过了一会儿她自己出来问饭好了没,拿着碗就跑到电脑边上边玩边吃了。(她没有网隐,也不是经常玩。)我终于爆发了,狠狠地打了她一顿。她是个很不记仇的小家伙,哭过了看我没事了,她也就来找我说话。这时,我也决定和她好好谈一次。从谈话中,我得知,她不喜欢数学,这是从二年级下学期开始的,因为老师总是批评她(因为她上课爱说话,开小差),但我告诉她:"数学老师非常爱你,因为她用了她宝贵的上课时间来批评和点你的名,只为让你上课认真听讲。一节课只有45分钟,如果每个同学都这样要她去批评,她就不用上课了。而她总只是点你,那是因为在乎你的学习情况。"从她的话语中我也感觉到,每次成绩都上不去,她越来越没有自信了,发展到现在做错什么都不承认自己的错误,总要找个理由为自己的错误买单。这个品质是很不好的。

您说我现在该怎么办?怎么去教育好她呢?怎么让她有自信呢?

答:第一,你说你看到女儿的试卷非常气愤,自己这么努力都换不来有效的进步和成果,内心生气是可以理解的。但是你有没有想过,你此时对女儿的爱已经完全演化为一种有条件的爱了。

第二,大人和孩子说话最忌讳语焉不详,如果你不愿意她玩,就直接说,不要憋着不说还希望她能听懂你的弦外之音,结果她一头沉浸在游戏里(她认为妈妈同意了),你还气得半死,最后爆发把她揍了一顿。父母的规定和原则要定得清晰和明确,可不可以做,可以做多久,都需要心平气和地告诉孩子,否则孩子可没心思去揣摩大人的心思。

第三,你因为此事而打她是你不对,没有控制住自己的情绪,应该之后和她道歉。

第四,她不喜欢数学有几个原因,可能是老师对她总是批评,所以她有点不喜欢老师;也可能逃避数学的难题;也可能是没掌握正确的学习方法,即使想学也不得其法；也可能她数学考试总是不好，所以丧失了信心。你要逐条和她分析，看是哪种情况，然后逐条破解。一定要细细分析，细细制定方法，切忌只是谈谈而已。

第五，"现在做错什么都不承认自己的错误，总要找个理由为自己的错误买单"，这是你提到的她的问题，我很想知道在你的生活中有没有类似的情况，例如会抱怨别人有时明明是自己的问题，但无意识的就会怪身边的人。从你的来信中我能感觉到，你是一个非常爱孩子的妈妈，也是一位很能干但有点强势的妈妈。有时候孩子在听到妈妈或者爸爸抱怨和推卸责任的时候，也会不自觉地效仿的。（这条供你参考）

第六，至于自信，其实是每个人内在都具备的品质，如果不是后天的削弱，它都会越来越好的。问题是，我们有时不是应该学会如何培养孩子的自信，而是学会如何不再打击和摧毁孩子的自信。

我的建议：

a. 和她谈一下，针对她的数学问题制定出一个详细的、可行的方案，然后开始施行。这需要你的鼓励和坚持，中间也许会有反复，所以目标一开始不要定得太高太难，最好是她稍微努力就能够着的，这样有助于她重新找回自信。

b. 所谓自信，第一是自己，第二才是相信。这里面需要引发她自己对自己的接纳和信任能力，仅你的信任和鼓励是不够的，重要的是要让她发现自己的优秀和相信自己的能力。这个就靠你这个做妈妈的观察孩子的优点和长处了，找到之后加以表扬和鼓励。

c. 做家长的要注意从正面教育孩子、肯定孩子。例如你早上叫孩子起床，有两种方法，一种是"你怎么还不起床啊？要迟到了！"，另一种是"你快起床啊，我们要收拾好上学去了"。尽量不要说"不""不好""不要"等负面的词语。即使是针对数学课上做小动作，你也要避免说"今天上课不许说话"，而要说"今天上课好好听讲"，这样效果是不一样的。

d. 孩子还小，犯错是正常的，不犯错是不正常的，这是你一定要建立的信念。遇到孩子犯错不要真生气，同时千万别拿她和别人家的孩子相比。对于孩子的教育方法，可以借鉴三部曲

"妈妈觉得你今天这件事做得很好……"

"那件事没有做好，你也很难过吧，我能理解你的感受……"

"让我们想想下次怎样能把那件事做得更好一些，我们找找方法吧！"

4. 如何对待不思进取的孩子？

问：南老师你好，小孩一般日子过得还好的时候不会想得太长远，人一般也不愿主动去改变环境。我想请教下，你如何和女儿沟通出国的事情呢？孩子虽然对国内状况不满，但要他考虑跨出一步，走另外一条路也不容易呢。

答：您好！不仅仅是孩子，包括成人在内都会有一个称为"舒适地带"的东西，就好像一个巨大的肥皂泡，我们生活在其中全然不知。虽然我们也时有抱怨，但很少有人有勇气打破这个肥皂泡，因为谁也不知道打破之后我们会面临什么。但无论将来会面临什么，肥皂泡破碎的那个刹那，一定是痛苦的。

这就是我们大多数人不愿意改变现状的原因，舒适地带让我们觉得安全、可靠，所以我们很喜欢待在自己熟悉的环境中，到了一个陌生的地方就免不了局促不安。

只有一种可能性会让人主动打破舒适地带，那就是他看到了舒适地带的"不舒适"，或者他看到了打破之后的光明。

前者是被动打破，因为他的舒适地带让他感觉难受，他急于突破这个肥皂泡，所以他不得不鼓起勇气打破。

后者是主动打破，哪怕这个肥皂泡并未让他觉得窒息，他也渴望建立一个更大的肥皂泡，所以他也愿意打破现有的。

无论是前者还是后者，共同的表现是他们都对于破碎的东西不再留恋，而是想办法尽力建立一个新的平衡。

孩子的力量有限，很难拥有打破肥皂泡的能力，倘若家长从小一味地教育他忍让和随大流，他便会不知不觉地习惯于现状而缺少突破的力量。

我身边出国的孩子有两个极端，完全可以说明这个问题：一种是在国内实在学不下去，他们往往被迫出国换环境；另一种在国内还过得不错，甚至很优秀，但不满足现状，愿意到新的环境并体验新的生活。

您的孩子是属于哪种？

如果以上两种都不是，那就和我的女儿一样，属于中等类型。

我的方法很简单，既让她看到自己无法接受的某些现状和弊端（例如她必须上很多补习班和拼命做试卷，学校唯成绩说话，这些都是她深恶痛绝的），同时又让她感受到国外一些适合她的教学方法（例如保护孩子的自尊，对生命的尊重和爱护，对心灵的呵护和滋养），这些无疑会对她造成很大的"诱惑"。

于是她就跃跃欲试地想要出国体验一番了。

虽然这是一个出国的问题，但实际上无论做任何决定，都是适用的，我们都可以通过对舒适地带的觉察，来了解自己是否像"温水煮青蛙"一样，越来越失去了打破现状的激情和勇气。

对孩子教育，是要激发起他们内在那份勇气和打破现状的力量，学习并掌握自己应对变化的能力，并且学会协调。小到更换发型着装，大到更换学校甚至出国，都是一样的道理。

祝福您！

5. 如何对待负面情绪较多的孩子？

问：十四岁的儿子聪明但自负，生活中他感受不到爱，拒绝父母的爱，所以有厌学、网瘾、早恋倾向，该怎么帮他呢？

答：我的孩子感受不到我的爱，并且产生了厌学、网瘾和早恋，该怎么帮我呢？

焦点不在他的身上，焦点在我的身上。

我是用了怎样的方法，让我的孩子看不到自己的爱，让他完全脱离我的爱，拒绝我的爱，以至于厌学、网瘾、早恋，我的问题出在哪里呢？

当我们看到别人的问题时，能不能看一下，我是怎么导致这个问题产生的？孩子是自己一手带大的，也是自己一天天教育出来的，我是用了什么方法，把孩子教育成今天这个样子，我都对自己的孩子做了什么？

这个问题其实不用问别人，不用问心理咨询师，不用问专家，一个人静静地坐着，问问自己，就能看到答案。

为什么孩子看不到我对他的爱？和谁有关系？是孩子还是我？当我看不到我母亲给我的爱的时候，我可能会缺少两件事，一是真正的爱，一是感知爱的能力。无论是哪个，对我来说，都是成长中被忽视的。一个从小被父母用正确的爱来围绕的孩子，一个从小被教育要感恩和懂得爱的孩子，很难变成一个看不见爱、拒绝爱的人。

所以,这个问题不应该责怪和教育孩子:你为何看不到我的爱?你为何拒绝我的爱?

这个问题应该问自己和另一半:我们做了什么,让孩子看不到我们的爱?让孩子拒绝我们的爱?

厌学、网瘾、早恋,现在是中学生的三大问题,几乎所有的问题青少年都有这些倾向。那么,厌学、网瘾、早恋的根源在哪里?如何从根源改变这一现象?

我该怎么帮我的孩子戒掉厌学、网瘾、早恋?这个问题同样要反过来问自己。

我是怎么制造了一个家庭系统,使得我的孩子在这里不快乐,没感受到爱,不爱学习,变成了厌学、网瘾和早恋者?

我该如何改变我自己,给孩子一个好的家庭环境,让他感受到家的温暖,让他明白自己的位置和价值,让他看到自己当下的身份,回归自己?

一切的答案,都可以从自己的身上找到。一个家庭,夫妻和子女之间的关系,不是一成不变的,是瞬息万变的。这个变,源于自己心念的改变,心念的改变源于看见真相。

如果一个人只是带着问题来,目的是解决问题,并不知道问题的根源原来就在自己身上,看不见真相,那么无论是身患重病,还是家庭不和,或是子女没有教育好,都很难改变。

即使是有所效果,也是"头痛医头,脚痛医脚",一个坏果子摘掉了,另一个坏果子还会长出来。

这位家长的提问就是这样短短两句话,在公众平台上重复发了两遍,我知道她的内心是焦灼不安的,是痛苦纠结的,可是我却看不到更多的信息。只能从这两句话做一个联想,因为这的确是大部分家长的心态:我的孩子有问题了,我该怎么帮他?

这句话应该换成:我的家庭系统紊乱了,我们教育孩子的方法出现问题了,我们的问题在哪里?我该怎么改变让一切回到正确的轨道上?

6. 孩子不敢当众发言怎么办？

问：南老师您好！我是一名小学老师，在教孩子的过程里，我发现班上总有几个孩子不好意思当众表演和发言，私底下他们都很活跃，也都知道如何表达自己，就是在众人面前会退缩，无论老师如何鼓励他们，家长如何劝他们，都不"为之所动"，坚决不肯站在台上，家长如果强行坚持，有的孩子就会缩到桌子底下，甚至吓得哭起来。这是为什么？作为家长该如何引导？

答：孩子不敢、不愿当众发言，一定是有恐惧在心里，很可能他害怕说错话丢人，很可能长辈们教育他的时候会不经意地说：别这样，你瞧你多丢人啊！结果他从小就认为，丢人是不好的，那么在他感觉到自己的行为有可能给他带来丢人的后果时，他就会极力避免丢人的结果。

还有一种原因，是害怕犯错误被父母责怪。有的父母总是对孩子要求很严厉，孩子的一点缺点，都会被放大，例如孩子发言声音如果小了一些，妈妈就会不满地说：你看你声音那么小，你就不能大一点声吗？这样一来，孩子觉得自己百无是处，干脆不发言了。

还有的孩子是天生腼腆，害羞，胆子小。我们都要善待他们，不要打击他们。

遇到孩子不敢当众发言，父母应该怎么做呢？

第一，当孩子不愿意当众表现的时候，家长不要勉强，更不要批评斥责，或者用很伤心的口气对他说：唉，你怎么这样没出息。这样只会让孩子觉得自己弱爆了，更加减损他的自信心。

第二，家长一定要从心底里接受孩子当下的状态，尊重孩子当时的决定，并且不要将这种行为判断为"错误"。不愿当众发言是他的选择，作为家长要明白，孩子有自己的权利来决定自己的行为，不能强迫他一定按照自己的要求来，只有接纳，才不会产生对立，也才可以更好地引导孩子。

第三，家长可以继续很开心地参与旁观班级里别的孩子的表现，但不要动不动对自己的孩子说"你看看人家！你怎么就这么没出息呢？"之类的话。家长对孩子的比较，只会让他感觉自己很糟糕，更加不敢做这件事了，正确的方法是，若无其事地参与活动，带着自己的孩子做一个快乐的观众也不错啊，也许观众做久了，孩子也想跃跃欲试呢。

第四,等事情过去了,换一个环境的时候,家长可以和孩子对发生过的事情做一个交流。这个交流仅仅是沟通,切记不是批斗会。家长一定不要喋喋不休地批评孩子,说他是如何如何的胆小、如何如何的不懂事等,而是非常认真地倾听孩子的诉说,了解孩子不愿意当众发表意见的真实原因。不要简单粗暴的猜测,也不要一言堂。家长可以这样对孩子说:宝贝,妈妈很想知道,今天上课的时候老师请你表演,你为什么不愿意?你能告诉妈妈吗?语气一定要和缓,充满了聆听的耐心。孩子也许就会说出自己的真实想法,家长才可以"对症下药",教给孩子下次应对这种情绪的好方法,而不是一味地斥责和要求。

第五,谈完话之后,不要用期待和威胁的口气说:那妈妈看你下次的表现哦,而是很轻松地说:好了,妈妈终于知道我的孩子为什么今天不肯表演了,你也学会了下次遇到这种情况该怎么处理了,对吧?那好吧,等到下次也许宝贝会有不一样的选择哦。

这样一来,孩子首先知道妈妈没有因为他不肯当众表演而轻视自己,又知道妈妈对自己紧张的情绪做了接纳,下次他的紧张情绪就会缓解一些,最后孩子在妈妈的轻松鼓励下,知道下次自己也许会更有勇气一点。

在家长的整个引导中,首先要知道自己对孩子的接纳,但这种接纳绝不是毫无原则的纵容,而应该是充满了智慧的引导,要了解孩子的真实想法并且和他站在一起寻找解决的办法,这会让他增加很大的信心。

最重要的是,家长要给孩子时间,要耐心,不要以为一谈完话之后,孩子就会有立竿见影的改观,那是不可能的,旧有的习惯模式要慢慢更改,这需要做父母的支持和陪伴,绝不是简单的"对"与"错"的较量。

7. 孩子全身都是缺点怎么办?

问:南老师,我的儿子今年读六年级,从上幼儿园开始,就非常调皮捣蛋,老师三天两头找我告状,我和他爸爸工作比较忙,大部分时间都是以打骂为主,有时候甚至罚跪,但收效甚微。他现在已经六年级了,他平常除了喜欢跑步,愿意帮家人做事,还坚持学编程之外,我找不到他任何优点。每天都懒懒散散,不肯读书,不肯做作业,我非常着急和焦虑,说他也不听。我觉得我已经不爱他了!

答:你好!这位焦虑的妈妈,你的儿子每天能够坚持一大早去跑步,坚持学习编程，就凭这两点，都值得你骄傲地表扬他了啊！从现在开始，请你把焦点集中在他的优点上面，至少每天要表扬他三次，发自内心地表扬他。

他回家后主动抱了妹妹，你要表扬。他今天早起去学校跑步了，要表扬。他帮忙端饭了，也要表扬。

你要知道，他的顽劣，多半是从小被老师批评，被家长骂出来的，骂得多了，孩子就破罐子破摔了。你说他从幼儿园开始就被老师告状，那就意味着他从幼儿园开始就不被老师喜欢。所以对他来说，在相当长的一段时间里，已经固化了他的不好，不自信。那么，他很难有力量做一个你们心目中的"好孩子"。

我的建议是，从现在开始，不论他是不是又被老师批评，不论他是不是又考试不好，你都不能放弃表扬他好的地方。

你以后就算是骂他做错的地方，也先表扬他做得好的地方，然后再提出来他做得不够好的地方，千万不要劈头盖脸骂他一顿。

你要知道，他从小到大听到的批评比表扬多，慢慢地，自信就没有了，他自己都怀疑自己，他认定自己就是一个坏孩子，老师不爱、妈妈不爱的那种。在这种情况下，你想让他自己站起来，很难的，就好像一个脆弱的病人，总要治疗好才能站起来走路。他站都站不起来，你一味要求他和别人一样走、跑，是不可能的。

没有人不渴望肯定和温暖。他是一个少年，就算是从小到大调皮捣蛋，我相信他也有自己的闪光点的。如果大家看到的都是他的短板而不是他的长处，他会觉得自己很没有价值，那么慢慢地就会对周围的一切心怀恶意了。

当一个人受到的都是责骂的时候，他自己很难正向起来，所以哪怕他浑身上下有99个缺点，只有一个优点，你也要加倍表扬他这一个优点。当这个优点闪闪发光凸显出来的时候，就会影响到那99个缺点，他就会更加全面地认识自己。

但如果我们总是指责他那99个缺点，那么他那仅存的一个优点，很可能就不复存在了。因为他已经没有信心和欲望去展示了，那一个微弱的光芒早就被99个缺点掩盖了。所以，千万不要小看了你对孩子的表扬，那是让他仅有的一颗星星，得以燎原的唯一可能性啊。通过你的描述，我们能看到他现在至少有三颗星：一颗星，坚持跑步；一颗星，热爱编程；一颗星，热心肠，乐于助人。这三颗星，多么珍贵，多么了不起，值得你每天都表扬他啊。星星之火，可以燎原。你对三颗星从来视而不见，却对那些不好的地方如鲠在喉，经常暴跳如雷，训他骂他，他自然感觉不到你爱他，感觉不到你肯定他，长期以往，这三颗星，早晚也被你骂没了。他的懒散，很大一部分就是没有动力造成的，动力的源泉，就是来自于母亲的肯定。你可以批评他做得不够好的地方，但你要事先铺垫，先让星星照亮他，之后再说出他的缺点。

你因为他学习不好，不认真而对他丧失了信心，你担心他今后不能顺利考上大学走入社会，但你有没有想过，当你抱着这些担心骂他的时候，他心里的那几颗星星，早就沉没了，当那些星星的光亮不见的时候，他不是更加没有能力踏入社会了吗？他还能凭借什么呢？反正在你的眼里，他就是一个坏孩子，一个让母亲耗费心思的坏孩子罢了。他为了满足你的欲望，被迫背单词，但他内心又不喜欢，就连小小的抗拒，都被你打骂一顿，说他学习态度不端正。他如何端正呢？他的星光在何处呢？我觉得你要警醒的是，他已经六年级了，如果你前面五年都忽视了他宝贵的星光，那么你还有一年的时间，补上过去的缺失。而不是你一味担心他六年级要小升初，我担心的是你，如何在最关键的一年，让他的星星发光，发亮。

附

1. 孩子睡前祈祷文

林君的话：

　　此篇专为增加孩子的自信、勇敢和安全感，也为减少父母的紧张、焦虑和担心而写。每晚由父亲或母亲诵读给孩子听，会加强孩子及家人之间的交流和爱，对听祈祷文的孩子及诵读的家长都会有改变和益处，可以有效释放所有的恐惧和焦虑，尤其适合8岁之前的孩子以及一切对孩子的行为有诸多不满、喜欢抱怨、总是不由自主为孩子担心的父母。建议每天晚上进行一下心灵清理和排毒，将当天的不快乐和恐惧进行释放。家长最好念出自己宝贝的名字，这样能量的传递会更透彻。

　　亲爱的宝贝〇〇〇（宝贝名字）
　　你是上天赐给我的最好的礼物
　　感谢你的到来
　　给我带来了无比的幸福和快乐
　　亲爱的宝贝〇〇〇（宝贝名字）
　　你是独一无二的
　　是最值得爱的
　　你就像天上的星星
　　散发着属于自己最美的光芒

　　亲爱的宝贝〇〇〇（宝贝名字）
　　我多么爱你现在的样子
　　我知道你的内在充满了光明充满了爱
　　一天当中你经历了很多
　　有开心也有不开心
　　现在让我们一起祈祷
　　释放那些不开心
　　忘记那些烦恼
　　释放那些恐惧和不安

忘记那些伤害

感恩我们拥有的一切

我的宝贝○○○（宝贝名字）时刻得到祖先的庇护和家人的爱

我的宝贝○○○（宝贝名字）时刻得到宇宙的恩典

我的宝贝○○○（宝贝名字）你时刻都是最安全的

亲爱的宝贝

你是健康活泼开朗的

也是特别容易入睡的

你很快要睡觉了

在你闭上眼睛之后

你会进入甜美的梦乡

你的身体会吸收天地的精华

你会接受来自宇宙源头的能量

你会养足精神

你的头脑会变得非常敏锐

亲爱的宝贝

你从内到外都是完整、完全和完美的

你是独一无二的天使

当你睁开眼睛的时候

你会变得更加健康

更加勇敢

更加有力量

更加坚强

更加专注

更加热爱周围的一切

更加快乐

你的全身都充满了爱和喜悦

你会克服所有的困难

你会增长无穷的智慧

睡吧宝贝
妈妈会一直陪伴你
妈妈的爱会一直在你身边

2. 生日祈祷文

我最亲爱的宝贝×××（宝贝名字）
今天是你的生日
从今天起
你又成长了一岁
你的生命越来越丰盛
越来越完整

你的家每一个角落都充满着温暖
充满着爱
你是受到上天和祖先庇护的
你的身体健康
你的头脑敏锐
你的心灵纯洁

无论你是怎样的呈现
我都知道
你的内在圆满无碍具足一切

我亲爱的宝贝×××（宝贝名字）
你行走在奇迹里
你行走在美里
你行走在爱里

你行走在光明里

我亲爱的宝贝×××(宝贝名字)
你有着独一无二的生命
你是整个宇宙大生命的一分子
每一分钟都是值得庆祝的
你是深深的被爱着的
一切都有可能性
一切的发生都是有助于你的
爸爸妈妈会永远爱你
支持你
生日快乐

宝贝我爱你
如你本来的样子
这里面没有束缚也没有要求
你就是你
如你本来的样子

我爱你
如你本来的样子
倘若按照我的标准
你会有很多错误
但我不在乎
天知道我的标准是从哪里来的

我爱你
如你本来的样子
我只需要给你
尊重、信任、爱、陪伴
支持、呵护、关心、接纳

我爱你
如你本来的样子
我一丁儿点也不怀疑
你是多么的优秀
你是多么的唯一
我以你为骄傲和自豪

我爱你
如你本来的样子
你犯错的时候我会纠正你
但那仅仅是纠正
我的心里
接纳你的一切
包括错误

我爱你
如你本来的样子
但我知道我做不到
除非有一天
我爱自己
如我本来的样子

当那一天到来的时候
我方能真正爱你
爱一切
如其本来的样子

南林君
于2017年4月4日 南京百家湖（初稿）
于2017年6月5日 南京百家湖（二稿）